परमहंस योगानंद
एक जीवनी

परमहंस योगानंद
एक जीवनी

रचना भोला 'यामिनी'

प्रकाशक
प्रभात प्रकाशन प्रा. लि.
4/19 आसफ अली रोड, नई दिल्ली–110002
फोन : 011–23289777 • हेल्पलाइन नं. : 7827007777
इ–मेल : prabhatbooks@gmail.com ❖ वेब ठिकाना : www.prabhatbooks.com

संस्करण
2024

पेपरबैक मूल्य
तीन सौ रुपए

मुद्रक
आर–टेक ऑफसेट प्रिंटर्स, दिल्ली

★

PARAMAHANSA YOGANANDA : EK JEEVANI
by Rachna Bhola 'Yamini'

Published by **PRABHAT PRAKASHAN PVT. LTD.**
4/19 Asaf Ali Road, New Delhi-110002

ISBN 978-93-5521-575-8

₹ 300.00 (PB)

माँ, तुझे दी मैंने आत्मा की पुकार!
तुम अब छिप न सकोगी और
आओ मौन गगन से तुम,
आओ शैल घाटी से तुम,
आओ गुप्त आत्मा से मेरी,
आओ शून्य गुफा से मेरी!

—श्रीश्री परमहंस योगानंदजी

दो शब्द

परम विशिष्ट आध्यात्मिक विभूतियों में से एक श्रीश्री परमहंस योगानंदजी द्वारा दी गई शिक्षाएँ तथा कालजयी विचार न केवल धर्म अपितु दर्शन, विज्ञान, मनोविज्ञान, शिक्षा आदि क्षेत्रों के लिए भी उतने ही सार्थक और स्तुत्य हैं। उन्होंने विदेशों में क्रिया, योग, विज्ञान तथा अध्यात्म के क्षेत्र में जो उल्लेखनीय योगदान दिया, उसे भुलाया नहीं जा सकता।

प्रस्तुत जीवनी के अध्ययन से यह बात सामने आती है कि उनका बाल्यकाल भी विशिष्ट रहा। यह प्रारंभ से ही तय था कि वे एक दिव्य नियति के लिए जनमे हैं। केवल उनकी माँ ने ही उनके इस दैवी स्वरूप को जाना और सदैव उन्हें आध्यात्मिक उन्नति के लिए प्रेरित करती रहीं। उन्हें भलीभाँति स्मरण था कि उनके गुरुदेव लाहिड़ी महाशय ने आशीर्वाद देते हुए कहा था—

'छोटी माँ, तुम्हारा पुत्र एक योगी होगा!'

बाल्यकाल का मुकुंद बना योगानंद और श्री युक्तेश्वर गिरिजी के कुशल प्रशिक्षण में उत्तरोत्तर प्रगति करता गया। ईश्वर ने सदैव योगानंदजी के लिए ऐसी परिस्थितियाँ उत्पन्न कीं, जो उनके भावी रूप व भूमिका के लिए सहायक रहीं। संभवत: भारत में ऐसे कोई संत-महात्मा और नहीं हुए होंगे, जिन्हें इतने विशाल स्तर पर विविध प्रकृतियों के साधु-संतों से भेंट करने का सौभाग्य मिला हो। योगानंदजी ने अपने जीवन में अनेक महात्माओं से भेंट की और उनके जीवन के गुणों तथा विशेषताओं को अपने जीवन में उतारा।

उन्हें विदेश में भारत के प्रतिनिधि के रूप में धार्मिक व्याख्यान देने के लिए निमंत्रित किया गया। विदेश जाकर, विदेशियों की भाषा में व्याख्यान

देना होगा, यह तो स्वाभाविक ही था। यद्यपि प्रारंभ में वे थोड़ा संकोच कर रहे थे, परंतु जब एक बार जलपोत के मंच पर आसीन हो गए तो जाने कहाँ से वाणी में सरस्वती विराजमान हुईं और वे धाराप्रवाह प्रवचन देते चले गए। उन्होंने अमेरिका जानेवाले यात्रियों के सम्मुख अंग्रेजी भाषा में लगभग पैंतालीस मिनट भाषण दिया और सभागार तालियों से गूँज उठा। इसके बाद उन्हें रोकनेवाला कोई न था। वे जिस भी स्थान पर जाते, हॉल इतने खचाखच भरते कि लोगों को हाथ जोड़कर वापस लौटाना पड़ता।

''फिल्हामोर्निक सभा-भवन विलक्षण दृश्य दिखाता है, हजारों लोग वापस लौटाए जा रहे थे। एक विज्ञापित प्रवचन प्रारंभ होने से एक घंटा पूर्व ही 3000 लोगों की क्षमतावाला सभागार पूरी तरह से भर गया था। स्वामी योगानंद ही आकर्षण हैं। एक हिंदू ईश्वर को लाने के लिए अमेरिका पर धावा बोल रहा है।''

—लॉस एंजेल्स टाइम्स, 28 जनवरी, 1925

परमहंस योगानंद ने योगदा सत्संग सोसाइटी तथा सेल्फ रियलाइजेशन फैलोशिप नामक संस्थाओं की स्थापना की थी। ये संस्थाएँ अपने जगद्गुरु के सभी संदेशों तथा विचारों को मौलिक व प्रामाणिक रूप में, पूरे विश्व में प्रचारित करने के लिए कटिबद्ध हैं। इस पुस्तक को तैयार करने के लिए स्वामीजी की इन्हीं संस्थाओं से प्रकाशित पुस्तकों से सामग्री ली गई है। विशेष रूप से उनके द्वारा लिखित 'योगी कथामृत' मेरे विचारों का आधार बनी। इस पुस्तक में मैंने अपनी ओर से कोई प्रयास नहीं किया। स्वामी योगानंदजी के विचारों ने ही इसे मूर्त रूप प्रदान किया है। मैं उनकी इन संस्थाओं के प्रति हार्दिक आभार प्रकट करती हूँ। इसके अतिरिक्त उनके शिष्यों द्वारा लिखित सामग्री तथा अन्य प्रकाशन संस्थानों से प्रकाशित जीवनी भी लेखन सामग्री के रूप में प्रयुक्त की गई।

श्रीश्री परमहंस योगानंदजी के विचार जन-जन तक पहुँचें, इसी आशा के साथ,

—रचना भोला 'यामिनी'

अनुक्रम

मुकुंद का जन्म

> *"इस संसार में योगानंदजी की उपस्थिति अंधकार के बीच चमकनेवाले उज्ज्वल प्रकाशपुंज की तरह थी। जब मानव समाज में वास्तविक आवश्यकता होती है, ऐसी महान् आत्मा का इस पृथ्वी पर आगमन बिरले ही होता है। इस अद्‌भुत ढंग से अमेरिका तथा पाश्चात्य देशों में हिंदू-दर्शन के प्रचार-प्रसार के लिए हम योगानंदजी के आभारी हैं।"*
>
> **—जगद्‌गुरु शंकराचार्य**

मुकुंदलाल घोष अर्थात् श्रीश्री परमहंस योगानंदजी का जन्म 5 जनवरी, 1893 को गोरखपुर में हुआ। उनके माता-पिता की आठ संतानें थीं; चार पुत्र व चार पुत्रियाँ। मुकुंद अपने माता-पिता की चौथी संतान थे। उनके माता-पिता बंगाली क्षत्रिय थे। धार्मिक तथा सत्यनिष्ठ परिवार में स्नेह की अखंड धारा प्रवाहित होती थी।

पिता भगवतीचरण घोष बहुत ही गंभीर व दयालु स्वभाव के थे, परंतु वे अनुशासन को जीवन में बहुत महत्त्व देते थे। भले ही वे अपनी आंतरिक कोमलता को व्यक्त न करते हों, परंतु उनके कठोर स्वभाव में छिपी मृदुलता का परिचय यदा-कदा मिलता ही रहता था। वे बंगाल-नागपुर रेलवे में वरिष्ठ पद पर कार्यरत थे। पूरा परिवार पिता के साथ भारत के अनेक स्थानों की यात्रा करता रहता। मुकुंदलाल के बाल्यकाल के विषय में जानने से पूर्व उनकी

पारिवारिक पृष्ठभूमि के बारे में जान लेना बेहतर होगा।

भगवतीचरणजी किसी सरल वैरागी की तरह थे। वे अपने विवाह के पश्चात् लाहिड़ी महाशय के शिष्य बने, परंतु जिन परिस्थितियों में यह निर्णय लिया गया, वे अपने आप में बहुत विचित्र रहीं।

एक दिन उनके अधीनस्थ अविनाश बाबू ने कहा, ''सर, क्या आप मुझे कुछ दिन का अवकाश दे सकते हैं ?''

''हाँ, यदि तुम्हारे अवकाश के लिए उचित कारण होगा तो मैं दे सकता हूँ।''

एक दिन उनके अधीनस्थ अविनाश बाबू ने कहा, ''सर, क्या आप मुझे कुछ दिन का अवकाश दे सकते हैं?''
''हाँ, यदि तुम्हारे अवकाश के लिए उचित कारण होगा तो मैं दे सकता हूँ।''
''जी, मुझे सात दिन का अवकाश चाहिए।'' अविनाश बाबू ने विनीत भाव से कहा।

''जी, मुझे सात दिन का अवकाश चाहिए।'' अविनाश बाबू ने विनीत भाव से कहा।

''सात दिन क्यों ? ऐसा क्या काम है ?''

''सर, मुझे बनारस जाना है। मैं अपने गुरु के दर्शनों का अभिलाषी हूँ। बहुत समय से उनसे मिलने की इच्छा हो रही है।''

''यह तो कोई काम नहीं है, जिसके लिए सात दिन का अवकाश दिया जाए। तुम पढ़े-लिखे इनसान हो। इन गुरुओं-वुरुओं के चक्कर में मत पड़ो। ये सब बाजीगर होते हैं। अपने करिश्मे दिखाकर भोले-भाले लोगों को मूर्ख बनाते हैं।'' भगवतीचरणजी ने कहा।

''नहीं सर! कम-से-कम आप मेरे गुरुदेव को इस श्रेणी में शामिल न करें। वे तो साक्षात् अवतार हैं।''

''इन व्यर्थ की बातों को भूल जाओ। अपने काम में मन रमाओ। अगर मैं सात-सात दिन का अवकाश देने लगा तो हमारा काम चल लिया...ऐसे गुरुओं के पैर पूजने से कहीं बेहतर होगा कि तुम कर्मप्रधान बनो। इस संसार

में आए हो तो अपने कर्तव्य से मुख मत मोड़ो।''

अविनाश बाबू अवकाश की मंजूरी की बजाय उपदेश लेकर बाहर आए। साँझ को वे घर की ओर पैदल ही रवाना हो गए। वे एक कच्चे मार्ग से निकल रहे थे, जिसके चारों ओर कँटीली झाड़ियाँ थीं। मन में भगवतीचरण घोष के लिए रोष के भाव थे कि उन्होंने अवकाश देने से मना कर दिया। उनके मन में गुरु के दर्शनों की इतनी तीव्र इच्छा थी कि सारा रोष भगवतीचरण पर ही उतरा। वे मन-ही-मन भुनभुना रहे थे, 'नास्तिक कहीं का! स्वयं कोरा लोटा है और मुझे उपदेश देता है कि मैं गुरु का आशीर्वाद लेने न जाऊँ। सही तो है, जिसने कभी गुरु का आशीर्वाद न पाया हो, उससे कैसे अपेक्षा की जा सकती है कि वह गुरु के महत्त्व को जानेगा। एक निगुरा भला गुरु के स्नेह को क्या जानेगा!'

अविनाश बाबू अवकाश की मंजूरी की बजाय उपदेश लेकर बाहर आए। साँझ को वे घर की ओर पैदल ही रवाना हो गए। वे एक कच्चे मार्ग से निकल रहे थे, जिसके चारों ओर कँटीली झाड़ियाँ थीं। मन में भगवतीचरण घोष के लिए रोष के भाव थे कि उन्होंने अवकाश देने से मना कर दिया।

इधर भगवतीचरण के मन को भी चैन नहीं था। वे भी उसी मार्ग से पालकी में सवार होकर आ रहे थे। उन्होंने अपने कनिष्ठ अविनाश को अवकाश देने से मना तो कर दिया था, परंतु उनके हाव-भाव से यह अनुमान भी लगा लिया था कि वे नाराज हो गए थे। उनके मन को संतुष्ट करने के लिए भगवतीचरण भी पालकी से उतरे और उनके साथ पैदल चल पड़े।

अविनाश बाबू हैरान रह गए, परंतु कुछ नहीं बोले। भगवतीचरण ने सुबह वाली चर्चा को पुनः आरंभ कर दिया और अपने तर्कों के माध्यम से अविनाश को समझाना चाहा कि उन्हें स्वयं को धार्मिक पाखंडों से दूर रखना चाहिए।

इधर अविनाश बाबू मन-ही-मन अपने गुरु को पुकार रहे थे। उन्हें ऐसा लगता था कि किसी भी घड़ी में गुरु अपने शिष्य का साथ देते हैं और उसकी समस्या का समाधान कर देते हैं।

"अच्छा! आपके गुरु का नाम क्या है?" भगवतीचरणजी ने यों ही पूछ लिया।

"वे लाहिड़ी महाशय हैं।"

"क्या उनके दर्शनों के लिए जाना आपके काम से भी अधिक महत्त्व रखता है?"

"जी हाँ! उनके दर्शनों के लिए मन तरस रहा है।"

भगवतीजी ने मन-ही-मन सोचा कि इन गुरुओं के मायाजाल में फँसे लोगों का कोई निस्तार नहीं है।

भगवतीजी ने मन-ही-मन सोचा कि इन गुरुओं के मायाजाल में फँसे लोगों का कोई निस्तार नहीं है। अब उन दोनों के बीच कोई बातचीत नहीं हो रही थी। अचानक ही सुनसान मैदान के छोर पर एक दिव्य पुरुष प्रकट हुए और भगवतीजी की ओर इंगित कर कहा, "भगवती! अपने कर्मचारी के साथ इतना कठोर व्यवहार?"

अब उन दोनों के बीच कोई बातचीत नहीं हो रही थी। अचानक ही सुनसान मैदान के छोर पर एक दिव्य पुरुष प्रकट हुए और भगवतीजी की ओर इंगित कर कहा, "भगवती! अपने कर्मचारी के साथ इतना कठोर व्यवहार?"

वे यह दृश्य देख हतप्रभ रह गए और अविनाश बाबू कहकर वहीं भूमि पर लेट गए। वे बार-बार करबद्ध मुद्रा में एक ही वाक्य दोहराए जा रहे थे, "गुरुदेव की असीम कृपा···असीम कृपा···वे स्वयं आ गए।"

भगवतीजी ने अपने जीवन में ऐसा चमत्कार पहले कभी नहीं देखा था। वे अभिभूत हो उठे और मन-ही-मन भयभीत भी हुए। वे यथासंभव साहस बटोरकर बोले, "अविनाश बाबू···क्या यही आपके गुरुदेव थे? ये अचानक इस सुनसान जंगल में कहाँ से आ गए?"

"जी सर! शत-प्रतिशत! क्या मैं अपने गुरु को नहीं पहचानता।"

"पर आपने तो कहा कि वे बनारस में हैं?"

"उनके लिए बनारस, कोलकाता या कोई भी स्थान दूर नहीं है। वे एक

महान् योगी हैं, जो अपनी योगशक्ति के बल पर कहीं भी अपने सूक्ष्म शरीर के साथ प्रकट होने की क्षमता रखते हैं।''

''उन्हें कैसे पता चला कि मैंने तुम्हारे प्रति कठोरता का व्यवहार किया।''

''सर, गुरुदेव मेरे मन की एक-एक अनुभूति से परिचित हैं। आज जब आपने अवकाश नहीं दिया तो मैं आपके स्वभाव की कठोरता के कारण रुष्ट हुआ और यही बात उन तक पहुँच गई। भला उन्हें मेरे मन का कौन सा कोना अनजाना है? वे तो सब जानते हैं।''

''आप सात दिन का अवकाश चाहते थे?''

''यदि आप दे सकें तो आपकी कृपा होगी।''

''अवकाश ही नहीं दूँगा, बल्कि मैं अपनी पत्नीसहित आपके गुरुदेव के दर्शनों के लिए भी जाना चाहूँगा। आपको कोई आपत्ति तो नहीं होगी?'' भगवतीजी बोले।

''आपत्ति कैसी सर? मुझे तो प्रसन्नता होगी कि मैं आपके जीवन में एक सुअवसर को उपलब्ध करवाने का साधन बन रहा हूँ।''

''क्या तुम्हारे गुरुदेव हमें भी अपने पथ में दीक्षित करेंगे?''

''उन्हें कैसे पता चला कि मैंने तुम्हारे प्रति कठोरता का व्यवहार किया।''

''सर, गुरुदेव मेरे मन की एक-एक अनुभूति से परिचित हैं। आज जब आपने अवकाश नहीं दिया तो मैं आपके स्वभाव की कठोरता के कारण रुष्ट हुआ और यही बात उन तक पहुँच गई। भला उन्हें मेरे मन का कौन सा कोना अनजाना है? वे तो सब जानते हैं।''

''हाँ सर, यदि आपमें इसके लिए पात्रता पाएँगे तो निश्चित रूप से वे आपको अपने पथ में दीक्षित कर लेंगे। उनके दरबार में सच्ची निष्ठा व आस्था ही चाहिए। जो व्यक्ति केवल इन दो वस्तुओं के साथ वहाँ प्रवेश करता है। उसके लिए जीवन में सबकुछ सर्वसुलभ हो जाता है।'' अविनाश बाबू ने उत्तर दिया।

अगली शाम की गाड़ी से भगवतीचरणजी अपनी पत्नी सहित वाराणसी रवाना हो गए। वाराणसी में वे लोग गुरुघर पहुँचे तो अविनाश बाबू आगे थे। प्रांगण में भगवतीजी ने उन्हीं दिव्य पुरुष को पद्मासन की मुद्रा में विराजमान देखा, जो उस दिन मैदान में दिखाई दिए थे। वे उन पर दृष्टि पड़ते ही बोले, "भगवती! अपने कर्मचारी के साथ इतना कठोर व्यवहार?"

गुरुदेव ने अपने शब्द दोहराकर यह प्रमाणित कर दिया कि वे उस दिन की घटना में वहीं उपस्थित थे और इसके बाद तो जैसे किसी संशय के लिए कोई स्थान ही न रहा। भगवतीचरणजी यह सुनकर हल्का सा झेंपे, तो गुरुदेव मुसकराते हुए बोले, "भगवती! मुझे प्रसन्नता है कि तुम न केवल स्वयं आए, बल्कि अपने सभी संदेहों व संशयों को भी कचरे की पेटी में डाल दिया। पात्र जितना रिक्त होता है, उसे लबालब भरना उतना ही सरल हो जाता है। पुरानी धारणाओं से मुक्ति पाकर ही मनुष्य आगे बढ़ सकता है। आज से तुम्हारे आध्यात्मिक जीवन का नया अध्याय आरंभ होता है।"

"भगवती! मुझे प्रसन्नता है कि तुम न केवल स्वयं आए, बल्कि अपने सभी संदेहों व संशयों को भी कचरे की पेटी में डाल दिया। पात्र जितना रिक्त होता है, उसे लबालब भरना उतना ही सरल हो जाता है। पुरानी धारणाओं से मुक्ति पाकर ही मनुष्य आगे बढ़ सकता है। आज से तुम्हारे आध्यात्मिक जीवन का नया अध्याय आरंभ होता है।"

लाहिड़ी महाशय ने भगवती दंपती को क्रियायोग की दीक्षा दी। यह एक यौगिक विधि है, जिसके द्वारा इंद्रियों की चंचलता शांत हो जाती है तथा मनुष्य का ब्रह्मचैतन्य के साथ एकात्म होने का मार्ग प्रशस्त होता चला जाता है।

उस दिन के बाद से अविनाश बाबू व भगवती का नाता कनिष्ठ तथा वरिष्ठ का न रहा। वे अब गुरुभाई हो गए थे। जब भी समय मिलता तो वे दोनों अपने गुरु के पास वाराणसी चले जाते। जिस तरह पहले केवल अविनाश बाबू ही अपने गुरु के दर्शनों की उत्कंठा प्रकट करते थे। अब उसी अनुभूति

को भगवतीजी भी अनुभव कर सकते थे। वे समझ सकते थे, कि यदि कोई ऐसी इच्छा में व्यवधान उत्पन्न करे तो मन को कितना क्लेश होता है। जीवन में एक सिद्धपुरुष के आगमन ने एक नई दिशा दी।

एक बार वे गुरु के पास गए तो बातों-ही-बातों में उन्होंने संकेत दिया कि उनके घर में जिस पुत्र का जन्म होनेवाला है, उसमें वे अपने गुरु की छवि के दर्शन कर सकेंगे। इस आशीर्वाद से भगवती प्रसन्न तो हुए, किंतु मन में यह दुविधा भी आ गई कि क्या वे अपने पुत्र को एक संसारत्यागी योगी के रूप में स्वीकार कर सकेंगे। इस दुविधा का हल उस समय तो संभव नहीं था, अत: उन्होंने उसे समय के हाथों में छोड़ दिया और धीरे-धीरे विस्मृति के गर्त में धकेल दिया, परंतु भगवती की पत्नी ज्ञानप्रभा घोष ने गुरु की कही इस बात को अपने से कभी विलग नहीं होने दिया और उन्हें पूर्ण विश्वास था कि यदि गुरु ने ऐसा आशीर्वाद दिया है तो निश्चित रूप से उनका पुत्र एक दिन महान् योगी के रूप में प्रतिष्ठित होगा।

एक बार वे गुरु के पास गए तो बातों-ही-बातों में उन्होंने संकेत दिया कि उनके घर में जिस पुत्र का जन्म होनेवाला है, उसमें वे अपने गुरु की छवि के दर्शन कर सकेंगे। इस आशीर्वाद से भगवती प्रसन्न तो हुए, किंतु मन में यह दुविधा भी आ गई कि क्या वे अपने पुत्र को एक संसारत्यागी योगी के रूप में स्वीकार कर सकेंगे।

वे संत प्रकृति की महिला थीं। लाहिड़ी महाशय की शिष्या बनने के बाद तो उनकी धार्मिक व आध्यात्मिक प्रवृत्तियाँ और भी तीव्र हो उठीं। वे बहुत ही उदारमना थीं। प्राय: इसी बात पर पति से अनबन तक हो जाती थी। एक बार तो उन्होंने पंद्रह ही दिन में पूरे माह की पगार उड़ा दी थी। साधु-संतों को भोजन करवाते या निर्धनों को उनकी आवश्यकता की वस्तुएँ बाँटते समय वे यह भी भूल जाती थीं कि उन्हें अपनी गृहस्थी की सुख-सुविधाओं पर भी ध्यान देना चाहिए।

आध्यात्मिक जीवन की प्रथम पाठशाला

पाठक स्वयं ही अनुमान लगा सकते हैं कि ऐसे सात्त्विक परिवार में जनमे और पले मुकुंद का बाल्यकाल भी कितना विशिष्ट रहा होगा। उनके परिवार का यह वातावरण ही उनके आध्यात्मिक जीवन की प्रथम पाठशाला बना।

एक बार उनकी माताजी ने वर्षों बाद अपनी सबसे बड़ी पुत्री को बताया था, ''तुम्हारे पिताजी और मैं संतान-प्राप्ति के लिए वर्ष में मात्र एक बार ही पति-पत्नी के रूप में साथ शयन करते हैं।''

मुकुंदलाल के जन्म के कुछ समय बाद ही लाहिड़ी महाशय ने अपना भौतिक चोला त्याग दिया, किंतु वे अपने शिष्यों के मानसपटल पर सदैव अंकित रहे। घोष परिवार देश के जिस भी हिस्से में जाता, उनके मंदिर में लाहिड़ी महाशय का चित्र अवश्य रहता। परिवार के सभी सदस्य सुबह-शाम पूजावेदी के सम्मुख ध्यान लगाते। इस प्रकार बाल्यकाल से ही लाहिड़ी महाशय मुकुंद के जीवन का एक अखंड भाग रहे। वे तब से उनकी आराधना करते आ रहे थे, जब वे श्रद्धा अथवा निष्ठा आदि शब्दों के अर्थ तक नहीं समझते थे।

मुकुंदलाल घोष ही आगे चलकर श्री श्री परमहंस योगानंदजी के नाम से जाने गए। उन्होंने स्वयं स्वीकारा कि बाल्यकाल में वे प्राय: ध्यानावस्था में अपने गुरुदेव को साक्षात् अपने सम्मुख पाते। उन्हें लगता है कि गुरुदेव चित्र से बाहर आकर उनके सामने बैठ गए हैं, परंतु ज्यों ही वे उनके चरणस्पर्श

करने का प्रयास करते तो वे ओझल हो जाते। बाल्यावस्था से किशोरावस्था के दौरान वह चित्र मुकुंद के जीवन का पाथेय बन गया था और वे प्रत्यक्ष तथा अप्रत्यक्ष रूप से अपने जीवन की प्रत्येक घटना में लाहिड़ी महाशय को अनुभव कर सकते थे।

जब वे आठ-नौ वर्ष के थे तो उन्हें लाहिड़ी महाशय के चित्र के माध्यम से रोगमुक्ति का वरदान भी मिला। हुआ यों कि उन्हें हैजा हो गया। वे उन दिनों इच्छापुर के पारिवारिक घर में थे। उनके बचने की कोई आशा न रही। डॉक्टरों ने भी जवाब दे दिया था। बिस्तर के पास अकुलाई बैठी माँ ने लाहिड़ी महाशय के चित्र की ओर देखकर कहा, ''बेटा! उन्हें मन-ही-मन प्रणाम करो।''

जब वे आठ-नौ वर्ष के थे तो उन्हें लाहिड़ी महाशय के चित्र के माध्यम से रोगमुक्ति का वरदान भी मिला। हुआ यों कि उन्हें हैजा हो गया। वे उन दिनों इच्छापुर के पारिवारिक घर में थे। उनके बचने की कोई आशा न रही। डॉक्टरों ने भी जवाब दे दिया था।

वे जानती थीं कि उनके पुत्र में उतनी भी शक्ति शेष नहीं थी कि वह हाथ उठाकर अपना प्रणाम निवेदित कर पाता। वे पूरे विश्वास के साथ बोलीं, ''बेटा, पूरे विश्वास व श्रद्धा के साथ अपनी भक्ति प्रकट करो। वे तुम्हारी अवश्य सुनेंगे।'' ज्यों ही मुकुंद ने चित्र की ओर देखा तो एक अवर्णनीय प्रकाशस्रोत उनके शरीर के भीतर समा गया और देखते-ही-देखते रोग के लक्षण जाते रहे। कुछ ही घंटों में वे अपने रोग से पूरी तरह मुक्त हो गए। जिसे देख सभी चमत्कृत थे। इस अलौकिक घटना के बाद तो माँ को भी पूरा विश्वास हो गया कि हो-न-हो उनके पुत्र को गुरुदेव का आशीर्वाद प्राप्त था। उन्होंने ही तो कहा था कि वे लोग अपने पुत्र में उनकी छवि के दर्शन कर पाएँगे।

मुकुंद दिन-ब-दिन अध्यात्म के नए-नए अनुभव पाते और मन-ही-मन गद्गद हो जाते। ऐसे अनुभवों को कभी दूसरों के साथ बाँटा नहीं जाता। यह आस्वादन मनुष्य केवल अकेले ही कर सकता है। यही कारण है कि अल्पायु

से ही मुकुंद को एकांतवास तथा ध्यान बहुत भाने लगे थे।

उन्होंने अपनी पुस्तक 'योगी कथामृत' में ऐसे ही कुछ दिव्य अनुभवों का भी वर्णन किया है। एक घटना के अनुसार वे गहन दिवास्वप्न में खोए थे।

अचानक ही उनके मन में यह विचार आया कि बंद नेत्रों के परदे के पीछे क्या है?

अचानक ही उनकी अंतर्दृष्टि के सामने प्रखर प्रकाश कौंध गया। उनके नेत्रों के आगे आकृतियाँ घूमने लगीं। वे बहुत से संतों को ध्यानमुद्रा में देख पा रहे थे। उन्होंने पूछा, "आप सब कौन हैं?"

अचानक ही उनके मन में यह विचार आया कि बंद नेत्रों के परदे के पीछे क्या है?
अचानक ही उनकी अंतर्दृष्टि के सामने प्रखर प्रकाश कौंध गया। उनके नेत्रों के आगे आकृतियाँ घूमने लगीं। वे बहुत से संतों को ध्यानमुद्रा में देख पा रहे थे। उन्होंने पूछा, "आप सब कौन हैं?"

"हम हिमालय के योगी हैं?"

"आप लोग क्या कर रहे हैं?"

"वत्स! हम संसार त्याग चुके हैं और प्रभु से लौ लगाए बैठे हैं।"

"मैं भी हिमालय आकर आपके जैसा बनने की इच्छा रखता हूँ। क्या ऐसा संभव है?"

उन्होंने उस दृश्य से अभिभूत होकर पूछा, किंतु वे आकृतियाँ अलोप हो गईं। अब नेत्रों के आगे कुछ न था, परंतु उन्होंने ईश्वरीय आनंद की शाश्वत धारा को चख लिया था और यह घटना आगामी जीवन में भी उनके स्मृतिपटल पर अंकित रही।

इस घटना के बाद उन्हें अनुभूति हो गई कि वे जिस जगत् में रह रहे थे, वह एक भौतिक जगत् था। वह मौलिक नहीं, किंतु एक संसार की छाया मात्र है। कोरा भ्रम है। योगी अपने योगबल से उस दिव्य आनंदमयी जगत् में जाता है, जिसकी तुलना नहीं हो सकती। यदि उन्हें भी उसी जगत् में जाना है तो इन सांसारिक सुख-साधनों तथा माया-मोह से परे जाकर योगसाधना करनी होगी।

बाल्यकाल में प्राय: बालक अपने खेल-कूद तथा मौज-मस्ती में इतने मग्न रहते हैं कि उन्हें जीवन में और कुछ स्मरण ही नहीं रहता। जब वे बड़े होते हैं तो उन्हें अपने प्रारंभिक जीवन की अधिकांश घटनाएँ तक स्मरण नहीं होतीं, परंतु मुकुंद के मामले में ऐसा नहीं था। वे स्वयं स्वीकारते हैं कि उनके शैशव-काल में पिछले जन्मों की घटनाओं की स्मृतियाँ भी मानसपटल पर उभरती रहती थीं। यद्यपि वे स्मृतियाँ उन घटनाओं के घटित होने के क्रम में नहीं होती थीं। उन्हें बार-बार ऐसा लगता था कि वे अपने किसी जन्म में हिमालय के कोई योगी अथवा संत रहे थे।

बाल्यकाल में प्राय: बालक अपने खेल-कूद तथा मौज-मस्ती में इतने मग्न रहते हैं कि उन्हें जीवन में और कुछ स्मरण ही नहीं रहता। जब वे बड़े होते हैं तो उन्हें अपने प्रारंभिक जीवन की अधिकांश घटनाएँ तक स्मरण नहीं होतीं, परंतु मुकुंद के मामले में ऐसा नहीं था।

इस जन्म में भी विचित्र घटनाएँ समय-समय पर उन्हें सचेत करती रहीं कि उनका जन्म किसी उद्देश्य से हुआ है और उनके जीवन में आध्यात्मिक उन्नति क्या महत्त्व रखती है।

एक और घटना ने उन्हें अपने शब्दों की शक्ति पर विश्वास करना सिखाया, साथ ही उन्होंने यह भी सीखा कि हम चाहें तो किसी के जीवन को संकट से बचाने के लिए भी ध्वनि की अचूक शक्ति का प्रयोग कर सकते हैं। नकारात्मक या सकारात्मक ध्वनि कंपन जीवन में बहुत महत्त्व रखते हैं।

वे प्राय: अपने शिष्यों को हाथ पर बने एक चिह्न को दिखाते हुए यह घटना सुनाया करते। उन दिनों वे गोरखपुर में ही रह रहे थे और वे अपनी बड़ी बहन उमा के साथ नीम के पेड़ तले बैठे थे।

पास ही कुछ तोते पेड़ पर लगे फल को कुतरने में मग्न थे। मुकुंद का ध्यान उनकी ओर लगा था, साथ ही उनकी बहन उन्हें बंगाली भाषा की पहली पुस्तक भी पढ़ा रही थीं।

अचानक उमा दीदी उठीं और घर के भीतर से मलहम उठा लाईं। उनके पैर पर फोड़ा हो गया था। उन्होंने पैर पर मलहम लगाया तो मुकुंद ने भी थोड़ा सा मलहम अपने हाथ पर लगा लिया।

"अरे मुकुंद! तू दवा क्यों लगा रहा है? तुझे तो कोई फोड़ा नहीं हुआ। दवा तो चोट लगने पर ही लगाई जाती है।"

"दीदी! मुझे ऐसा लग रहा है कि शायद कल मेरे हाथ पर भी एक फोड़ा निकल आएगा।" मुकुंद ने गंभीर भाव से कहा।

"बड़ा आया गपोड़ी...झूठा।"

"दीदी! तुम असलियत देखे बिना ही मुझे गपोड़ी या झूठा नहीं कह सकतीं।"

"नहीं-नहीं, तुम झूठे हो। कोरी गप मार रहे हो।"

"नहीं, मैं गप नहीं मार रहा।"

दीदी बार-बार अपनी बात ही दोहराती रहीं।

"मुकुंद झूठा है, झूठा है, झूठा है।" दीदी के स्वर में व्यंग्य था।

यह सुनकर बालक मुकुंद को भी गुस्सा आ गया और वह अपने सुर में दृढ-निश्चय के साथ बोला, "मैं अपनी इच्छाशक्ति के बल से कह रहा हूँ कि कल मेरे हाथ पर इसी जगह, एक बड़ा फोड़ा दिखाई देगा और तुम्हारा फोड़ा सूजकर अपने आकार से दुगना हो जाएगा।"

यह सुनकर बालक मुकुंद को भी गुस्सा आ गया और वह अपने सुर में दृढ-निश्चय के साथ बोला, "मैं अपनी इच्छाशक्ति के बल से कह रहा हूँ कि कल मेरे हाथ पर इसी जगह, एक बड़ा फोड़ा दिखाई देगा और तुम्हारा फोड़ा सूजकर अपने आकार से दुगना हो जाएगा।"

दीदी बड़ी हैरानी से मुकुंद का चेहरा ताकती रह गईं। उपहास-ही-उपहास में मुकुंद के मुख के भाव कैसे बदल गए थे।

बात वहीं समाप्त नहीं हुई। दीदी सुबह सोकर उठीं तो चीखते हुए माँ के पास भागीं।

"माँ-माँ! हमारा मुकुंद जादू-टोना करने लगा है। देखो न, इसने कहा था कि मेरा फोड़ा बड़ा हो जाएगा। यह अपने आकार से दुगना हो गया है।"

तभी मुकुंद भी वहीं आ गया। उसका कहा सच निकला था। उसके हाथ पर भी वही फोड़ा निकल आया था। इससे तो उमा दीदी की बात को और बल मिल गया।

माँ ने सारी बात को बहुत ही ध्यान से सुना। वे तो अपने पुत्र की शक्तियों से भलीभाँति परिचित थीं, किंतु कुछ बातों की गोपनीयता में ही उनकी मर्यादा छिपी होती है। उन्होंने गहन गंभीर स्वर में पुत्र को समझाया, "बेटा! शब्दों में असीम शक्ति का भंडार छिपा है। यदि मनुष्य संपूर्ण संकल्प-शक्ति के साथ कुछ शब्दों का प्रयोग करता है तो वे निश्चित रूप से फलीभूत होते हैं, अत: हमें भूले से भी किसी की हानि के लिए कभी शब्द-शक्ति का प्रयोग नहीं करना चाहिए। हमारे शब्दों की सकारात्मकता किसी का आरोग्य बन सकती है। यदि उसका प्रयोग करना आ जाए तो कहीं श्रेयस्कर होगा।"

मुकुंद ने माँ के शब्दों को आजीवन याद रखा और फिर कभी ऐसा नहीं किया। घर के इसी वातावरण के बीच कठोर व अनुशासनप्रिय पिता का साया भी था, जो अपनी संतानों को अच्छी-से-अच्छी शिक्षा दिलवाने के लिए कटिबद्ध थे, ताकि जीवन-संग्राम में वे किसी से पीछे न रह जाएँ।

भगवतीजी का जीवन अपने बच्चों के लिए एक मिसाल रहा। वे बहुत ही संयमी तथा मितव्ययी थे। सादा जीवन तथा उच्च विचार ही उनके जीवन का मूलमंत्र था। सरल व सात्त्विक जीवन व्यतीत करनेवाले भगवतीजी को विभिन्न आध्यात्मिक साधनों के अभ्यास में विशेष रूप से आनंद आता था और मुकुंद ने यही गुण पिता से पैतृक दाय के रूप में प्राप्त किया।

□

माँ का आकस्मिक निधन

जीवन बहुत ही सुख से बीत रहा था। मुकुंद अपने स्नेही परिवार के साए तले मग्न था। उसकी दो बड़ी बहनों का विवाह हो गया था। अब बड़ा भाई अनंत विवाह योग्य आयु का हो चला था, अत: घर में उसके ही विवाह की चर्चा हुआ करती।

नियत समय पर अनंत के लिए कन्या भी पसंद कर ली गई। मुकुंद की माँ को अपने घर में बहू लाने का बहुत चाव था। दो पुत्रियों के विवाह के बाद घर के बड़े बेटे का विवाह होने जा रहा था। घर में सलोनी वधू आनेवाली थी, इसलिए माँ के उछाह का अंत न था।

उन दिनों ग्यारह वर्षीय मुकुंद व उसके पिता बरेलीवाले घर में थे और अनंत के विवाह का सारा प्रबंध कोलकाता में हो रहा था। अनंत की माँ प्राय: कहतीं, 'अनंत की बहू का मुख देखते ही ऐसा लगेगा, मानो मैंने धरती पर ही स्वर्ग देख लिया हो।'

एक पुत्र का जन्म और फिर उसके विवाह का स्वप्न; किसी भी माँ के लिए बड़ी साध के अवसर होते हैं। भले ही पति नगर से दूर थे, पर उन्होंने प्रबंधकार्य में कोई कमी नहीं आने दी। सभी सगे-संबंधी कोलकातावाले घर में आ पहुँचे, विवाह के लिए नाना प्रकार के व्यंजनों-पकवानों, वधू के लिए आभूषण व वस्त्रों, बैंड-बाजा, पंडित-पुरोहित, दान-दक्षिणा, पूजा का सामान, प्रणामी के कपड़े आदि सभी तैयारियाँ हो चुकी थीं, केवल मुकुंद और उसके पिता का आना ही शेष रह गया था।

पूरा परिवार आनंद के सागर में निमग्न था, किंतु विधाता के खेल निराले होते हैं। मनुष्य अपनी योजनाएँ बनाता है, परंतु उसे यह पता नहीं होता कि उससे पूर्व नियंता ने ही उसके लिए कुछ और रच रखा है। जिस दिन मुकुंद व उसके पिता को कोलकाता के लिए रवाना होना था, उसी रात मुकुंद ने एक अमंगलसूचक दृश्य देखा। उसे नींद में ही अपनी प्यारी माँ दिखाई दी और माँ ने हौले से कहा, "आज सुबह चार बजेवाली गाड़ी पकड़ो। मुझे देखना चाहते हो तो जल्दी आओ।" वह छायामूर्ति अदृश्य हो गई।

मुकुंद जागकर रोने लगा, "पिताजी, पिताजी! उठिए, माँ इस संसार से विदा ले रही हैं। हमें उनके पास जाना है। वे हमें बुला रही हैं।"

"मुकुंद! कोई बुरा सपना देख लिया क्या? सो जाओ बेटा! आधी रात हो गई।"

"नहीं बाबा! मुझे माँ के पास जाना है। वे बुला रही हैं।"

"कोई सपना होगा, वैसे भी हम कल जा ही रहे हैं।"

"मुझे अभी जाना है। मुझे माँ से मिलना है।"

"सो जाओ बेटा।"

पूरा परिवार आनंद के सागर में निमग्न था, किंतु विधाता के खेल निराले होते हैं। मनुष्य अपनी योजनाएँ बनाता है, परंतु उसे यह पता नहीं होता कि उससे पूर्व नियंता ने ही उसके लिए कुछ और रच रखा है। जिस दिन मुकुंद व उसके पिता को कोलकाता के लिए रवाना होना था, उसी रात मुकुंद ने एक अमंगलसूचक दृश्य देखा।

"बाबा! अगर माँ को कुछ हो गया तो मैं अपने साथ-साथ आपको भी इस प्रमाद के लिए क्षमा नहीं कर सकूँगा।"

"बेटा! कई बार रात को ऐसे सपने आ जाते हैं। ऐसे अमंगलसूचक सपनों से घबराना नहीं चाहिए।" बाबा ने उसे सुला दिया, परंतु...

...परंतु सुबह अपने साथ वह मनहूस खबर लेकर ही आई।

'माँ गंभीर रूप से बीमार, विवाह स्थगित, तुरंत आएँ।'

बाबा और मुकुंद उसी समय रवाना हो गए। एक ग्यारह वर्षीय बालक के दुःख की कल्पना ही की जा सकती है, जिसने एक माँ के रूप में सबसे प्यारी सखी को खो दिया हो। तार में केवल माँ के रोगग्रस्त होने की सूचना थी, किंतु इस बात का पूरा अंदेशा था कि संभवतः उनके पहुँचने तक माँ के दर्शन हो भी पाएँगे या नहीं। यदि ऐसा न होता तो तार में गंभीर शब्द का प्रयोग न होता और न ही विवाह को स्थगित किया जाता।

कभी मन में आशा का संचार होता कि शायद माँ की दशा सँभल गई हो और कभी मन यही सोचकर रो उठता कि माँ का मुख भी देखना नसीब होगा या नहीं? इसी आशा और निराशा के बीच सारी यात्रा पूरी हुई। मुकुंद को बार-बार यही विचार आ रहा था कि क्यों न वह स्वयं को गाड़ी के आगे झोंक दे। माँ की स्नेहमयी छाया के बिना संसार में जीने की कल्पना भी कितनी भयावह दिख रही थी। राह में बाबा से मिली सांत्वना भी किसी काम न आई।

बाबा और मुकुंद उसी समय रवाना हो गए। एक ग्यारह वर्षीय बालक के दुःख की कल्पना ही की जा सकती है, जिसने एक माँ के रूप में सबसे प्यारी सखी को खो दिया हो। तार में केवल माँ के रोगग्रस्त होने की सूचना थी, किंतु इस बात का पूरा अंदेशा था कि संभवतः उनके पहुँचने तक माँ के दर्शन हो भी पाएँगे या नहीं।

मार्ग में ही उन्हें रिश्ते के एक चाचा मिल गए, जो उनके घर की दिशा से ही आ रहे थे। पिता-पुत्र ने उन्हें बड़ी ही आस से देखा। वे उनसे माँ की वर्तमान दशा के बारे में जानना चाहते थे। संभवतः बाबा ने तो बिना कुछ कहे ही सब जान लिया था, परंतु बालक मुकुंद पूछे बिना नहीं रह पाया।

"काका! माँ अब ठीक तो हैं न?"

"हाँ बेटा! अब पहले से बेहतर हैं। तुम चिंता मत करो। सब ठीक हो जाएगा।" काका ने बालक को सांत्वना दी, परंतु कोलकाता पहुँचते ही सारे संशय और आशंकाएँ सत्य होकर सामने आ गईं। ज्ञानप्रभा इस संसार से

विदा ले चुकी थीं। उनका शव धरती पर पड़ा था और बालक को जीवन के एक अटल सत्य का सामना करना था। उसे यह समझना था कि मृत्यु जीवन का सबसे चिरंतन और शाश्वत सत्य है, जिसे कभी कोई नकार नहीं सकता और न नकार पाया है।

वे पछाड़ खाकर वहीं गिर पड़े। जीवन में पहली बार मृत्यु से सामना हो रहा था और वह भी अपनी माँ के रूप में। कैसी कठोर नियति थी! मुकुंद के विलाप ने घर की दीवारों को भी हिलाकर रख दिया। सभी इष्ट-मित्रों ने सांत्वना दी। बहनों ने गले से लगाया, परंतु उसे किसी भी प्रकार से तसल्ली नहीं मिल रही थी।

वे पछाड़ खाकर वहीं गिर पड़े। जीवन में पहली बार मृत्यु से सामना हो रहा था और वह भी अपनी माँ के रूप में। कैसी कठोर नियति थी! मुकुंद के विलाप ने घर की दीवारों को भी हिलाकर रख दिया। सभी इष्ट-मित्रों ने सांत्वना दी। बहनों ने गले से लगाया, परंतु उसे किसी भी प्रकार से तसल्ली नहीं मिल रही थी।

उसका वश चलता तो वह अपनी माँ को विधाता से छीनकर ले आता। माँ को अंतिम संस्कार के लिए ले गए और मुकुंद स्तब्ध भाव से प्रत्येक रस्म को निभाता चला गया। उसे कुछ नहीं सूझ रहा था। जो भी संबंधी, जैसा करने को कहता, वह यंत्रवत् उसे संपन्न कर देता। उस समय उसे ऐसा लग रहा था कि माँ के उन दो स्नेहपूरित काले नेत्रों को अग्नि की लपटों के हवाले कर देने के बाद उसके जीवन में रिक्तता के अतिरिक्त कुछ नहीं बचा है।

मुकुंद बहुत अकेला पड़ गया था। अंततः परिवार ने निर्णय लिया कि अभी उसे पिता के साथ बरेली ही भेज दिया जाए। वहाँ वह कम-से-कम किसी बड़े व्यक्ति के संरक्षण में तो रहेगा। बरेली लौटकर भी मुकुंद का मन नहीं रमा। उसे निरंतर यही लगता रहता था कि कोलकाता में वह अपनी कोई बहुमूल्य थाती भूल आया है।

वह प्रायः माँ काली जगज्जननी के आगे विलाप करता और अपनी माँ

को पाने के लिए प्रार्थना करता। बालक के लिए उस समय यह समझना बहुत ही कठिन था कि इस संसार में अपनी भौतिक देह का त्याग करने के बाद इस देह में पुनः वापसी नहीं होती, परंतु बालपन तो प्रत्येक तर्क-वितर्क से परे होता है। उसे तो केवल इतना पता था कि उससे उसकी माँ छीन ली गई है और वह अपनी माँ को वापस चाहता है।

वह प्रायः पिता के आगे अपना हठ दोहराता, "किसने मेरी माँ को मुझसे छीना है ? मुझे मेरी माँ वापस चाहिए। मैं उन्हें वापस लाकर ही रहूँगा।"

और एक दिन उसकी आर्त पुकारों से द्रवित होकर जगज्जननी माता को आना ही पड़ा। स्वयं उन्हीं के शब्दों में—

"वह मैं ही थी, जिसने जन्म-जन्मांतर में अनेक माताओं की स्नेह-वत्सलता के माध्यम से तुम्हारी देखरेख की। तुम जिन दो खोए हुए सुंदर नयनों को खोज रहे हो, उन्हें मेरे नेत्रों में देखो।"

इस घटना ने उसके ज्ञान चक्षु खोल दिए और वह इन सांसारिक सुखों की छाया से उकता कर, वास्तविक आनंदलोक को पाने के लिए व्यग्र हो उठा। उसके मन में विचार आया कि क्यों न उसी जगत् का संधान किया जाए, जो किसी भी प्रकार के रोग, शोक, दुःख, द्वेष तथा मोह-माया से परे है और यहीं से उसके जीवन को एक नई दिशा मिल गई।

□

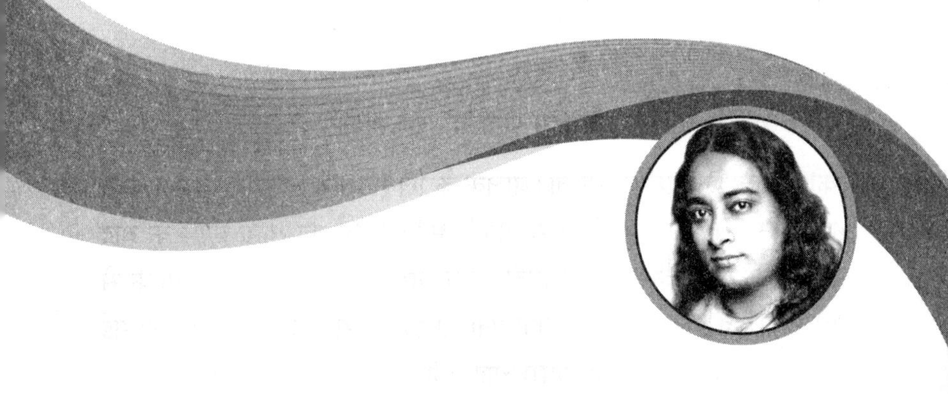

अलौकिक ताबीज व संन्यास की इच्छा

मुकुंद को परिवार में आरंभ से ही आध्यात्मिक परिवेश मिला था और अब माँ के जाने के बाद किए जानेवाले एकांतवास ने तो उनके अंतर्ज्ञान को और भी गहन बना दिया था। वे घंटों एकांत में बैठे विचारमग्न रहते। कभी-कभी अपने कक्ष में जाकर ध्यान रमाते, तो उन्हें समय का भान ही न रहता। माँ के निधन को कई माह बीत गए थे, परंतु उनकी दशा में कोई परिवर्तन न आया था।

एक दिन उनके एक चचेरे भाई भेंट के लिए आए। वे हिमालय के तीर्थाटन से लौटे थे। उनके मुख से उन पावन शृंखलाओं के बारे में जाना और मुकुंद ने यह भी सुन रखा था कि हिमालय की कंदराओं में तपस्या करने से उस लोक की सहज प्राप्ति हो जाती है। एक किशोर के लिए इतना ही पर्याप्त था कि उसे अपनी अभीष्ट सिद्धि के लिए मार्ग सूझ रहा था और वह मार्ग कितना सुलभ व सार्थक था, इस बात से उसे कोई अंतर नहीं पड़ता था।

चचेरे भाई के जाने के बाद मुकुंद ने मन-ही-मन योजना बना ली कि उन्हें भी हिमालय की किसी गुहा की खोज में जाना है। वहाँ तक जाने के लिए किसी संगी-साथी की आवश्यकता थी और ऐसे में उनकी नजर अपने मकान-मालिक के पुत्र पर पड़ी। उन्हें लगा कि वह इस योजना में उनका सहायक होगा, किंतु उसने सहायता देने की बजाय उत्सुक किशोर की योजना पर पानी फेरते हुए बड़े भाई अनंत को सबकुछ बता दिया।

अनंत को जब मुकुंद की इस योजना के बारे में पता चला तो उन्होंने

उसे किशोर-सुलभ व्यवहार समझते हुए उपहास में कहा, "भाई मेरे! यदि संन्यासी बनने की इच्छा रखते हो तो भगवा धारण करना होगा। क्या तुमने गेरुए कपड़ों के बिना कोई संन्यासी देखा है?"

भले ही अनंत ने उपहास में कहा था, परंतु मुकुंद को तो जैसे एक और टेक मिल गई। उन्हें लगा कि इन शब्दों को सुनते ही संभवत: उनके पिछले जन्म की कोई स्मृति साकार हो उठी है और संन्यास लेने की इच्छा प्रबल रूप में सामने आ गई। उन्हें पूरा विश्वास था कि वे गेरुए वस्त्र पहनकर संन्यासी ही बनना चाहते हैं। जब भी वे एकांत में अपने नेत्र बंद करते तो एक भगवाधारी संन्यासी की छवि कौंध जाती, जो कोई और नहीं अपितु वही हुआ करते थे।

भले ही अनंत ने उपहास में कहा था, परंतु मुकुंद को तो जैसे एक और टेक मिल गई। उन्हें लगा कि इन शब्दों को सुनते ही संभवत: उनके पिछले जन्म की कोई स्मृति साकार हो उठी है और संन्यास लेने की इच्छा प्रबल रूप में सामने आ गई। उन्हें पूरा विश्वास था कि वे गेरुए वस्त्र पहनकर संन्यासी ही बनना चाहते हैं।

अनंत व मुकुंद के बीच हुए इस वार्त्तालाप के बाद उनके सहज परिवर्तन को सभी ने लक्ष्य किया। मुकुंद के मन में विरक्ति की भावना आ गई थी। अनंत उनका बहुत ध्यान रख रहे थे, परंतु जाने कैसे मुकुंद एक दिन आँख बचाकर नैनीताल भाग निकले। वे स्वयं को हिमालय के निकट देखना चाहते थे और हिमालय की तलहटी में बसा नैनीताल एक अच्छा आरंभ बिंदु हो सकता था, परंतु अनंत उन्हें वहाँ से वापस ले आए।

इस घटना के बाद भी मुकुंद अपनी ओर से इसी प्रयास में लगे रहे कि किसी तरह गृह त्यागकर कहीं निकल जाएँ। साधु बन जाएँ और कहीं एकांत में धूनी रमा लें, परंतु अनंत उन पर ऐसी चौकसी रखते थे कि वे चाहकर भी कुछ नहीं कर पाते थे। इसी तरह माँ के स्वर्गवास को चौदह माह बीत गए।

अनंत को कोलकाता लौटना था, क्योंकि वहाँ उनके विवाह के लिए कन्या देख ली गई थी। अब अनंत के लिए यह बहुत मुश्किल था कि मुकुंद

की निगरानी कर पाएँ, अतः उन्होंने एक दिन छोटे भाई को पास बिठाकर कहा—

"देखो मुकुंद! मैं बहुत समय से तुम्हारी असामान्य गतिविधियों को देखता आ रहा हूँ और मुझे पूरा आभास है कि अवसर पाते ही तुम हम सबको छोड़कर एकांतवासी हो जाओगे। मेरे पास तुम्हारे लिए माँ की ओर से एक विलक्षण संदेश है, परंतु मैं इसी भय के मारे उसे तुम्हें न दे सका कि कहीं उसे पाकर तुम्हारी घर त्यागने की इच्छा और भी अधिक प्रबल न हो जाए, परंतु अब लगता है कि मुझे अपना कर्तव्य निभा देना चाहिए। इसके बाद ईश्वर की जैसी इच्छा होगी, वैसा ही होगा।"

देखो मुकुंद! मैं बहुत समय से तुम्हारी असामान्य गतिविधियों को देखता आ रहा हूँ और मुझे पूरा आभास है कि अवसर पाते ही तुम हम सबको छोड़कर एकांतवासी हो जाओगे। मेरे पास तुम्हारे लिए माँ की ओर से एक विलक्षण संदेश है, परंतु मैं इसी भय के मारे उसे तुम्हें न दे सका कि कहीं उसे पाकर तुम्हारी घर त्यागने की इच्छा और भी अधिक प्रबल न हो जाए, परंतु अब लगता है कि मुझे अपना कर्तव्य निभा देना चाहिए।

"जी अनंत दादा! आप क्या संदेश देना चाहते हैं?" मुकुंद ने पूछा।

"जब माँ स्वर्ग सिधारीं तो तुम उनके पास नहीं थे, अतः उन्होंने तुम्हारे लिए एक पत्र और धरोहर मेरे पास रखवा दी थी। उन्होंने आग्रह किया था कि उनके जाने के एक वर्ष बाद ही दोनों वस्तुएँ तुम्हें सौंपी जाएँ।"

"दादा! आप किन वस्तुओं की बात कर रहे हैं। माँ ने मेरे लिए क्या संदेश छोड़ा था। क्या जाने से पूर्व उन्होंने अपने इस अभागे पुत्र को स्मरण किया था?" मुकुंद के नेत्रों से अश्रुधारा प्रवाहित होने लगी।

"हाँ भाई! यह माँ का तुम्हारे नाम पत्र पढ़ो और साथ ही यह एक डिबिया भी है। माँ ने इसे तुम्हें देने को कहा था।"

मुकुंद ने डिबिया को एक ओर रखा और माँ का पत्र माथे से लगाकर खोला।

"पुत्र मुकुंद! मेरे इन शब्दों को अपने लिए अंतिम आशीर्वाद के रूप में जानना। अब उचित समय आ गया है कि मुझे तुम्हें तुम्हारे जन्म के बाद घटी अलौकिक घटनाओं के बारे में बता देना चाहिए। जब तुम गोद में एक नन्हे से बालक के रूप में थे, मैं तभी से तुम्हारे भावी जीवन की दिशा के बारे में जान गई थी। लाहिड़ी महाशय ने तुम्हारे जन्म से पूर्व ही तुम्हारे पिता को यह संकेत दे दिया था कि वे तुम्हारे रूप में उन्हें देख सकेंगे, अतः गुरुदेव के आशीर्वाद से तुम्हारा जन्म हुआ था। जब तुम्हारा जन्म हुआ तो मुझे लगा कि तुम्हें गुरु के दर्शनों के लिए ले जाना चाहिए।

पुत्र मुकुंद! मेरे इन शब्दों को अपने लिए अंतिम आशीर्वाद के रूप में जानना। अब उचित समय आ गया है कि मुझे तुम्हें तुम्हारे जन्म के बाद घटी अलौकिक घटनाओं के बारे में बता देना चाहिए। जब तुम गोद में एक नन्हे से बालक के रूप में थे, मैं तभी से तुम्हारे भावी जीवन की दिशा के बारे में जान गई थी।

"मैं तुम्हें वाराणसी ले गई, किंतु उस दिन गुरुदेव के दरबार में बहुत भीड़ थी। उन लोगों की भीड़ के बीच ध्यानस्थ लाहिड़ी महाशय का मुख भी कठिनता से दिखाई दे रहा था। ऐसा लगता था कि गुरुजी जान तक नहीं पाएँगे कि हम उनके दर्शनों के लिए आए हैं।

"तुम गोद में रोने लगे तो मैं तुम्हें थपकियाँ देते-देते, मन-ही-मन गुरुदेव से प्रार्थना करने लगी कि वे तुम्हें अपना आशीर्वाद देने के लिए पास बुला लें। कुछ ही देर में मेरी मूक भक्तिपूर्ण प्रार्थना उन तक जा पहुँची और उन्होंने आँखें खोलकर, मुझे अपने पास आने का संकेत किया। जब भीड़ ने उन्हें ऐसा करते देखा तो उन लोगों ने स्वयं ही मेरे लिए आगे जाने का मार्ग दे दिया। भला जिसे गुरु स्वयं बुला रहे हों, उसका मार्ग रोक भी कौन सकता था?

"मैंने वहाँ जाकर उनके पवित्र चरणों में माथा टेका और तुम्हें उनके

चरणकमलों में रख दिया। उन्होंने झट से तुम्हें गोद में लेकर दुलारा और आध्यात्मिक दीक्षा के रूप में, तुम्हारे मस्तक पर अपना हाथ रख दिया। वे तुम्हें देखकर मुसकराए और मुझे देखकर बोले, 'छोटी माँ! तुम्हारा पुत्र एक महान् योगी होगा। यह एक आध्यात्मिक इंजन की तरह कार्य करते हुए अनेक पवित्र आत्माओं को स्वर्ग में ले जाने का कर्तव्य निभाएगा।'

''गुरुदेव ने मेरी प्रार्थना स्वीकार की और तुम्हें आशीर्वाद दिया। इससे मेरा मन प्रसन्न हो गया। प्रिय पुत्र! मैं तो आरंभ से ही तुम्हारी आध्यात्मिक शक्तियों को जानती थी। बाल्यकाल में जब तुम्हें उस अद्‌भुत आलोक के दर्शन हुए थे तो मैं और तुम्हारी बहन रमा उसके साक्षी रहे थे। हम पासवाले कक्ष से तुम्हें देख रही थीं और उस समय के तुम्हारे मुखमंडल पर विराजमान तेज को मैं कभी भुला नहीं सकती। इसके बाद जब कभी तुम ईश्वर को पाने की बात करते या हिमालय का नाम लेते तो हम तुम्हारे सुर में छिपी दृढता को पहचानते थे।

गुरुदेव ने मेरी प्रार्थना स्वीकार की और तुम्हें आशीर्वाद दिया। इससे मेरा मन प्रसन्न हो गया। प्रिय पुत्र! मैं तो आरंभ से ही तुम्हारी आध्यात्मिक शक्तियों को जानती थी। बाल्यकाल में जब तुम्हें उस अद्‌भुत आलोक के दर्शन हुए थे तो मैं और तुम्हारी बहन रमा उसके साक्षी रहे थे। हम पासवाले कक्ष से तुम्हें देख रही थीं और उस समय के तुम्हारे मुखमंडल पर विराजमान तेज को मैं कभी भुला नहीं सकती।

''मैं जान गई थी कि संसार की कोई भी शक्ति तुम्हें सांसारिक सुखों को पाने के लिए बाध्य नहीं कर सकती। फिर मेरे जीवन में एक और ऐसी घटना घटी, जिसके बाद तो तुम्हारे बारे में मेरे सभी विचार पूरी तरह से सुनिश्चित हो गए। अब मैं संसार से जा रही हूँ, किंतु जानती हूँ कि आनेवाले समय के गर्भ में मेरे पुत्र के लिए क्या छिपा है।

''यह घटना उन दिनों की है, जब हमारा परिवार लाहौर में रह रहा था।

एक दिन प्रात:काल एक नौकर ने कक्ष में आकर कहा, 'मालकिन! द्वार पर एक साधु आया है और वह कहता है कि वह मुकुंद की माताजी से मिलना चाहता है।' मैं तुरंत साधु के पास गई और उनके चरणों में प्रणाम किया। उन्हें देखते ही अनुभूति होती थी कि हम किसी सच्चे सिद्ध-पुरुष के सामने खड़े हैं।

''वे बोले, 'माता! महान् गुरुजन ने तुम्हारे लिए संदेश दिया है कि तुम अब इस धरती पर अधिक समय तक नहीं रहनेवालीं। तुम्हें परलोक के लिए प्रस्थान करना होगा। चिंतित मत होना, क्योंकि यह ईश्वर की लीला है और उसकी लीला के आगे किसी का वश नहीं चलता।'

''कुछ क्षणों की चुप्पी के बाद वे पुनः बोले, 'माता! तुम्हें अमानत के रूप में एक चाँदी का ताबीज रखने को दिया जा रहा है। तुमने अपनी संतान को जन्म दिया है, अतः एक माता के रूप में अपने कर्तव्य का निर्वाह करो। तुम्हें यह ताबीज अपनी मृत्यु से पूर्व बड़े पुत्र अनंत को देना होगा। अनंत उसे लगभग एक वर्ष तक अपने पास रखने के बाद, तुम्हारे दूसरे पुत्र मुकुंद को दे देगा। वह ताबीज मुकुंद के लिए ही है।

'माता! महान् गुरुजन ने तुम्हारे लिए संदेश दिया है कि तुम अब इस धरती पर अधिक समय तक नहीं रहनेवालीं। तुम्हें परलोक के लिए प्रस्थान करना होगा। चिंतित मत होना, क्योंकि यह ईश्वर की लीला है और उसकी लीला के आगे किसी का वश नहीं चलता।'

'''जब उसे वह ताबीज मिलेगा तो महान् योगियों के आशीर्वाद से वह स्वयं ही उसके मर्म को जान लेगा। उसे ताबीज के बारे में कोई जानकारी देने की आवश्यकता नहीं है। वह ताबीज कुछ साल तक उसके पास रहेगा और जब उसकी आवश्यकता नहीं रहेगी तो वह उसी तरह अलोप हो जाएगा, जिस तरह वह तुम्हारे पास आएगा। भले ही उसे गोपनीय से गोपनीय स्थान पर क्यों न रखा गया हो, वह अलोप हो जाएगा।'

'''माता! मैं तुम्हें वह ताबीज आज नहीं दूँगा, अन्यथा तुम्हारे मन में यह भ्रम आ सकता है कि मैंने किसी जादू-टोने से ताबीज निकाला है और मेरी

बातें कपोल-कल्पित हैं। आज मैं तुमसे विदा लूँगा। कल जब तुम ध्यान के लिए बैठोगी तो वह स्वयं तुम्हारे हाथों में मूर्त रूप धारण कर लेगा।

'''अनंत को यह निर्देश देना कि मुकुंद के हाथों में यह ताबीज तब पहुँचना चाहिए, जब पूरे मनोयोग से ईश्वर के संधान में लगा हो और सांसारिक वासनाओं से ऊपर उठ चुका हो।'

''मैंने उस साधु को भिक्षा देनी चाही, परंतु वह आशीर्वाद देकर लौट गया। वह दिन ऊहापोह में बीता, परंतु अगले दिन सारे संशय मिट गए। मैं पूजा करने गई तो मेरी हथेलियों में जाने कहाँ से चाँदी का ताबीज प्रकट हो गया। अब मैं इस ताबीज को अनंत के पास छोड़ रही हूँ। जो तुम तक इसे पहुँचा देगा। मेरे बच्चे! अपनी माता के लिए शोक मत करना। मुझे गुरुदेव ईश्वर तक पहुँचा देंगे। तुम संसार में अपने लिए नियत कर्तव्य को निबाहना। अब तो तुम जान ही गए होगे कि तुम्हें किसी नियत उद्देश्य के साथ धरा पर भेजा गया है। बच्चे! जगन्माता तेरा कल्याण करें! मैं चलती हूँ!!''

मैंने उस साधु को भिक्षा देनी चाही, परंतु वह आशीर्वाद देकर लौट गया। वह दिन ऊहापोह में बीता, परंतु अगले दिन सारे संशय मिट गए। मैं पूजा करने गई तो मेरी हथेलियों में जाने कहाँ से चाँदी का ताबीज प्रकट हो गया। अब मैं इस ताबीज को अनंत के पास छोड़ रही हूँ। जो तुम तक इसे पहुँचा देगा। मेरे बच्चे! अपनी माता के लिए शोक मत करना।

इन शब्दों के साथ ही माँ का पत्र समाप्त हुआ। मुकुंद जोर-जोर से रो रहे थे। ऐसा लगता था कि अभी-अभी माँ वहाँ से उठकर गई हों। अपने आपको सँभालने के बाद उन्होंने वह डिबिया खोली। उसमें एक गोल आकृति का चाँदी का ताबीज दिखाई दिया। उसे हाथ में लेते ही उन्हें ऐसा प्रतीत हुआ मानो ज्ञान का उज्ज्वल प्रकाश पूरे शरीर में समा गया हो। उस पर संस्कृत भाषा में कुछ विचित्र से बीजमंत्र खुदे थे और उसके स्पर्शमात्र से अनेक सुप्त स्मृतियाँ मानसपटल पर साकार हो गईं। मुकुंद जान गए कि उनके पूर्वजन्मों के

गुरुओं ने उनके लिए वह धरोहर भेजी है, ताकि वे वर्तमान जीवन में पथभ्रष्ट न हों और वही कार्य करें, जिसके लिए उन्हें चुना गया है।

मुकुंद को ऐसा लगा मानो वे कोई सपना देख रहे हों। जो अनंत उन्हें पल भर के लिए वैराग्य या संन्यास से जुड़े विषयों पर चर्चा तक नहीं करने देते थे, उन्होंने ही आज माँ के हाथों लिखा वह पत्र तथा डिबिया उन्हें सौंपे थे।

मुकुंद को अधिक आश्चर्य तो इस बात से हुआ कि अनंत ने उस घटना को इतने समय तक पूरे परिवार से छिपाकर कैसे रखा। संभवतः उनके स्थान पर यदि कोई और होता तो उसने कब का यह गोपनीय रहस्य उजागर कर दिया होता।

उस दिन ताबीज हाथ में लेते ही जैसे एक नए मुकुंद का जन्म हुआ। अभी तक तो उनके संन्यास ग्रहण की इच्छा पर जब बार-बार प्रश्नचिह्न लगता था और उन्हें प्रश्नों के चक्रव्यूह में उलझाया जाता था तो कई बार वे स्वयं भी उसी दुविधा में उलझ जाते कि क्या वही उनके जीवन का सच्चा लक्ष्य है? क्या उन्हें वास्तव में संन्यास धारण करना है? क्या वे एक योगी की भाँति निर्लिप्त भाव से जीने के लिए तत्पर हैं?

उस दिन ताबीज हाथ में लेते ही जैसे एक नए मुकुंद का जन्म हुआ। अभी तक तो उनके संन्यास ग्रहण की इच्छा पर जब बार-बार प्रश्नचिह्न लगता था और उन्हें प्रश्नों के चक्रव्यूह में उलझाया जाता था तो कई बार वे स्वयं भी उसी दुविधा में उलझ जाते कि क्या वही उनके जीवन का सच्चा लक्ष्य है? क्या उन्हें वास्तव में संन्यास धारण करना है? क्या वे एक योगी की भाँति निर्लिप्त भाव से जीने के लिए तत्पर हैं? परिवार की सुख-सुविधाओं के बीच पला उनका शरीर पर्वतों की शीत व कष्ट सहने का अभ्यस्त है? परंतु उस ताबीज ने जैसे हर प्रश्न का उत्तर हाथ में थमा दिया था।

अब किसी भी प्रश्न का उत्तर देने या किसी भी प्रश्न के बारे में विचार करने का सवाल ही नहीं पैदा होता था। स्वयं माँ उन्हें अपना आशीर्वाद दे

गई थीं। गुरुओं का दिया ताबीज उनके हाथ में था। अब भला उन्हें उनके लक्ष्य की ओर जाने से कौन रोक सकता था?

कुछ ही दिनों में मुकुंद ने बाबा से आग्रह किया कि वे उन्हें बनारस की तीर्थ-यात्रा करने की अनुमति दें। उन्होंने वचन दिया कि वे शीघ्र ही वहाँ से घर आ जाएँगे और कहीं जाने की चेष्टा नहीं करेंगे। मुकुंद के बाबा रेलवे में उच्च अधिकारी थे और रेलवे पास के बल पर किसी भी स्थान की अचानक यात्रा की योजना बनने पर भी कोई कठिनाई नहीं होती थी। मुकुंद की आयु करीब बारह वर्ष रही होगी। बाबा ने उन्हें अपने दो मित्रों से मिलने को कहा। वे चाहते थे मुकुंद विशेष रूप से उनके मित्र स्वामी प्रणवानंदजी से भेंट करें, जो कि उन्हें दूसरे मित्र से मिलवाने का माध्यम होंगे।

कहना न होगा कि यह यात्रा भी अप्रत्यक्ष रूप से मुकुंद के लिए लाभदायक ही रही। वे पिता के लिखे खत तथा कुछ रुपयों के साथ वाराणसी के लिए रवाना हो गए।

वहाँ वे स्वामी प्रणवानंदजी के पास गए, जो पहले कभी उनके बाबा के सहकर्मी रहे थे। स्वामीजी को उन्हें बाबा के मित्र केदारनाथ बाबू का पता बताना था, ताकि वे उन्हें बाबा का लिखा पत्र दे सकें, परंतु मुकुंद के लिए आश्चर्य का विषय यह रहा कि स्वामीजी पूरे एक घंटे तक उनके सामने बैठे बातें करते रहे और इसी बीच सूक्ष्म देह धारण कर केदारनाथ बाबू को भी बुला लाए। केदारनाथ बाबू ने कक्ष में आते ही उन्हें देखकर अचरज प्रकट किया। वे तो उनके पास बुलाने

कुछ ही दिनों में मुकुंद ने बाबा से आग्रह किया कि वे उन्हें बनारस की तीर्थ-यात्रा करने की अनुमति दें। उन्होंने वचन दिया कि वे शीघ्र ही वहाँ से घर आ जाएँगे और कहीं जाने की चेष्टा नहीं करेंगे। मुकुंद के बाबा रेलवे में उच्च अधिकारी थे और रेलवे पास के बल पर किसी भी स्थान की अचानक यात्रा की योजना बनने पर भी कोई कठिनाई नहीं होती थी। मुकुंद की आयु करीब बारह वर्ष रही होगी।

आए थे, उनसे पहले कैसे आ गए। इधर मुकुंद को उनकी बात सुनकर हैरत थी, क्योंकि स्वामीजी तो वहाँ से हिले तक नहीं थे। इस प्रकार इस यात्रा में मुकुंदलाल घोष ने लाहिड़ी महाशय के एक सिद्ध शिष्य स्वामी प्रणवानंदजी के दर्शन किए और सूक्ष्म देह का चमत्कार देखा। संभवत: अभी उनके लिए गुरु से भेंट का सुयोग नहीं बना था, अत: उनके मन में यह विचार भी नहीं आया कि उन्हें स्वामीजी को ही अपना गुरु बना लेना चाहिए।

हाँ, स्वामीजी ने उन्हें आशीर्वाद देते हुए इतना अवश्य कह दिया था, ''पुत्र, मेरा आशीर्वाद तुम्हारे साथ है। तुम्हारा जीवन योगमार्ग तथा संन्यास के लिए ही बना है। वर्षों बाद हमारी पुन: भेंट होगी।''

□

हिमालय का आमंत्रण

मुकुंद की बनारस-यात्रा ने उनके संकल्प को और बल दिया, परंतु वे अपने पिता को दिए वचन को तोड़ना नहीं चाहते थे, अत: वापस लौट आए। भगवतीचरण घोषजी का स्थानांतरण भी बरेली से कोलकाता हो गया था। अनंत का विवाह हो गया और सारा परिवार कोलकाता में ही रहने लगा। पिता ने माँ की मृत्यु के बाद किसी भी तरह से दूसरा विवाह करने या अपनी सेवा के लिए किसी को नियुक्त करने से इनकार कर दिया था। उनका कहना था कि उनकी पत्नी के जाने के बाद जीवन में किसी दूसरी स्त्री के लिए कोई स्थान नहीं।

अब वे अपने बच्चों को पिता के साथ-साथ माँ का स्नेह देने की भी चेष्टा करते। उनके अनुशासन की कठोरता में भी कमी आई थी। वे बच्चों के साथ बहुत ही प्यार से पेश आते और उन सबकी सुख-सुविधाओं का पूरा ध्यान रखते।

अनंत की वधू भी परिवार की सदस्या बन गई। परिवार में चहल-पहल बढ़ी, परंतु मुकुंद के लिए तो अपने कक्ष की छोटी सी अटारी ही स्वर्ग के समान थी। जब सारा परिवार सांसारिक कोलाहल में मग्न होता, तो वह अपनी उसी अटारी में बैठकर ध्यान करते। जब से ताबीज हाथ आया था, वे जाने किन कल्पनाओं के प्रांगण में विचरा करते। उनके भीतर आध्यात्मिक तूफान हिलोरें लिया करता, परंतु वे जान-बूझकर अपनी इच्छा को किसी के आगे प्रकट नहीं करते थे।

वे उस समय उच्च माध्यमिक विद्यालय के छात्रा थे और बाबा की इच्छा थी कि उनका दूसरा बेटा उच्च शिक्षा ग्रहण करने के बाद ही अपने जीवन की रूपरेखा बनाए। अनंतदा को यह कार्य सौंपा गया था कि वे मुकुंद की सभी गतिविधियों पर नजर रखें। वे मुकुंद की भागने की प्रत्येक योजना को विफल बनाने के लिए कृतसंकल्प थे। यद्यपि उन्होंने ही मुकुंद को माँ का वह पत्र तथा डिबिया दी थी, परंतु इसके बावजूद उनका स्वयं का यही मानना था कि उनके भाई को बैरागी बनने की बजाय किसी उच्च अधिकारी पद को सुशोभित करते हुए समाज में अपने वंश तथा खानदान की प्रतिष्ठा तथा मान-मर्यादा में वृद्धि करनी चाहिए। संन्यास लेने के लिए मुकुंद के मन में जितनी प्रबल उत्कंठा थी, अनंतदा के मन में उन्हें रोकने के लिए उतना ही प्रबल आवेग था और वे दोनों आवेग आपस में टकराने के लिए प्रस्तुत थे।

वे उस समय उच्च माध्यमिक विद्यालय के छात्रा थे और बाबा की इच्छा थी कि उनका दूसरा बेटा उच्च शिक्षा ग्रहण करने के बाद ही अपने जीवन की रूपरेखा बनाए। अनंतदा को यह कार्य सौंपा गया था कि वे मुकुंद की सभी गतिविधियों पर नजर रखें। वे मुकुंद की भागने की प्रत्येक योजना को विफल बनाने के लिए कृतसंकल्प थे।

मुकुंद ने अपने एक सहपाठी अमर मित्र को अपने रंग में रँग लिया था। वे उसके साथ योगी-जीवन से जुड़ी बातें किया करते। उन्होंने उसे भी उस दिव्यलोक से परिचय का लोभ दिया था, जहाँ जाने के बाद संसार के रोग, दुःख व शोक आदि नष्ट हो जाते हैं। अमर के लिए ये बातें बिल्कुल ही नई थीं। उसने आश्चर्य से पूछा, ''क्या हम इसी लोक में उस लोक को नहीं पा सकते?''

''नहीं, यह लोक तो एक छाया मात्र है।''

''वहाँ जाने के लिए हमें क्या करना होगा?''

''हमें ध्यान, धारणा व समाधि आदि का प्रयोग करना होगा।''

"मुकुंद, वह क्या होता है?"

"अमर, इन सभी साधनों के माध्यम से ही हम उस लोक के प्रवेशद्वार तक जा सकते हैं।"

"मुकुंद इन्हें कैसे सीखा जा सकता है?" अमर के सुर में उत्सकुता छलक रही थी।

"अमर, एक सुयोग्य गुरु ही हमें योगी बनने की दीक्षा दे सकते हैं।"

"और ऐसे गुरु होते कहाँ हैं?" अमर ने ऐसा प्रश्न पूछ लिया, जिसके बारे में बात करने के लिए मुकुंद के मन-प्राण अकुला रहे थे।

"अमर, गुरु की खोज के लिए सुदूर हिमालय में जाना होगा। वहाँ की गुहा-कंदराओं में ध्यानस्थ होना होगा। वहीं ऐसे सिद्ध गुरु होते हैं, जो हमें दूसरे लोक में प्रवेश की कुंजी दे सकते हैं, परंतु वहाँ अकेले जाना संभव नहीं है।"

"मित्र, तुम अकेले नहीं हो। मैं भी तुम्हारे साथ चलूँगा। हम दोनों मिलकर उन गुहाओं में चलेंगे और अपने जीवन को धन्य कर लेंगे।"

"अमर, गुरु की खोज के लिए सुदूर हिमालय में जाना होगा। वहाँ की गुहा-कंदराओं में ध्यानस्थ होना होगा। वहीं ऐसे सिद्ध गुरु होते हैं, जो हमें दूसरे लोक में प्रवेश की कुंजी दे सकते हैं, परंतु वहाँ अकेले जाना संभव नहीं है।"
"मित्र, तुम अकेले नहीं हो। मैं भी तुम्हारे साथ चलूँगा। हम दोनों मिलकर उन गुहाओं में चलेंगे और अपने जीवन को धन्य कर लेंगे।"

"सच मित्र! क्या तुम मेरे साथ चलने को प्रस्तुत हो?"

"हाँ, मैं भी योग का ज्ञान पाना चाहता हूँ।"

"हम वहाँ कैसे जा सकते हैं। मुझ पर तो बहुत पहरा रहता है। अनंतदा पल भर के लिए भी मुझे दृष्टि से ओझल नहीं होने देते। उन्हें मेरी योजनाओं पर पानी फेरने में तनिक भी देर नहीं लगेगी।" मुकुंद ने खिन्नता से कहा।

"कोई बात नहीं। अगर अनंतदा सेर हैं तो हम भी सवा सेर हैं। हम

दोनों मिलकर ऐसी योजना बनाएँगे कि उन्हें कोई तोड़ नहीं मिल सकेगा।'' अमर ने सुझाव दिया।

अमर का साथ मिलते ही मुकुंद का साहस परवान चढ़ गया। फिर वे दोनों कई दिनों तक हिमालय पलायन के लिए योजनाएँ बनाने में जुटे रहे। कई योजनाएँ तैयार हुईं और बदली गईं और अंततः मुकुंद बोले, ''भाई अमर! कल तुम कक्षा के दौरान ही चले जाना और एक घोड़ागाड़ी किराए पर ले लेना। उसे मेरे घर से इतनी दूरी पर खड़ा करना कि कोई देख न सके। मैं अपना सामान लेकर वहाँ आ जाऊँगा और हमारे परिवार के सदस्यों को पता भी न चलेगा।'' दोनों मित्र अपनी इस दुःसाहसी योजना पर विचार करते हुए सारी रात सो नहीं सके।

अमर का साथ मिलते ही मुकुंद का साहस परवान चढ़ गया। फिर वे दोनों कई दिनों तक हिमालय पलायन के लिए योजनाएँ बनाने में जुटे रहे। कई योजनाएँ तैयार हुईं और बदली गईं और अंततः मुकुंद बोले, ''भाई अमर! कल तुम कक्षा के दौरान ही चले जाना और एक घोड़ागाड़ी किराए पर ले लेना। उसे मेरे घर से इतनी दूरी पर खड़ा करना कि कोई देख न सके।

अगली सुबह जब उन्हें अपनी यात्रा पर निकलना था, तीव्र वेग से वर्षा होने लगी। मौसम को अपने प्रतिकूल देख मुकुंद थोड़ा घबरा गए। अचानक ही वर्षा थमी तो उन्होंने झाँककर देखा। अमर मय घोड़ागाड़ी उपस्थित था। उन्होंने झट से एक कंबल में एक जोड़ी खड़ाऊँ, एक जप माला, दो कौपीन, लाहिड़ी महाशय का चित्र तथा भगवद्गीता की एक प्रति बाँध ली। संन्यासी की पोटली तैयार थी।

उन्होंने उसे बाहर फेंक दिया और घर से इस तरह निकले मानो कहीं टहलने जा रहे हों। नीचे उतरते ही चाचा से टकरा गए, पर चेहरे पर शिकन तक न आने दी। हालाँकि मन-ही-मन बहुत घबराहट हो रही थी। फिर उन्होंने अपनी पोटली उठाई और भागते हुए घोड़ागाड़ी में जा बैठे। अमर पहले से तैयार था। योजना का पहला चरण निर्विघ्न पूरा हुआ।

घोड़ागाड़ी कोलकाता की सड़कों पर दौड़ रही थी और मन में नाना विचारों का ताँता बँधा था। यह तो तय था कि अनंतदा को ज्यों ही पता चलेगा, वे उन्हें पकड़ने के लिए एड़ी-चोटी का जोर लगा देंगे और उनके पास भी साधनों व संदर्भों की कमी न थी।

मुकुंद ने कहा, "अमर! हमारी देसी पोशाक हमारे पकड़े जाने का कारण बन सकती है। यदि हम विदेशी पोशाक पहन लें तो कम-से-कम अनंतदा के खोजी दल की नजर हम पर नहीं पड़ेगी।"

वे लोग बहुत समय से अपने जलपान से पैसे बचाकर बचत करते आ रहे थे, ताकि अपने लिए यूरोपियन पोशाक खरीद सकें। उन्होंने विदेशी पोशाक पहनी और निश्चिंत हो गए। उन्हें पूरा विश्वास था कि अब उन्हें खोज पाना कठिन होगा।

परंतु राह में मुकुंद के चचेरे भाई जतिन घोष से भेंट हो गई। जतिन को भी इनकी योजना का अनुमान था, परंतु स्पष्ट रूप से पता न था। जब उसने इस बारे में जाना तो उनके साथ जाने का निर्णय ले लिया। अब पूरे दल को एक बार फिर से बाजार भागना पड़ा, ताकि जतिन के लिए भी विदेशी पोशाक ली जा सके।

परंतु राह में मुकुंद के चचेरे भाई जतिन घोष से भेंट हो गई। जतिन को भी इनकी योजना का अनुमान था, परंतु स्पष्ट रूप से पता न था। जब उसने इस बारे में जाना तो उनके साथ जाने का निर्णय ले लिया। अब पूरे दल को एक बार फिर से बाजार भागना पड़ा, ताकि जतिन के लिए भी विदेशी पोशाक ली जा सके। कुछ ही समय में तीनों किशोर यूरोपियन पोशाक में सजे खड़े थे। मन में एक ओर पकड़े जाने की धुकधुकी थी, तो दूसरी ओर नए स्थान पर जाने का उत्साह भी था।

स्टेशन जाकर उन लोगों ने बर्दवान के लिए टिकट लिये और गाड़ी में आ बैठे। अपनी योजना को इतने आराम से पूरा होते देख घबराहट थोड़ी कम हो गई थी। रेल भागती जा रही थी और मुकुंद अपने मित्रों से आनेवाले

समय की कल्पना करने को कह रहे थे, ''मित्रो, कल्पना तो करो, हम तीनों हिमालय की कंदराओं में जाकर कितना महान् कार्य करेंगे। हमने मोह-माया से भरे संसार को सदा के लिए त्याग दिया है। महान् गुरुओं से मिली दीक्षा के माध्यम से हम भी ईश प्राप्ति के स्वप्न को साकार कर सकेंगे।''

सुनने में ये बातें भले ही किशोर मन की उड़ान लगें, किंतु इनसे यह पता चलता है कि मुकुंद के मन में वैराग्य अथवा संन्यास धारण करने की कितनी उत्कट इच्छा विद्यमान थी। वे अपने मित्रों को बताने लगे कि जब उनके पास भी यौगिक शक्तियाँ आ जाएँगी, तो वे स्वयं को मानवता की सेवा में भी निरत कर सकते हैं।

इस वार्त्तालाप के दौरान अमर के होंठों पर उत्साहपूर्ण मुसकान खेल रही थी, परंतु जतिन का पूरा ध्यान खिड़की से बाहर दिख रहे दृश्यों पर टिका था। संभवत: उसे अपनी मूर्खता का भान हो रहा था। उसे लगने लगा था कि भावुकता के अतिरेक में आकर भूल हो गई है और उसे अतिशीघ्र अपनी भूल का प्रतिकार कर लेना चाहिए।

इस वार्त्तालाप के दौरान अमर के होंठों पर उत्साहपूर्ण मुसकान खेल रही थी, परंतु जतिन का पूरा ध्यान खिड़की से बाहर दिख रहे दृश्यों पर टिका था। संभवत: उसे अपनी मूर्खता का भान हो रहा था। उसे लगने लगा था कि भावुकता के अतिरेक में आकर भूल हो गई है और उसे अतिशीघ्र अपनी भूल का प्रतिकार कर लेना चाहिए।

जतिन ने राय दी, ''हमें अपने पैसों को तीन हिस्सों में बाँटकर रख लेना चाहिए। हमें अलग-अलग टिकट लेनी चाहिए, ताकि किसी को संदेह भी न हो।'' प्रस्ताव में दम था, अत: उसे सर्वसम्मति से पास किया गया।

वे लोग बर्दवान पहुँचे तो सूर्यास्त होने को था। मुकुंद व अमर बाहर ही रहे और जतिन अपने लिए टिकट लेने गया। पूरे पंद्रह मिनट बीतने पर भी नहीं लौटा तो उन्हें चिंता होने लगी। वे दोनों स्टेशन के अंदर खोजने लगे, पर जतिन तो तब मिलता, जब वह वहाँ होता। पंछी तो पिंजरे से उड़ गया था।

उन दोनों ने अकुलाकर जतिन दा को आवाजें भी दीं, परंतु कोई परिणाम नहीं निकला। बेचारे बहुत देर परेशान रहे और मुकुंद के हाथ-पाँव फूल गए। वे यह तो भूल ही गए कि घर से किस रोमांच के साथ निकले थे। जतिन के लापता होने के सदमे ने उनकी सोचने-समझने की शक्ति हर ली।

वे चाहते थे कि घर वापस लौटकर सबको जतिन के गुम होने के बारे में बताया जाए, ताकि उनकी खोजबीन हो सके। जतिन की सलामती को लेकर नाना आशंकाएँ सामने आ रही थीं। अगर उसे कुछ हो गया तो वे स्वयं को कभी क्षमा नहीं कर सकेंगे।

वे चाहते थे कि घर वापस लौटकर सबको जतिन के गुम होने के बारे में बताया जाए, ताकि उनकी खोजबीन हो सके। जतिन की सलामती को लेकर नाना आशंकाएँ सामने आ रही थीं। अगर उसे कुछ हो गया तो वे स्वयं को कभी क्षमा नहीं कर सकेंगे।

"अमर! हमें घर लौट जाना चाहिए। जतिन दा का इस तरह लापता होना हमारी यात्रा के निष्फल होने का प्रमाण है। मैं और अधिक अमंगल नहीं सह सकता। मित्र! चलो लौट चलें व जतिन का पता करें।" मुकुंद ने रोते हुए कहा।

अमर को यह सुनकर बहुत गुस्सा आया और वह बोला, "बस, ईश्वर से इतना ही प्रेम है। जरा सी बाधा आते ही तुम्हारे हाथ-पाँव फूल गए। ईश्वर तक जाने का मार्ग इतना सरल भी नहीं होता। जितना तुमने सोच लिया था। जाने कितनी बाधाएँ पार करनी होती हैं। रही बात जतिन की, तो इतना जान लो कि उन महानुभाव को कुछ नहीं हुआ और वे बड़े मजे से स्टेशन के ही किसी कोने में छिपे हमारी इस मर्मांतक दशा का आनंद ले रहे हैं, क्योंकि वे विश्वासघाती हैं।"

"नहीं अमर! ऐसा न कहो। निश्चित रूप से वे किसी मुश्किल में हैं।" मुकुंद ने कहा।

"अगर तुम्हें जतिन के प्रति इतनी संवेदनशीलता ही दिखानी है तो आराम से यहीं रहो। मैं अपने आगे की योजना के अनुसार जा रहा हूँ। तुम तो ईश्वर

द्वारा ली गई पहली ही परीक्षा में असफल रहे।''

''नहीं अमर, यदि यह परीक्षा ईश्वर ले रहे हैं तो मैं पास होकर ही दिखाऊँगा। मैं भी तुम्हारे साथ चलने के लिए तैयार हूँ। मैं ईश्वर से प्रार्थना करूँगा कि किसी भी तरह जतिन का कोई अहित न होने दें और उसे आराम से घर वापस पहुँचा दें।'' मुकुंद ने आँसू पोंछते हुए कहा।

दोनों मित्रों ने नए सिरे से अपनी योजना पर विचार किया। बरेली होते हुए हरिद्वार जानेवाली गाड़ी आने ही वाली थी। मुकुंद ने कहा, ''अमर, जहाँ तक मेरा विचार है, अनंतदा का दल भी सक्रिय हो गया होगा। वे यह भी पता लगा लेंगे कि हम तीनों विदेशी पोशाकें पहनकर निकले हैं। हमें अपनी रणनीति में बदलाव लाना होगा।''

दोनों मित्रों ने नए सिरे से अपनी योजना पर विचार किया। बरेली होते हुए हरिद्वार जानेवाली गाड़ी आने ही वाली थी। मुकुंद ने कहा, ''अमर, जहाँ तक मेरा विचार है, अनंतदा का दल भी सक्रिय हो गया होगा। वे यह भी पता लगा लेंगे कि हम तीनों विदेशी पोशाकें पहनकर निकले हैं। हमें अपनी रणनीति में बदलाव लाना होगा।''

''हाँ, हमें असत्य का सहारा लेना होगा।''

''नहीं भई, यह काम मैं नहीं कर सकता।''

''तो यह सब मुझ पर छोड़ देना। श्रीमान सत्यवादी, बस अपनी जुबान बंद रखना।'' अमर ने कहा।

वे लोग रेल में सवार हुए। अगले दिन मुगलसराय से गाड़ी बदलनी थी और उनकी आशंका सत्य निकली। वहाँ एक यूरोपियन रेलवे अधिकारी झट से आगे आ गया। उसके हाथ में एक तार था। निश्चित रूप से अनंत ने ही भेजा होगा।

उसने मुकुंद से ही पूछा, ''क्या घर से नाराज होकर भागे हो?''

मुकुंद को तो सत्य ही कहना था और वह बोला, ''जी नहीं।''

इसके बाद का मोरचा अमर ने सँभाल लिया, क्योंकि अब छलछद्म

से काम लेने का वक्त आ गया था। इस परीक्षा में मुकुंद के फेल होने की संभावना थी। अमर से पूछा गया कि तार में तीन युवकों का उल्लेख है। उनका तीसरा मित्र कहाँ है। अमर के पास तो जैसे पहले से ही जवाब तैयार था।

''सर, आप चश्मा लगाकर भी नहीं देख पा रहे। हम तो केवल दो ही युवक हैं।''

''नाम क्या है तुम्हारा?''

''जी, मैं टॉमस हूँ। मेरी माता अंग्रेज तथा पिता भारतीय हैं। मैं धर्मांतरित ईसाई पिता की संतान हूँ।''

''तुम्हारे मित्र का क्या नाम है?''

''उन्हें हम टॉमसन कहते हैं।''

''तो तीसरा लड़का कहाँ है?''

''सर, क्या मैं किसी जादू के बल से तीसरा लड़का निकालकर दिखाऊँ?''

बेचारा रेलवे अधिकारी अपनी जगह सही था। उसे तार में सूचित किया गया था कि तीन युवक विदेशी पोशाकों में घर से भाग रहे हैं। वे जहाँ भी दिखें, उन्हें रोक लिया जाए।

अमर के चेहरे को देखकर कहा नहीं जा सकता था कि वह उस समय इतने पढ़े-लिखे अनुभवी अधिकारी को उल्लू बना रहा था। मुकुंद की हँसी रोके नहीं रुक रही थी। उसे नहीं पता था कि अमर इतना चतुर है। तभी संयोगवश गाड़ी चलने को प्रस्तुत हो गई और यह सारा पूछताछ प्रकरण वहीं समाप्त हो गया।

अमर के चेहरे को देखकर कहा नहीं जा सकता था कि वह उस समय इतने पढ़े-लिखे अनुभवी अधिकारी को उल्लू बना रहा था। मुकुंद की हँसी रोके नहीं रुक रही थी। उसे नहीं पता था कि अमर इतना चतुर है। तभी संयोगवश गाड़ी चलने को प्रस्तुत हो गई और यह सारा पूछताछ प्रकरण वहीं समाप्त हो गया। रेलवे अधिकारी बड़े ही विनम्र भाव से उन्हें यूरोपियनों वाले डिब्बे में बिठा गया। उसके जाने के बाद दोनों मित्र बहुत देर तक खिलखिलाते रहे। अनंत दा की ओर से की गई पहली कोशिश नाकाम कर दी गई थी।

□

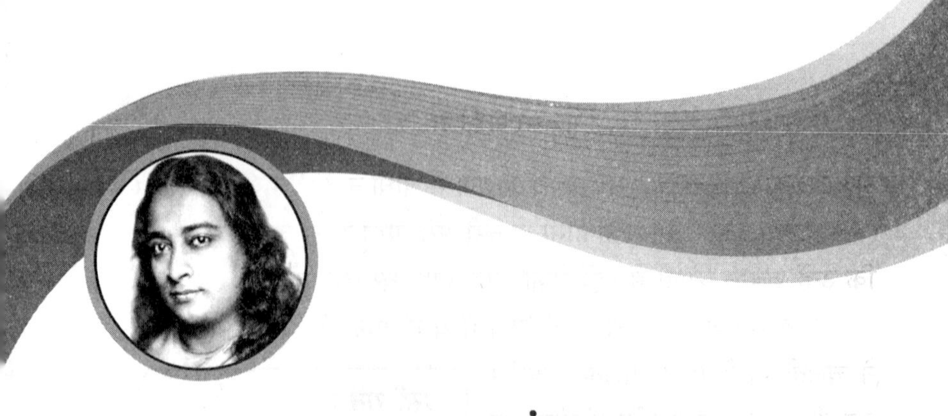

गुप्तचर अनंत दा

मार्ग में उनकी गाड़ी बरेली में रुकी। वहाँ भी अनंत के जासूस उपस्थित थे। स्टेशन पर द्वारकाप्रसाद से भेंट हुई, जो उनके पुराने परिचित थे। संभवत: अनंत को उनके जाने का मार्ग पता था, इसलिए उन्होंने द्वारका को भी तार दे दिया था कि वे युवकों को अपने पास ही रोक लें।

द्वारका को देख सभी प्रसन्न हो उठे, परंतु उसकी बातों से शीघ्र ही पता चल गया कि वह वहाँ संयोगवश नहीं, बल्कि अनंत का संदेशवाहक बनकर आया था। जब सारी बात खुल ही गई तो द्वारका ने कहा, ''मुकुंद और अमर, तुम लोगों को मेरे साथ चलना होगा। जब तक अनंत दा तुम्हें लेने नहीं आते, तुम लोग मेरे पास रहोगे।''

''दादा, हम घर से भागकर अपने जीवन को व्यर्थ नहीं करने जा रहे। हम तो हिमालय पर जाकर योगविद्या सीखना चाहते हैं। आप हमारा साथ दीजिए।'' अमर ने कहा।

''यदि आप भी हमारे साथ चलें तो हमें प्रसन्नता होगी।'' मुकुंद ने कहा।

''मुकुंद, अपने जीवन के बारे में थोड़ी गंभीरता से विचार करना सीखो। पहले की बात और थी। अब तुम्हें बालबुद्धि को त्याग देना चाहिए। देखो, तुम्हारे कारण पूरा परिवार परेशान है। मेरी बात मानो और तपस्या का यह चक्कर छोड़कर अपने घर लौट जाओ।''

''नहीं दादा, हम तो योगी बनने के लिए निकले हैं। घर वापस लौटने का तो सवाल ही नहीं पैदा होता। आप हमें न रोकें। अगर आप साथ नहीं चल

सकते तो कोई बात नहीं, पर हमारी योजना में बाधा न दें।'' मुकुंद ने कहा।

द्वारका ने साथ जाने की हामी तो नहीं भरी, परंतु इतनी कृपा अवश्य की कि उन्हें जबरन बरेली में नहीं रोका। वह अपने घर लौट गया।

उसी रात जब वे दोनों गहरी निद्रा में थे तो एक और रेलवे अधिकारी ने चलती गाड़ी में ही पूछताछ आरंभ कर दी। अमर अपनी नींद में ऊँघने के बावजूद चौकस था और उसने यहाँ भी अपनी वही कहानी तथा इतिहास दुहरा दिया। वह अधिकारी भी टॉमस और टॉमसन नामों के झाँसे में आ गया और सारी पूछताछ करके लौट गया।

उसी रात जब वे दोनों गहरी निद्रा में थे तो एक और रेलवे अधिकारी ने चलती गाड़ी में ही पूछताछ आरंभ कर दी। अमर अपनी नींद में ऊँघने के बावजूद चौकस था और उसने यहाँ भी अपनी वही कहानी तथा इतिहास दुहरा दिया। वह अधिकारी भी टॉमस और टॉमसन नामों के झाँसे में आ गया और सारी पूछताछ करके लौट गया।

सुबह दोनों की नींद खुली तो हरिद्वार के स्टेशन पर गाड़ी खड़ी थी और दूर से धुँधले दिखते पहाड़ अपनी ओर आमंत्रित करते प्रतीत हो रहे थे। वे दोनों वहाँ एक क्षण के लिए भी नहीं ठहरे और बाजार के इलाके में चले गए।

मुकुंद को पूर्वाभास था कि अनंत को उनकी विदेशी पोशाकों के बारे में भी पता चल गया होगा, इसलिए उन्होंने सबसे पहले धोती-कुरता खरीदकर धारण किए और तय किया कि जल्दी से ऋषिकेश के लिए रवाना हो जाएँगे।

वे दोनों स्टेशन पहुँचे और रेल में सवार हो गए। अमर पानी पीने नीचे उतरा ही था कि एक पुलिसवाले ने उसे देख लिया। निश्चित रूप से उसने अमर के चेहरे पर उड़ रही हवाइयाँ देख ली थीं, क्योंकि उसने कनखियों से यहाँ-वहाँ ताक रहे किशोर को पास बुलाने में तनिक भी देर नहीं की और मित्र को संकट में देखते ही मुकुंद को भी उसके पास आना पड़ा।

वह उन दोनों को पूछताछ के लिए पुलिस स्टेशन ले गया। वे जान गए

कि अनंत के गुप्तचर की सक्रियता ने उन्हें कहीं का नहीं छोड़ा था और अब इस विषय में कुछ भी छिपाना व्यर्थ था। पुलिसवाले ने स्पष्ट शब्दों में जता दिया कि उन्हें अपने भाइयों के आने तक तीन दिन वहीं ठहरना होगा और अपने पास की धनराशि भी जमा करानी होगी।

मुकुंद ने मौका पाते ही वहाँ से निकलने का प्रस्ताव रखा, पर इस बार अमर का धैर्य चुक गया था। वह इस लुकाछिपी से तंग आ गया था। योगी बनने का स्वप्न कहीं पीछे छूट गया था और परिजन का स्नेह तथा घर की सुख-सुविधाएँ वापस खींच रही थीं।

> *मुकुंद चुप ही रहे। भले ही उन्होंने मुख से कुछ नहीं कहा, परंतु वे कहना यही चाहते थे—'वे मुझे इस बार घर ले जाएँ, परंतु ज्यों ही अवसर मिलेगा, मैं अपने लक्ष्य की पूर्ति के लिए पुनः हिमालय की ओर आऊँगा और तब तक आने का प्रयास करता रहूँगा, जब तक कि मेरा प्रयास पूरा नहीं हो जाता।'*

मुकुंद ने कहा, "मित्र, अगर कहो तो हम पैदल ही निकल चलें। यहाँ से ऋषिकेश की दूरी अधिक नहीं है।"

"क्षमा करो मित्र, मैं नहीं चाहता कि राह में जंगल के वन्यचर मुझे अपना आहार बना लें। वैसे भी मैंने अपना निर्णय बदल लिया है। मैं बड़ी प्रसन्नता से घर लौटना चाहता हूँ।"

मुकुंद चुप ही रहे। भले ही उन्होंने मुख से कुछ नहीं कहा, परंतु वे कहना यही चाहते थे—'वे मुझे इस बार घर ले जाएँ, परंतु ज्यों ही अवसर मिलेगा, मैं अपने लक्ष्य की पूर्ति के लिए पुनः हिमालय की ओर आऊँगा और तब तक आने का प्रयास करता रहूँगा, जब तक कि मेरा प्रयास पूरा नहीं हो जाता।'

पुलिसवाले ने पूछताछ के बाद जाना कि ये भगोड़े हिमालय जाना चाहते हैं, ताकि किसी आत्मसिद्ध संत से भेंट कर सकें, उनसे दीक्षा ले सकें। पुलिसवाले की प्रकृति भी कुछ ऐसी ही थी। उसने उन्हें ऐसे ही एक सिद्ध संत से हुई भेंट का विवरण दिया, जिसे सुनकर उन्हें खेद होने लगा कि वे सिद्धों की भूमि तक आकर खाली हाथ लौट रहे हैं। पुलिसवाले ने भले ही

उनसे मुक्त मन से वार्त्तालाप किया, किंतु वह किसी भी दशा में उन्हें हिमालय की ओर प्रस्थान करने की अनुमति नहीं दे सकता था। जो भी हो, यह उसके कर्तव्य का उल्लंघन होता।

तीन दिन बाद स्टेशन में अमर तथा मुकुंद के भाई आ पहुँचे। अमर तो अपने भाई को देख ऐसे प्रसन्न हुआ मानो जन्मों बाद मिला हो। वे भी उसे छाती से चिपकाए बहुत देर हुलसते रहे; परंतु दूसरे दल में बहुत उत्साह नहीं दिखाई दिया, क्योंकि मुकुंद को इस मिलन में कोई रुचि नहीं थी और अनंत के पास भी कठोर उलाहने के अतिरिक्त कुछ नहीं था।

अमर ने अपने शब्दों एवं हाव-भाव से वहीं कह दिया कि उसे अपने भाई के साथ लौटना है। और वह भविष्य में ऐसा कोई भी कदम नहीं उठाना चाहेगा। इधर अनंत दा जानते थे कि मुकुंद पहला अवसर पाते ही पुनः ऐसी चेष्टा करेगा और मुकुंद भी जानते थे कि उन्हें उनके लक्ष्य से कोई नहीं डिगा सकता।

तीन दिन बाद स्टेशन में अमर तथा मुकुंद के भाई आ पहुँचे। अमर तो अपने भाई को देख ऐसे प्रसन्न हुआ मानो जन्मों बाद मिला हो। वे भी उसे छाती से चिपकाए बहुत देर हुलसते रहे; परंतु दूसरे दल में बहुत उत्साह नहीं दिखाई दिया, क्योंकि मुकुंद को इस मिलन में कोई रुचि नहीं थी और अनंत के पास भी कठोर उलाहने के अतिरिक्त कुछ नहीं था।

अनंत चाहते थे कि पहले अपने एक पंडित मित्र से वाराणसी में भेंट कर लें और फिर दोनों पिताजी के पास कोलकाता चलें। गाड़ी में जब आपसी मनमुटाव थोड़ा कम हो गया तो मुकुंद ने पूछा कि आप उन तक कैसे पहुँचे?

अनंत दा ने बताया, ''मैंने तुम्हारे स्कूल से जाना कि अमर कक्षा से गायब हुआ था और फिर लौटकर नहीं आया। उसके घर गया तो निशान लगा टाइम-टेबल दिखाई दिया। अमर के पिता ने भी बताया कि उनका बेटा घर से गायब है। मुझे यकीन हो गया कि तुम दोनों साथ में ही हो। गाड़ी का कोचवान भी वहीं खड़ा था। उसने बताया

कि तुम तीन जन थे। तुमने यूरोपियन कपड़े पहने और स्टेशन से कहीं चले गए। तुम लोगों ने चमड़े के अपने जूते उसके कोचवान साथी को दिए थे और उसी ने अपने मित्र को यह बात बताई थी।

''इस प्रकार मुझे तीन सूत्र मिल गए। टाइम-टेबल, तीन लड़के और विदेशी पोशाक।

''मैंने संबंधित स्थानों पर तार भेज दिए और पता चला कि जतिन दा भी एक रात के लिए गायब रहे थे। उन्हें बड़े ही जतन से अपने यहाँ खाने पर बुलाया। वे इनकार नहीं कर पाए, परंतु जब वे मेरे साथ आ रहे थे तो मैं उन्हें पहले थाने ले गया। मैंने पहले ही सारी व्यवस्था कर ली थी। दो भयावह पुलिसवालों के धमकाते ही जतिन ने सब सच उगल दिया। जतिन ने हमें बताया कि वह साथ चलने को राजी हो गया था, परंतु जब तुमने योगियों को महिमामंडित करते हुए बताया कि हिमालय में बाघ भी अपनी हिंसक प्रवृत्ति त्यागकर योगियों के सामने भीगी बिल्ली बनकर बैठ जाते हैं तो उसके होश गुम हो गए। उसे लगा कि अचानक बाघ ने अपना विचार बदल दिया, तो वे तथाकथित योगीजन बाघ के पेट में ध्यानस्थ दिखाई देंगे।'' यह कहकर अनंत दा खिलखिलाने लगे और मुकुंद भी अपनी हँसी नहीं रोक सके।

मैंने संबंधित स्थानों पर तार भेज दिए और पता चला कि जतिन दा भी एक रात के लिए गायब रहे थे। उन्हें बड़े ही जतन से अपने यहाँ खाने पर बुलाया। वे इनकार नहीं कर पाए, परंतु जब वे मेरे साथ आ रहे थे तो मैं उन्हें पहले थाने ले गया। मैंने पहले ही सारी व्यवस्था कर ली थी।

वाराणसी में एक पंडितजी अपने पुत्र के साथ पूरी तरह से तैयार थे कि मुकुंद को संन्यास के पथ से विमुख किया जा सके। उन्होंने मुकुंद से कहा, ''तुम्हें संन्यास धारण करने से पहले अपने सांसारिक कर्मों को पूरा करना होगा, अन्यथा तुम सफल नहीं हो सकोगे। तुम्हें गहन दुर्भाग्य का सामना करना होगा।''

''महोदय, जो भी प्रभु की शरण में पूरे भक्तिभाव से जाता है, निश्चित रूप से उसे अपना लेते हैं। आप ऐसा क्यों कह रहे हैं। यदि आप वास्तव में भविष्यदर्शी हैं, तो यह बताएँ कि मैं एक संन्यासी के रूप में जीवन व्यतीत करूँ या मुझे भी एक संसारी बनकर जीना होगा?''

तभी प्रांगण से एक स्वर सुनाई दिया—''वत्स, उस मूढ़ की बातें मत सुनो। केवल संन्यास ही तुम्हारे जीवन का एकमात्र मार्ग है और तुम्हें उस पर ही चलना होगा। बाकी सब बातें तो मनुष्य के मन को उलझाने का भ्रम मात्र हैं।''

मुकुंद ने बाहर देखा तो एक सौम्य संत दिखाई दिए। उनकी बात सुनने के बाद मुकुंद का उनकी ओर ध्यान जाना स्वाभाविक था, परंतु उन्हें देखते ही पंडित रुक्षता से चिल्लाया—''कौन है यह पगला संन्यासी! उसे निकाल बाहर करो।''

इससे पूर्व कि मुकुंद कुछ कह या कर पाते, उनके मार्गदर्शक संत आशीर्वाद की मुद्रा में हाथ उठाते हुए वहाँ से चले गए।

''महोदय, जो भी प्रभु की शरण में पूरे भक्तिभाव से जाता है, निश्चित रूप से उसे अपना लेते हैं। आप ऐसा क्यों कह रहे हैं। यदि आप वास्तव में भविष्यदर्शी हैं, तो यह बताएँ कि मैं एक संन्यासी के रूप में जीवन व्यतीत करूँ या मुझे भी एक संसारी बनकर जीना होगा?''

''यह तो बौराया संन्यासी है। यों ही बक-बक किया करता है।'' पंडितजी ने बात बदलनी चाही, पर मुकुंद के हृदय पर वे शब्द अंकित हो गए थे।

अनंत ने भी वह दृश्य देखा और दोनों भाई कोलकाता के लिए रवाना हो गए। वहाँ मुकुंद के बाबा अपने पुत्र से भेंट करने के लिए अकुलाए बैठे थे।

□

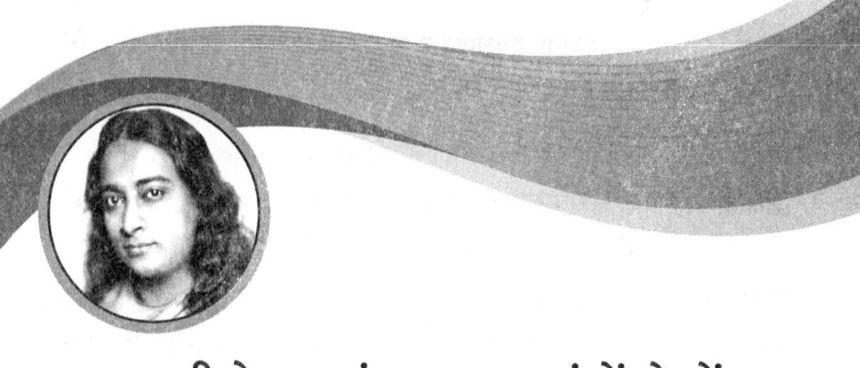

स्वामी केवलानंद व अन्य संतों से भेंट

कोलकाता जाते ही बाबा ने पुत्र को हृदय से लगा लिया। उन्होंने अपनी ओर से उन्हें कोई उपालंभ नहीं दिया। संभवत: वे किशोर मानसिकता के ज्ञाता थे। इस आयु में जिस कार्य के लिए वर्जना दी जाती है, विद्रोही हृदय उसे करने के लिए ही उत्सुक हो जाता है। यहाँ तो बात और भी गहन थी। मुकुंद का लक्ष्य केवल एक किशोरवय सुलभ उड़ान नहीं थी, वे वास्तव में वैराग्य धारण करना चाहते थे। संन्यासी के रूप में जीवन बिताना चाहते थे।

सबसे पहले तो बाबा ने उन्हें आश्वस्त किया कि वह अपने जीवन में जो भी करना अथवा बनना चाहते हैं, उन्हें वैसा करने के लिए किसी की भी ओर से रोका नहीं जाएगा।

मुकुंद ने बड़े ही स्नेह से बाबा के चरण-स्पर्श किए तो वे समझाते हुए बोले, ''पुत्र! मैं केवल इतना चाहता हूँ कि तुम एक बार अपनी शिक्षा पूरी कर लो। किसी भी पिता का यह कर्तव्य होता है कि वह अपनी संतान की शिक्षा का उचित प्रबंध करे, ताकि उसे जीवन में आगे चलकर किसी प्रकार के आर्थिक या सामाजिक प्रतिष्ठा संबंधी संघर्ष का सामना न करना पड़े। मुझे मेरे इस कर्तव्य की पूर्ति करने में सहायता प्रदान करो।

''व्यक्ति चाहे संसारी हो या संन्यासी, उच्च शिक्षा तो सबके लिए ही अनिवार्य होती है। यदि तुम संसारी के रूप में जीवन बिताओगे तो तुम्हें अच्छी नौकरी मिलेगी और जीवन बहुत सुख से बीतेगा। यदि तुम उच्च शिक्षा प्राप्त

संन्यासी बनोगे तो तुम्हारे लिए अपने श्रद्धालुओं को अपने सिद्धांतों एवं नियमों से परिचित कराना बहुत सरल होगा। तुम दूसरे धर्मों तथा संप्रदायों से मिली शिक्षाओं का भी तुलनात्मक अध्ययन कर सकोगे।''

मुकुंद ने सिर झुकाकर बाबा को अपनी स्वीकृति दे दी। कुछ ही घंटों के बाद स्वामी केवलानंदजी घर पर आ गए। दरअसल, बाबा ने पहले से ही उनकी नियुक्ति कर दी थी। वे चाहते थे कि पंडित केवलानंदजी घर आकर मुकुंद को संस्कृत भाषा की शिक्षा प्रदान करें। वे महात्मा संस्कृत के प्रकांड विद्वान् होने के साथ-साथ एक दार्शनिक भी थे। बाबा ने सोचा कि पंडितजी अपने तरीके से मुकुंद की आध्यात्मिक पिपासा को शांत कर उसे संसारी बनाने में अपना योगदान देंगे, किंतु यहाँ तो उनकी सोच के बिल्कुल विपरीत ही घटित हुआ।

मुकुंद ने सिर झुकाकर बाबा को अपनी स्वीकृति दे दी। कुछ ही घंटों के बाद स्वामी केवलानंदजी घर पर आ गए। दरअसल, बाबा ने पहले से ही उनकी नियुक्ति कर दी थी। वे चाहते थे कि पंडित केवलानंदजी घर आकर मुकुंद को संस्कृत भाषा की शिक्षा प्रदान करें।

केवलानंदजी भी लाहिड़ी महाशय के शिष्य निकले। कहने का तात्पर्य यह है कि मुकुंद को उनके लक्ष्य से दूर ले जाने के जितने जतन किए जा रहे थे, दैवी कृपावश वे अप्रत्यक्ष रूप से उसके और भी निकट होते जा रहे थे। जब प्रभु किसी कार्य को करना चाहते हैं तो वे स्वयं ही उसके लिए साधन भी प्रस्तुत करते जाते हैं। मनुष्य कभी भी दैवी विधान को नहीं जान सकता।

ज्यों ही मुकुंद को केवलानंदजी का वास्तविक परिचय मिला, वे मुदित हो उठे। अब संस्कृत अथवा संस्कृत व्याकरण सीखने-सिखाने की सुध ही किसे थी। गुरु को अपने लाहिड़ी महाशय के संस्मरण सुनाने में जितना रस आता था, उनके श्रोता रूपी शिष्य को उन्हें सुनने में उससे भी अधिक आनंद आता था।

योग तथा लाहिड़ी महाशय की चर्चा आरंभ होते ही दोनों एक अद्‌भुत

लोक में पहुँच जाते, जहाँ किसी और की आवश्यकता ही न थी। लाहिड़ी महाशय ने तो मुकुंद को बाल्यकाल से ही सम्मोहित कर रखा था। वे उन्हें परम-पावन जानकर अपने हृदय में इष्ट का स्थान दे चुके थे, परंतु उनके विषय में उनके पास बहुत अधिक जानकारी न थी। माताजी अल्पायु में चल बसीं और पिताजी के साथ उनके संबंध ऐसे नहीं रहे कि वे इस विषय पर सहज वार्त्तालाप कर सकें या वे उन्हें अपने संस्मरण सुना सकें। अब जब मुकुंद को एक ऐसा व्यक्ति मिला, जो लाहिड़ी महाशय की कृपा का प्रसाद पा चुका था, तो वे खुशी से झूम उठे।

जब मैं तुम लोगों के मार्गदर्शन के लिए इस धरा पर नहीं रहूँगा, तो यह यौगिक कुंजी ही तुम्हारे काम आएगी। तुम्हें इसे किसी बहुमूल्य वस्तु की तरह सहेजकर अलमारी में नहीं रखना है। इसे निरंतर अभ्यास में लाओ। तुम मुक्ति के पथ पर बढ़ते जाओगे। इसके अभ्यास में ही इसकी शक्ति समाई है।

लाहिड़ी महाशय अपने शिष्यों से यही कहते थे कि कभी किसी के भी शब्दों पर आँख मूँदकर विश्वास नहीं करना चाहिए। शब्द खोखले होते हैं। मनुष्य को चाहिए कि वह ईश्वर की उपस्थिति के दृढविश्वास को सदा अपने साथ बनाए रखे।

वे अपने शिष्यों को क्रियायोग की ही दीक्षा दिया करते। उनका यह मानना था कि इस योग में ही सभी समस्याओं के समाधान की शक्ति छिपी थी। उन्होंने कहा था, ''जब मैं तुम लोगों के मार्गदर्शन के लिए इस धरा पर नहीं रहूँगा, तो यह यौगिक कुंजी ही तुम्हारे काम आएगी। तुम्हें इसे किसी बहुमूल्य वस्तु की तरह सहेजकर अलमारी में नहीं रखना है। इसे निरंतर अभ्यास में लाओ। तुम मुक्ति के पथ पर बढ़ते जाओगे। इसके अभ्यास में ही इसकी शक्ति समाई है।''

इसी तरह दिन-प्रतिदिन मुकुंद को लाहिड़ी महाशय के जीवन से जुड़े अंतरंग प्रसंगों एवं चमत्कारों का परिचय मिलता गया और उस महान् आत्मा के प्रति उनका स्नेह-संबंध और भी प्रगाढ़ होता गया। यह ईश्वर की ही

लीला थी कि वे अपने निर्दिष्ट पथ पर आगे बढ़ते जा रहे थे। इस गुरु-शिष्य की जोड़ी ने भले ही संस्कृत की पढ़ाई नहीं की, परंतु आध्यात्मिक पढ़ाई में कहीं कोई कमी न थी।

इसी दौरान अमर से पुन: भेंट हुई और दोनों मित्र बीती बातें भुलाकर एक साथ विचरने लगे। मुकुंद को ज्यों ही किसी सिद्ध आत्मा का पता चलता, तो वह उनके दर्शनों को अवश्य जाता। दरअसल, वह अपने गुरु के संधान में थे। वह जिस भी संत से मिलने जाते, उनके मन में छिपी मंशा यही होती थी कि कहीं वही तो उसके गुरुदेव नहीं। वह जिस उत्कंठा से अपने गुरु की खोज में था, उधर दैवीय विधान भी उसी तत्परता से उसे उनसे मिलाने के लिए तैयारी कर रहा था।

मुकुंद नित नए-नए संतों व महात्माओं से भेंट करता और इसी प्रक्रिया में एक दिन उसे भादुड़ी महाशय का परिचय मिला। उनके विषय में यह प्रचलित था कि वे जमीन से कई फुट ऊपर हवा में रुक सकते थे, अष्टांग योग में निष्णात थे और प्राणायाम के अभ्यास द्वारा कोई भी चमत्कार कर सकते थे। एक दिन मुकुंद कौतूहलवश उनके घर जा पहुँचा और उन्हें यह जानकर आश्चर्य हुआ कि उन्होंने अपने नौकर को आदेश दिया था कि मुकुंद कभी भी मेरे पास आ-जा सकता है। इसे कोई न रोका करे।

मुकुंद नित नए-नए संतों व महात्माओं से भेंट करता और इसी प्रक्रिया में एक दिन उसे भादुड़ी महाशय का परिचय मिला। उनके विषय में यह प्रचलित था कि वे जमीन से कई फुट ऊपर हवा में रुक सकते थे, अष्टांग योग में निष्णात थे और प्राणायाम के अभ्यास द्वारा कोई भी चमत्कार कर सकते थे।

भादुड़ी महाशय की संगति से मुकुंद को बहुत आनंद आया। वे प्राय: गहन-गंभीर बातों को भी हास्य-बोध का रंग दे देते थे, जिससे श्रोता आनंदित हो जाते। उन्होंने ही मुकुंद को अपने बहुत से दस्तावेज और पत्र दिखाते हुए बताया था कि वे विदेशों में स्थित अनेक ऐसी संस्थाओं से संबद्ध थे, जो योग

का प्रचार-प्रसार करना चाहती थीं। वे चाहते थे कि विदेशियों को भी योग का सच्चा ज्ञान प्राप्त हो। वे भौतिकवाद की आँधी में पत्तों के समान उड़ते न रहें।

मुकुंद ने पूछा, ''महाशय, क्या आपको लगता है कि विदेशी भी योग की इस महान् विद्या को उतना ही आदर व स्नेह दे सकेंगे, जिसकी यह विद्या अधिकारी है?''

''क्यों नहीं वत्स, हमारे ऋषियों ने मानव की मुक्ति के लिए इस ज्ञान को अनिवार्य माना है। हमें पाश्चात्य जगतवासियों के लिए इसे हल्का या सरल बनाने की आवश्यकता नहीं है। बाहरी अनुभव भिन्न होने पर भी हम सबकी आत्मा तो एक सी ही है। कोई पूरब से हो या पश्चिम से, जब तक योग का अभ्यास नहीं किया जाएगा, तब तक उन्नति संभव नहीं होगी।''

क्यों नहीं वत्स, हमारे ऋषियों ने मानव की मुक्ति के लिए इस ज्ञान को अनिवार्य माना है। हमें पाश्चात्य जगतवासियों के लिए इसे हल्का या सरल बनाने की आवश्यकता नहीं है। बाहरी अनुभव भिन्न होने पर भी हम सबकी आत्मा तो एक सी ही है। कोई पूरब से हो या पश्चिम से, जब तक योग का अभ्यास नहीं किया जाएगा, तब तक उन्नति संभव नहीं होगी।

उस समय मुकुंद कहाँ जानते थे कि वह महान् आत्मा उनके ही भविष्य को बाँच रही थी। जब वे पहली बार पश्चिम जा रहे थे तो उस समय वे उनसे भेंट करने एवं आशीर्वाद लेने गए तो भादुड़ी महाशय ने कहा था, ''जाओ वत्स, भारत की युग-युगांतर प्राचीन महिमा तुम्हारी ढाल बनेगी। तुम्हारे ललाट पर विजयश्री स्पष्ट रूप से अंकित है। उस देश के लोग तुम्हें सच्चे हृदय से अपना लेंगे।''

मुकुंद की हाईस्कूल की शिक्षा के साथ-साथ आध्यात्मिक शिक्षा के पाठ भी जारी थे और जब हम सच्चे मन से अपने लिए किसी को चाहते हैं, तो प्रकृति स्वयं उसे हमारे पास ला खड़ा करती है। यही आकर्षण का नियम है। हम जितनी तीव्रता से किसी वस्तु की ओर आकर्षित होते हैं, वह वस्तु

भी उसी खिंचाव से हमारी ओर खिंची चली आती है। मुकुंद के जीवन में भी ऐसे अवसर तथा महान् व्यक्तित्व सामने आ रहे थे, जो आध्यात्मिक जिज्ञासु की सहज जिज्ञासाओं तथा समस्याओं का समाधान करने में सक्षम थे।

यदि मुकुंद भी साधारण छात्रों की तरह होते तो साहित्य, संगीत, कला, थिएटर, लेखन एवं वाणिज्य आदि में अपना मन रमाते या स्वयं को जीवन में आगे आनेवाले समय के लिए तैयार करते, परंतु वे तो एक ऐसे पथ के अनुयायी बन चुके थे, जिसे प्रत्येक व्यक्ति नहीं अपना सकता। इस पथ पर केवल वही लोग चल पाते हैं, जो वास्तव में ईश्वर के सच्चे भक्त होते हैं। ईश्वर को ही अपने जीवन का परम लक्ष्य मानते हैं और उसके अतिरिक्त जीवन में कुछ भी पाना नहीं चाहते।

बाबा के लिए यही बहुत था कि मुकुंद कहीं भी दूर जाने या घर से भागने की बजाय हाईस्कूल की शिक्षा ग्रहण कर रहा था। अनंत का विवाह हो चुका था और उनकी नौकरी भी स्थानांतरण वाली थी, अतः उस ओर से मिलनेवाली सख्ती भी घट गई थी। अब मुकुंद स्वेच्छा से कहीं भी आ-जा सकते थे। इस प्रकार उनके द्वारा संतों व साधुओं से भेंट के क्रम में कोई बाधा नहीं आई।

बाबा के लिए यही बहुत था कि मुकुंद कहीं भी दूर जाने या घर से भागने की बजाय हाईस्कूल की शिक्षा ग्रहण कर रहा था। अनंत का विवाह हो चुका था और उनकी नौकरी भी स्थानांतरण वाली थी, अतः उस ओर से मिलनेवाली सख्ती भी घट गई थी। अब मुकुंद स्वेच्छा से कहीं भी आ-जा सकते थे। इस प्रकार उनके द्वारा संतों व साधुओं से भेंट के क्रम में कोई बाधा नहीं आई।

उनके जीवन में मास्टर महाशय के आगमन को भी कम महत्त्वपूर्ण नहीं माना जाना चाहिए। मास्टर महाशय वहीं रहते थे, जहाँ पहले कभी मुकुंद का परिवार रह चुका था और उसी घर में उनकी माता का भी निधन हुआ था। ये संत जगन्माता के सहज दर्शन करने में सक्षम थे।

ईश-दर्शन के अभिलाषी मुकुंद उनके पास जा पहुँचे। उन्होंने उनसे प्रार्थना की कि वे उन्हें भी काली माता के दर्शन करवा दें। उनके विलाप ने संत को भी द्रवित कर दिया और उन्होंने कहा कि वे इस विषय में माता से संदेश लेकर रखेंगे।

मुकुंद बहुत ही आशान्वित होते हुए अपने घर गए और उसी रात उन्हें अपनी अटारी में काली माँ के दर्शन हुए। ऐसा लगा मानो युगों से प्यासे किसी पथिक को किसी ने अमृतरूपी जल का प्याला थमा दिया हो।

मास्टर महाशय की संगति में मुकुंद ने बहुत कुछ सीखा। वे चाहते थे कि उन्हें ही गुरु के रूप में धारण करें, परंतु मास्टरजी ने उन्हें स्पष्ट कर दिया कि वे उनके गुरु नहीं थे। उन्हें अपने गुरु से भेंट करने के लिए कुछ समय और प्रतीक्षा करनी होगी। मास्टर महाशय ने उन्हें समाधि के आनंद का परिचय दिया और उन्हें इस बात के लिए आश्वस्त कर दिया कि वे बहुत शीघ्र ही अपने जीवन को उसी रूप में पाएँगे, जिस रूप में वे उसे पाना चाहते हैं।

□

हाईस्कूल की परीक्षा

जिस व्यक्ति के जीवन में ऐसे दार्शनिक विषयों की कक्षाएँ चल रही हों, उसे भला बौद्धिक परीक्षाओं की तैयारी के लिए सुध ही कहाँ रहती है। उस समय तो पितृभक्ति दरशाते हुए मुकुंद ने हाईस्कूल में दाखिला ले लिया था, परंतु कक्षाओं में उनकी अनुपस्थिति तथा पढ़ाई के प्रति रुझान के अभाव के कारण समस्या विकट हो गई थी।

केवल कक्षा में दाखिला लेने से ही बात नहीं बनती। उसे पास भी करना होता है और उसके लिए जरूरी होता है कि पाठ्यक्रम की पुस्तकों को पढ़ा जाए। सारी समस्या की जड़ तो यही थी कि मुकुंद को पुस्तकें खोलने से ऊब होने लगती थी। जिस कार्य में मन न रमता हो, उसे करना बोझ के समान लगता है।

मुकुंद कक्षाओं में जाने की बजाय साधु-संतों के बीच अपना समय बिताते। उन्हें उन दिनों एक नया शौक भी हो गया था। वे प्राय: श्मशान भूमि में चले जाते। उनके आस-पास स्थित एकांत स्थानों पर उन्हें विशेष आनंद आता और यदाकदा ऐसे संतों से भी भेंट हो जाती, जो सांसारिक कोलाहल से दूर योगसाधना करना पसंद करते थे।

कई बार तो वे रात को भी बहुत देर तक वहीं बने रहते और कहना न होगा कि उन्हें उस परिवेश में कोई भय नहीं लगता था। भय तो लगता था, मोटी-मोटी पोथियों से, जिनमें मनुष्य को मनुष्य बनने की शिक्षा नहीं दी जाती थी, वे सच्चा ज्ञान नहीं देती थीं। मुकुंद एक सिद्ध योगी बनना चाहते

थे और एक सिद्ध योगी कभी अपने संकल्प से पीछे नहीं हटता। इसी प्रकार पूरा वर्ष बीत गया। वार्षिक परीक्षा सिर पर आ गई।

श्मशान भूमि में सहजता से विचरनेवाले मुकुंद को अब इस परीक्षा से पार उतरना था। उन्होंने अध्ययन नहीं किया था, परंतु जाने क्यों इस विषय में पूरी तरह से आश्वस्त थे कि वे परीक्षा में पास हो जाएँगे। उन्हें भरोसा था कि ईश्वर उनकी सहायता करेंगे। केवल परीक्षा ही नहीं, जीवन की प्रत्येक प्रतिकूल परिस्थिति में ईश सहाई होते हैं। हमें केवल उन्हें पुकारना चाहिए। पूरी श्रद्धा से पुकारना चाहिए और फिर बिना किसी संशय के उन पर अपना भार छोड़ देना चाहिए। यहाँ हम पाठकों को अकर्मण्य बनने के लिए नहीं कह रहे। कहने का तात्पर्य यह है कि यदि प्रभु से कुछ माँगा जाए तो उनकी क्षमता पर संदेह नहीं किया जाना चाहिए।

श्मशान भूमि में सहजता से विचरनेवाले मुकुंद को अब इस परीक्षा से पार उतरना था। उन्होंने अध्ययन नहीं किया था, परंतु जाने क्यों इस विषय में पूरी तरह से आश्वस्त थे कि वे परीक्षा में पास हो जाएँगे। उन्हें भरोसा था कि ईश्वर उनकी सहायता करेंगे। केवल परीक्षा ही नहीं, जीवन की प्रत्येक प्रतिकूल परिस्थिति में ईश सहाई होते हैं।

एक दिन इन्हीं विचारों में खोए मुकुंद मार्ग से जा रहे थे कि स्कूल के ही एक तीक्ष्ण बुद्धि छात्र नंतू ने पुकारा, ''मुकुंद, आजकल तो कक्षाओं में दिखता ही नहीं रे?''

''हाँ भई, इसी वजह से अब मैं सोच रहा हूँ कि क्या किया जाए। कक्षाओं में अनुपस्थिति के कारण ही परीक्षा की तैयारी खटाई में पड़ गई है।'' मुकुंद ने भी हँसते हुए कहा।

''मेरे होते हुए तुझे चिंता करने की क्या आवश्यकता है। मैं तेरी सारी तैयारी करवा दूँगा।'' ऐसा लगा, मानो ये शब्द नंतू के नहीं, बल्कि उस विश्वास के मुख से निकल रहे थे, जो मुकुंद ने कुछ ही समय पूर्व प्रभु के प्रति प्रकट किया था।

"क्या तुम वास्तव में मेरी परीक्षा की तैयारी करवा दोगे?"

"हाँ, क्यों नहीं। मित्रता निभाने का अवसर मिल रहा है। मैं अवश्य ही तुम्हारी सहायता करूँगा।"

"क्या मैं इतने कम समय में सब तैयार कर सकूँगा?"

"मित्र, मैं तुम्हें महत्त्वपूर्ण प्रश्न तैयार करवा दूँगा और पूरी आशा है कि उन्हीं में से परीक्षा में भी प्रश्न पूछे जाएँगे।" नंतू ने कहा।

नंतू ने विभिन्न परीक्षाओं के लिए मुकुंद को बिल्कुल तैयार कर दिया और वे भी उसके एक-एक वाक्य को सहज भाव से कंठस्थ करते चले गए। मुकुंद कोई मंदबुद्धि छात्र नहीं थे। उनके साथ समस्या यह थी कि वे स्वयं को पढ़ाई पर केंद्रित नहीं कर पाते थे, क्योंकि उनके मस्तिष्क के केंद्र में तो कुछ और ही समाया था। जब वे अपने मित्र के घर से चले तो राह में याद आया कि संस्कृत की परीक्षा के लिए कोई तैयारी ही नहीं की। संभवतः नंतू भी भूल गया था। पहले वे उसके पास जाने के लिए मुड़े, परंतु वहीं थम गए और मन-ही-मन ईश्वर को याद करते हुए कहा कि वे उस विषय को स्वयं सँभाल लें।

नंतू ने विभिन्न परीक्षाओं के लिए मुकुंद को बिल्कुल तैयार कर दिया और वे भी उसके एक-एक वाक्य को सहज भाव से कंठस्थ करते चले गए। मुकुंद कोई मंदबुद्धि छात्र नहीं थे। उनके साथ समस्या यह थी कि वे स्वयं को पढ़ाई पर केंद्रित नहीं कर पाते थे, क्योंकि उनके मस्तिष्क के केंद्र में तो कुछ और ही समाया था।

अगले दिन सुबह वे अपने संभावित प्रश्नों के उत्तर याद करते हुए सैर पर निकले। घास के मैदान में कुछ कागज पड़े मिले, जिन पर संस्कृत के कुछ श्लोक लिखे थे। वे उन पन्नों को अपने एक विद्वान् मित्र के पास ले गए, जो संस्कृत के ज्ञाता थे। उन्होंने मुकुंद को उन श्लोकों के अर्थ तो समझा दिए, साथ ही यह भी कहा कि उनका परिश्रम व्यर्थ है, क्योंकि परीक्षा में इन दिनों इस तरह के श्लोक नहीं पूछे जाते।

मुकुंद ने उन्हें कोई उत्तर नहीं दिया। वे केवल यह जानते थे कि घास के मैदान में मिले वे संस्कृत के श्लोक कोई संयोग नहीं हो सकते।

नियत समय पर परीक्षा हुई और उसमें मुकुंद के विश्वास की विजय हुई। परीक्षाओं में वही प्रश्न आए, जिनकी तैयारी नंतू ने करवाई थी और संस्कृत में भी वही प्रश्न पूछे गए, जो उन पृष्ठों में दिए गए थे। दैवीय कृपा का इससे अधिक प्रमाण और हो भी क्या सकता था।

ज्यों ही हाईस्कूल की परीक्षा का परिणाम आया, मुकुंद को ऐसा लगा, मानो पंछी को पिंजरे से मुक्ति मिल गई हो। वे स्वच्छंद भाव से आध्यात्मिक गगन में विचरण के लिए उत्सुक हो उठे। अब वे घर त्याग के लिए प्रस्तुत थे और किसी आश्रम में गुरु के पास जाकर कुछ सीखना चाहते थे।

उन्हीं दिनों उन्हें अपने मित्र जितेंद्र से वाराणसी के एक आश्रम का परिचय मिला। वे चाहते थे कि आध्यात्मिक शिक्षा ग्रहण करने के लिए वहाँ जाकर रहा जाए। परिवार के सदस्यों से वियोग का दुःख तो था, परंतु अपने जीवन की इस नई दिशा में अग्रसर होने का उछाह भी कुछ कम न था।

नियत समय पर परीक्षा हुई और उसमें मुकुंद के विश्वास की विजय हुई। परीक्षाओं में वही प्रश्न आए, जिनकी तैयारी नंतू ने करवाई थी और संस्कृत में भी वही प्रश्न पूछे गए, जो उन पृष्ठों में दिए गए थे। दैवीय कृपा का इससे अधिक प्रमाण और हो भी क्या सकता था।

वे जान चुके थे कि उन्हें इस राह पर आगे बढ़ने के लिए हर तरह के मोह-माया से मुक्ति पानी है। उन्होंने कहा, ''पूज्य पिताजी! मैंने आपके कहे अनुसार हाईस्कूल की शिक्षा प्राप्त कर ली है। अब मैं इतना तो पढ़ ही चुका हूँ कि अपने अभियान को आगे बढ़ा सकूँ। कृपया आप मुझे सहयोग प्रदान करें। मैं परम पिता परमात्मा के प्रेम को ही जीवन में अपना आधार मानता हूँ। आप मुझे उस आधार से दूर न करें। कृपया मुझे उस आश्रम में जाने की अनुमति दें, ताकि मैं भी उस दिव्य ज्ञान का अधिकारी हो सकूँ, जिसे पाने के

लिए जाने कितने वर्षों से तरस रहा हूँ।''

यद्यपि बाबा ने दिल से इस प्रस्ताव को स्वीकार नहीं किया, परंतु पुत्र के स्नेहपूर्ण अनुरोध को टाल भी नहीं सके। उन्होंने वाराणसी जाने की अनुमति दे दी। मुकुंद बहुत ही उत्साह के साथ आश्रम जाने का प्रबंध करने लगे। इतिपूर्व जब भी उन्होंने घर से बाहर कहीं जाने की योजना बनाई थी तो उन्हें सबकुछ छिपकर करना पड़ा था, परंतु इस बार तो वे गर्व से सीना तानकर जा रहे थे।

परिवार में सभी जानते थे कि मुकुंद आश्रम में रहने जा रहा है। वे लोग मुख पर तो कुछ नहीं बोले, परंतु उनकी भाव-भंगिमा से यह स्पष्ट था कि देखें, मुकुंद का यह भूत कितने दिन में उतरता है। उन्हें पूरा विश्वास था कि कुछ ही माह में मुकुंद को एक संसारी की भाँति जीवनयापन करते हुए अपने ही घर के प्रांगण में देखेंगे। वैराग्य का भूत उतरते ही वह साधारण जन की तरह व्यवहार करने लगेगा।

परिवार में सभी जानते थे कि मुकुंद आश्रम में रहने जा रहा है। वे लोग मुख पर तो कुछ नहीं बोले, परंतु उनकी भाव-भंगिमा से यह स्पष्ट था कि देखें, मुकुंद का यह भूत कितने दिन में उतरता है। उन्हें पूरा विश्वास था कि कुछ ही माह में मुकुंद को एक संसारी की भाँति जीवनयापन करते हुए अपने ही घर के प्रांगण में देखेंगे।

इधर मुकुंद को इन बातों की कोई परवाह नहीं थी। वे तो उस चिरवांछित अवसर के साथ परमानंद में खोए थे। आश्रम की नित नई कल्पनाओं ने उनके उत्साह को कई गुना कर दिया था। वे आश्रम के स्वामीजी और अपने गुरुभाइयों से मिलने को अकुला रहे थे। कहना न होगा कि उस अनदेखे आश्रम के प्रति उनकी भावनाओं ने बाकी सारी बातों पर परदा डाल दिया था। जब वे अपने मित्र के साथ वाराणसी के आश्रम में पहुँचे तो यह देखकर बहुत प्रसन्नता हुई कि उनके कक्ष में भी ठीक वैसी ही अटारी थी, जैसी उनके घर में हुआ करती थी।

□

आश्रम का परिवेश

गुरु दयानंद के मुखारविंद को देख मुकुंद के हृदय में तीव्र उल्लास का संचार हुआ। उन्हें लगा कि बुद्ध के समान दिखनेवाले गौरवर्ण तथा चिंतनशील गुरु निश्चित रूप से उनकी अभिलाषा पूर्ण कर सकेंगे। ईशदर्शन में सहायक होंगे। आश्रम का जीवन कल्पना की उड़ान से सर्वथा विपरीत निकला। मुकुंद वहाँ ध्यान रमाने गए थे, किंतु वह स्थान तो घोर भौतिकवादी शिष्यों का आश्रय निकला। वे लोग ध्यान करने के स्थान पर आश्रम के प्रबंध के कार्यों में अधिक रुचि रखते थे। मुकुंद से भी ऐसी आशा करना स्वाभाविक ही था। मुकुंद दुपहर को आश्रम के कार्यों में अपना सहयोग देते थे, परंतु उनसे सारा दिन इसी प्रकार के कार्यों की अपेक्षा की जा रही थी।

ईश्वर की प्रत्यक्ष अनुभूति के जिज्ञासु को पुन: सांसारिक कर्मों की ओर खींचा जा रहा था। उन्हीं प्रपंचों से बचने के लिए ही तो वे यहाँ आए थे और अब उन्हें अपने लक्ष्य की पूर्ति होने के कोई लक्षण दिखाई नहीं दे रहे थे।

एक दिन व्यथित मन मुकुंद ने गुरुजी के समक्ष अपने उद्‍गार प्रकट किए, तो उन्होंने इसे विनोद में लिया और मुकुंद को काम के लिए बार-बार विवश करने एवं ईशध्यान के लिए ताना देनेवालों को नकली फटकार भी लगा दी। मुकुंद ने स्पष्ट शब्दों में अपना मंतव्य रख दिया था, ''मैं ईश्वर के अतिरिक्त और किसी चीज से संतुष्ट नहीं हो सकता; न अच्छे कार्यों के साथ जुड़ने से, न उनके सिद्धांत से और न ही उन्हें करने से।'' परंतु गुरुजी की उपेक्षा ने मुकुंद की बची-खुची आशा को भी समाप्त कर दिया। वे तो गुरु के चरणों

में बैठकर ध्यान रमाने, कुछ सीखने आए थे और उनसे अपेक्षा की जा रही थी कि वे बाजार जाकर ताजी सब्जियाँ व भाजी खरीदकर लाएँ। आश्रम के हिसाब-किताब का ध्यान रखें।

साधु की संगति कभी व्यर्थ नहीं जाती। मनुष्य उनसे कुछ-न-कुछ अवश्य सीखता ही है। मुकुंद को भी वहाँ एक सर्वथा नवीन भावना का परिचय मिला। उन्हें अपने घर में सही समय पर भोजन करने की आदत थी। गुरुजी ने दो बातें कह दी थीं, ''अपने पिता से मना कर दो कि वे तुम्हें पैसा न भेजें और कभी भूख लगने पर किसी से मत कहना।''

मुकुंद ने हामी तो भर दी, पर उन्हें क्या पता था कि यह बात ऐसा रूप लेनेवाली है। समय पर भोजन मिलता न था। आश्रमवासी पहला भोजन दोपहर को करते थे और मुकुंद घर में सुबह ही खाना खाने के अभ्यस्त। वे अपनी भूख को नियंत्रित करने की चेष्टा में थे। गुरुजी कहीं बाहर गए हुए थे। उनके लौटने के दिन आश्रम में विशेष भोज की व्यवस्था थी, परंतु सभी इसी प्रतीक्षा में थे कि उनके आने के बाद ही भोजन परोसा जाए।

मुकुंद ने हामी तो भर दी, पर उन्हें क्या पता था कि यह बात ऐसा रूप लेनेवाली है। समय पर भोजन मिलता न था। आश्रमवासी पहला भोजन दोपहर को करते थे और मुकुंद घर में सुबह ही खाना खाने के अभ्यस्त। वे अपनी भूख को नियंत्रित करने की चेष्टा में थे। गुरुजी कहीं बाहर गए हुए थे।

जैसा कि प्रायः होता है, गाड़ी देर से आई और यहाँ मुकुंद के लिए एक-एक क्षण का विलंब भारी पड़ने लगा। वे अपना पेट पकड़कर दोहरे होते रहे। गुरु की आज्ञास्वरूप किसी से भूख के बारे में कुछ कहना भी न था। वे क्षण घंटों में बदलते चले गए। भोजन लगने का निमंत्रण सुनकर उनके प्राण लौटे। ऐसा लगा, मानो स्वर्गीय भोजन के लिए न्योता मिला हो। वे उस रात की स्मृति को आजीवन अपने से विलग नहीं कर सके।

उस दिन भरपेट खा चुकने के बाद जब उन्होंने अपना मुख उठाकर गुरुजी को देखा तो पाया कि वे तो अत्यल्प खाकर उठ गए थे। मुकुंद ने उनसे पूछा कि क्या वे गाड़ी में भोजन करके आए थे। गुरुजी ने बताया कि वे रेलगाड़ी में कुछ नहीं खाते, क्योंकि वहाँ का वातावरण संसारी लोगों के विविध स्पंदनों से भरा रहता है।

मुकुंद ने गुरुजी से कहा, "मुझे किसी से भोजन नहीं माँगना और कोई मुझे भोजन देना भी भूल जाए तो क्या होगा। तो मैं मर नहीं जाऊँगा?"

गुरुजी कड़ाई से बोले, "तो मर जाओ। यह कभी विचार मत करो कि तुम अन्न की शक्ति से जीवित हो। जिस प्रभु ने भूख दी है, वह अपने जीवों के भरण-पोषण का भी प्रबंध करता है। प्रभु की प्राणशक्ति ही तो तुम्हारे जीवन का आधार है। मुकुंद माध्यम को भूल जाओ और उसके पीछे उपस्थित परम कारण को पहचानो।"

तो मर जाओ। यह कभी विचार मत करो कि तुम अन्न की शक्ति से जीवित हो। जिस प्रभु ने भूख दी है, वह अपने जीवों के भरण-पोषण का भी प्रबंध करता है। प्रभु की प्राणशक्ति ही तो तुम्हारे जीवन का आधार है। मुकुंद माध्यम को भूल जाओ और उसके पीछे उपस्थित परम कारण को पहचानो।

गुरु के उन शब्दों ने मुकुंद पर तीक्ष्ण प्रहार किया। उन्हें उसी क्षण अनुभव हुआ कि प्रभु कितने समर्थ हैं। उन्हें भी उपवास की शक्ति और अपनी दृढशक्ति के बीच सामंजस्य स्थापित करना आ गया था। धीरे-धीरे समय बीता, परंतु मुकुंद की पहली समस्या ज्यों-की-त्यों रही। वे जिस आदर्श के लिए अपना घर छोड़ आए थे, वही आदर्श आश्रम के साथियों के लिए उपहास का विषय बन गया था। वे इस दिशा में ताकते नहीं थे और जो ईशदर्शन का अभिलाषी था, उसे उस ओर जाने नहीं देते थे। मुकुंद ज्यों ही एकांत में बैठते, उन्हें पुकारा जाने लगता। कभी बाजार जाने को कहा जाता, तो कभी रसोई में हाथ बँटाने को बुलाया जाता।

एक दिन दारुण दु:ख के साथ वे अपनी अटारी में जा बैठे और निश्चय कर लिया कि अपने प्रश्नों का उत्तर पाने तक वहीं रहेंगे। इस दौरान वे कोलकाता से अपने साथ लाई डिबिया को भी खोलकर देख चुके थे, जिसमें वह ताबीज रखा रहता था। बड़े ही आश्चर्य की बात थी कि उस डिबिया से अब वह ताबीज गायब था। वह जिस शून्य से उनके पास आया था, उसी शून्य में विलीन हो गया था।

एक दिन दारुण दु:ख के साथ वे अपनी अटारी में जा बैठे और निश्चय कर लिया कि अपने प्रश्नों का उत्तर पाने तक वहीं रहेंगे। इस दौरान वे कोलकाता से अपने साथ लाई डिबिया को भी खोलकर देख चुके थे, जिसमें वह ताबीज रखा रहता था। बड़े ही आश्चर्य की बात थी कि उस डिबिया से अब वह ताबीज गायब था।

कई घंटों की गहन प्रार्थना के बाद अकस्मात् ही उन्हें एक विचित्र सी अनुभूति हुई। महाशून्य में एक दिव्य नारी-स्वर गूँज उठा, "आज तुम्हारी अपने सद्गुरु से भेंट होगी।" अभी यह वार्त्तालाप चल ही रहा था कि नीचे से आते स्वर ने इस संप्रेषण को वहीं छिन्न-भिन्न कर दिया। रसोइया बार-बार उन्हें पुकार रहा था, ताकि वे उसके साथ बाजार से सामान लेने चलें।

मुकुंद कुछ नहीं बोले। अपना अश्रुसिक्त मुख पोंछा और वाराणसी के बंगाली टोले के बाजार की ओर चल दिए। वाराणसी सदा की तरह अपने ही अनूठे रंग में थी। श्वेत वस्त्रों में लिपटी विधवा स्त्रियाँ, गाइड, पुरोहित, तीर्थयात्री और तरह-तरह के कोलाहल से मुखरित वातावरण। वे उन सभी बातों से अनभिज्ञ अपनी ही धुन में चले जा रहे थे। अचानक ही उन्हें एक सँकरी सी गली के छोर पर, गेरुआ वस्त्रों में सजे एक स्वामीजी दिखाई दिए। उस सौम्याकृति संत में कुछ ऐसा आकर्षण था कि मुकुंद राह चलना भूलकर वहीं ताकने लगे। अचानक ऐसा लगा मानो उस गली में खड़े संत के अतिरिक्त किसी भी और जीव अथवा वस्तु का अस्तित्व ही नहीं है। साथी ने आगे बढ़ने के लिए टोका, पर वे अपना पैर

भी नहीं हिला पा रहे थे। साथी के बारंबार आग्रह करने पर वे आगे तो चल दिए, पर मन वहीं अटका था। कुछ ही क्षण में वे वापस लौटे और गली की ओर भागने लगे। क्या आज महाशून्य से उठे उस स्वर को चरितार्थ होने का समय आ गया है। क्या मुकुंद की भेंट अपने गुरु से होनेवाली है ? मुकुंद गली में मुड़े तो ऐसा लगा कि वे गुरु भी उन्हें ही देख रहे थे।

यह तो वही मुख था, जिसे उन्होंने हजारों बार दिव्य दर्शनों में देखा था। नुकीली दाढ़ी व लहराते केशों से सुसज्जित मुख व तेजस्वी नेत्र…

गुरुदेव बोले, ''प्रिय, तुम आ गए!'' इन शब्दों को सुनने के बाद तो जैसे कोई संदेह ही नहीं रहा। मुकुंद को अपने गुरु मिल गए थे। वे दोनों मौन भाव से एक-दूसरे को ताक रहे थे। जीवन में कई बार ऐसे क्षण आते हैं, जब शब्दों का कोई औचित्य ही नहीं रह जाता। शब्दों के बिना ही सहज संप्रेषण होने लगता है। मुकुंद मन-ही-मन आश्वस्त थे कि उन्होंने अपनी चिरवांछित अभिलाषा पूरी कर ली है।

□

गुरु से प्रथम भेंट

गुरुजी अपने हाथों से पकड़कर उन्हें राणामहल स्थित अपने डेरे में ले गए। गुरुजी मुकुंद से बोले, ''तुम निश्चिंत हो जाओ। अब चिंता करने का कोई कारण नहीं है।''

गुरु के इन शब्दों को सुनने के बाद तो जैसे मुकुंद के लिए संसार में कोई संताप ही न रहा। गुरुदेव के मुख पर ऐसी सौम्यता छाई थी कि मुकुंद क्षण भर में उनके प्रिय हो गए। उन्होंने कहा, ''गुरुदेव! क्या आप मुझे अपने चरणों में स्थान देंगे? मैं आपके पास केवल ज्ञान व ईश्वरप्राप्ति के उद्देश्य से आया हूँ और मुझे आपसे वही चाहिए।''

''हाँ, पर क्या तुम भी मुझे अपना निस्स्वार्थ स्नेह दे पाओगे?''

''ग़ुरुदेव, मैं सर्वस्व त्यागकर आपके बताए पथ का अनुसरण करूँगा।''

''मैं तुमसे निष्काम प्रेम चाहता हूँ, क्योंकि साधारण प्रेम में मूल कामनाओं व तृप्तियों का दलदल होता है, जिसमें से चाहकर भी निकला नहीं जाता। यह दिव्य नहीं, अपितु सांसारिक प्रेम है। प्रेम की इसी दिव्य ज्योति के सहारे तुम आगे बढ़ पाओगे।''

गुरु के डेरे पर तो ऐसा जान पड़ता था कि वहाँ पहले से ही उनके आने की सूचना थी। वे दोनों भीतर गए तो उन्हें आम व बादाम की मिठाई परोसी गई। गुरु ने बड़े ही स्नेह से उन्हें मिठाई खिलाई। गुरुदेव ने बातों-ही-बातों में उस ताबीज का भी जिक्र कर दिया। मुकुंद हतप्रभ रह गए। जिस ताबीज के बारे में उनके अतिरिक्त कोई जानता तक नहीं था, गुरुदेव को कैसे पता

चला कि वह रहस्यमयी ताबीज कुछ समय तक उनके पास रहने के बाद ओझल हो गया था। वे तो जैसे उनके जीवन की एक-एक बात जानते थे।

गुरुजी बोले, ''आश्रम में तुम्हारी दुःखदायी अवस्था मुझसे छिपी नहीं है, परंतु चिंता मत करो। सब अनुकूल होता जाएगा। यदि लौटना चाहो तो बहुत कुछ बदला हुआ पाओगे। इसके अतिरिक्त तुम घर लौटने का भी निश्चय कर सकते हो।''

गुरुदेव ने उनके सामने जो दो विकल्प रखे, उन्हें सुनकर मुकुंद निराश हो गए। वे न तो आश्रम में रहना चाहते थे और न ही कोलकाता लौटने की कोई इच्छा शेष थी। वे तो अपने गुरुदेव के चरणों में धूनी रमाने के अतिरिक्त कुछ सोच ही नहीं पा रहे थे।

वे व्यथित हो गए।

''गुरुदेव मेरी ऐसी कठिन परीक्षा न लें। मैं किसी भी दशा में अपने घर नहीं लौटना चाहता। आपके आदेश पर आपके साथ कहीं भी चलने को प्रस्तुत हूँ। भले ही मुझे कोई सुख-सुविधा न मिले, भले ही मुझे भूखा क्यों न रहना पड़े। कहने का तात्पर्य यह है कि मैं हर प्रकार का संकट सहने को सहर्ष तैयार हूँ।'' उनके नेत्रों से अश्रुओं की धारा उमड़ पड़ी।

गुरुदेव मेरी ऐसी कठिन परीक्षा न लें। मैं किसी भी दशा में अपने घर नहीं लौटना चाहता। आपके आदेश पर आपके साथ कहीं भी चलने को प्रस्तुत हूँ। भले ही मुझे कोई सुख-सुविधा न मिले, भले ही मुझे भूखा क्यों न रहना पड़े। कहने का तात्पर्य यह है कि मैं हर प्रकार का संकट सहने को सहर्ष तैयार हूँ।

कोलकाता लौटने पर अपने संबंधियों से जो ताने सुनने होंगे, वे तीखे व्यंग्य-बाणों की तरह उनकी छाती को भेदने लगे। अनंत ने कहा था, 'इस पक्षी को आध्यात्मिक आकाश में उड़ लेने दो। बहुत शीघ्र हम इसे पंख समेटकर, अपने ही घर के प्रांगण में सुस्ताता हुआ देखेंगे।'

मुकुंद के लिए तो यह कल्पना भी पीड़ादायी थी कि परिवार के दूसरे

लोग किन बातों से उनका स्वागत करेंगे।

''गुरुदेव, कृपया अपना नाम व पता बताएँ। मैं अब आपके ही आश्रय में रहना चाहता हूँ।''

''मैं स्वामी श्री युक्तेश्वर गिरि हूँ। मेरा मुख्य आश्रम श्रीरामपुर में रायघाट लेन में है। यहाँ तो मैं अपनी माँ से भेंट करने आया था। कुछ ही समय में वापस जाना है। तुम भी चले जाओ। चार सप्ताह बाद मैं तुमसे अपने आश्रम में मिलूँगा।''

मैं स्वामी श्री युक्तेश्वर गिरि हूँ। मेरा मुख्य आश्रम श्रीरामपुर में रायघाट लेन में है। यहाँ तो मैं अपनी माँ से भेंट करने आया था। कुछ ही समय में वापस जाना है। तुम भी चले जाओ। चार सप्ताह बाद मैं तुमसे अपने आश्रम में मिलूँगा।

मुकुंद तो सुनकर चकित रह गए। वे जिस गुरु की तलाश में इतनी दूर आए हुए थे, वे तो उनके निवासस्थान से मात्र 12 मील की दूरी पर रहते हैं। यह ईश्वर की कैसी विचित्र लीला है। श्रीरामपुर अनेक बार जाने पर भी गुरुदेव से कभी भेंट न हो सकी।

''वत्स, यह ईश्वरीय इच्छा है। जब जो कार्य, जिस समय पर होना नियत होता है, उसी समय पर ही होता है। तुम्हें अभी अपने आश्रम और आगे जाकर अपने घर लौटना है। फिर हमारी भेंट होगी।''

'नहीं, मैं अब आपसे दूर नहीं रह सकता।' मुकुंद के ये शब्द मुख में ही रह गए।

गुरु तो सब जानते थे। मुसकराकर बोले, ''अपने इष्ट-मित्रों के व्यंग्य बाणों की परवाह न करो। तुम्हें कोई कुछ न कहेगा। तुम उनकी अनिच्छा से यहाँ आए थे, परंतु तुम्हारे जाने पर वे उपहास करने की बजाय तुम्हें स्नेह से ही अपनाएँगे।''

''मैं नहीं जाना चाहता।''

''तुम्हें जाना ही होगा।''

''कदापि नहीं।''

"तुम तीस दिन के भीतर लौट जाओगे।"

गुरु से प्रथम भेंट में ही वाद-विवाद!

उनके मुख पर हल्के से रोष के चिह्न दिखाई दिए। मुकुंद ने उन्हें प्रणाम किया और आश्रम से बाहर आ गए। जब वे आश्रम की ओर लौट रहे थे तो उनका मन नाना आशंकाओं से घिरा था। निश्चित रूप से इस भेंट का अंत अप्रिय रहा था।

अगले ही दिन से आश्रम का प्रवास और भी कष्टकर हो गया। आश्रमवासियों ने खुले शब्दों में उनकी कटु आलोचना आरंभ कर दी। मुकुंद के पिता जो धनराशि भेजते थे, उसे स्वामी दयानंद के आग्रह पर बंद कर दिया गया था और आश्रम के लोगों को लगता था मुकुंद आश्रम की सुख-सुविधा का निःशुल्क लाभ लेनेवाला परजीवी है। नित टीका-टिप्पणी के नए-नए अवसर खोज निकाले जाते। उनके द्वेष के कारण मुकुंद का जीना दूभर हो गया।

अगले ही दिन से आश्रम का प्रवास और भी कष्टकर हो गया। आश्रमवासियों ने खुले शब्दों में उनकी कटु आलोचना आरंभ कर दी। मुकुंद के पिता जो धनराशि भेजते थे, उसे स्वामी दयानंद के आग्रह पर बंद कर दिया गया था और आश्रम के लोगों को लगता था मुकुंद आश्रम की सुख-सुविधा का निःशुल्क लाभ लेनेवाला परजीवी है।

क्या उनके गुरुदेव का कहा ही सत्य होने जा रहा था। वे उस स्थान को त्यागना नहीं चाहते थे, क्योंकि वह घर नहीं लौटना चाहते थे, परंतु परिस्थितियाँ इतनी विकट होती जा रही थीं कि उन्हें उस स्थान को त्यागने का निर्णय लेना ही पड़ा। उन्होंने वहाँ अपने एकमात्र मित्र जितेंद्र से भेंट की और उसके आगे अपनी मनोव्यथा प्रकट की।

"प्रिय मित्र, अब यह स्थान रहने योग्य नहीं रहा। आश्रमवासी मुझ पर निराधार आरोप लगाते हैं कि मैं परजीवी हूँ। मैं यहाँ ध्यानयोग सीखने आया था, किंतु उनमें से कोई भी इसमें रुचि नहीं लेता और किसी दूसरे को लेने

भी नहीं देता। इस समय गुरुजी आश्रम में नहीं हैं। जब वे आएँ तो मेरी ओर से उनसे क्षमायाचना कर लेना। यहाँ एक-एक क्षण काटना भारी हो रहा है। मुझे अपने गुरु के पास श्रीरामपुर जाना है। तुम उन्हें मेरा यह संदेश दे देना।''

''मित्र, मेरे साथ भी यही हो रहा है। जब मैं ध्यान करने बैठता हूँ तो वे लोग बहुत ही प्रतिकूल प्रतिक्रिया प्रकट करते हैं। मैं भी यहाँ नहीं रहना चाहता।'' जितेंद्र ने कहा।

''तो तुम मेरे साथ ही क्यों नहीं चलते? हो सकता है कि तुम्हें भी अपनी सभी समस्याओं का हल मिल जाए।'' मुकुंद ने कहा।

''मित्र, तुम्हारा विचार तो अति उत्तम है। आज ही चले चलते हैं।''

वे दोनों आश्रम से निकले और आगरा आ गए। मुकुंद के बड़े भाई अनंत उन्हीं दिनों कोलकाता से स्थानांतरित होकर आगरा आए थे। वे सरकारी लोक निर्माण विभाग में कार्यरत थे। अपने भाई को मित्र सहित लौटा देख उन्होंने पुनः अपने प्रवचनों का कटु प्याला उनके आगे रख दिया—''मुकुंद, इस संसार में पैसा भी कमाना होता है।''

''भइया, पैसा ही सबकुछ नहीं होता। पहले प्रभु और फिर लक्ष्मी…''

''मित्र, मेरे साथ भी यही हो रहा है। जब मैं ध्यान करने बैठता हूँ तो वे लोग बहुत ही प्रतिकूल प्रतिक्रिया प्रकट करते हैं। मैं भी यहाँ नहीं रहना चाहता।'' जितेंद्र ने कहा।

''तो तुम मेरे साथ ही क्यों नहीं चलते? हो सकता है कि तुम्हें भी अपनी सभी समस्याओं का हल मिल जाए।'' मुकुंद ने कहा।

''तुम किसके पैसे से यह सब मौज लेते आए हो। पिताजी ही तो आज तक तुम्हारा भरण-पोषण करते आए हैं। अगर कल वे तुम्हारी इन्हीं अवांछित गतिविधियों से तंग आकर तुम्हें अपने उत्तराधिकार से वंचित कर दें तो तुम्हारा क्या हश्र होगा?''

''भइया, जो यह जीवन देता है, वही पालन भी करता है। मुझे तो अपना उत्तराधिकार उस परमपिता परमात्मा से लेना है। इस संसार में धन इतना

अधिक महत्त्व नहीं रखता।''

''उस आश्रम में बहुत कुछ सीख लिया है। वैसे उसे छोड़कर क्यों आए हो?''

''बनारस में मेरा जाना व्यर्थ नहीं रहा। वहाँ मेरी भेंट अपने गुरुदेव से हो चुकी है। अब मैं उनके पास ही जाना चाहता हूँ।''

''तो यह विचार पक्का है?''

अनंत के चेहरे पर गांभीर्य के लक्षण थे। वे किसी भी कीमत पर अपने भाई को इस दिशा से विमुख करना चाहते थे; बोले, ''आज मैं तुम्हारे सामने एक प्रस्ताव रखता हूँ। तुम्हें बहुत अभिमान है कि ईश्वर ही सबका पेट भरते हैं। क्या यह कपोल-कल्पना है या इसे कभी आजमाकर भी देखा है?''
''नहीं, कभी आजमाने का अवसर नहीं मिला। वैसे भी स्वयं-सिद्ध सत्य को क्या आजमाना?''

''जी, पहले हम ताजमहल देखने जाएँगे और फिर नए गुरु से भेंट के लिए हम श्रीरामपुर प्रस्थान करेंगे।''

''अच्छा, संन्यासी बनने का भूत अभी उतरा नहीं?''

''यह कोई भूत नहीं, यह मेरे जीवन का लक्ष्य है।''

अनंत के चेहरे पर गांभीर्य के लक्षण थे। वे किसी भी कीमत पर अपने भाई को इस दिशा से विमुख करना चाहते थे; बोले, ''आज मैं तुम्हारे सामने एक प्रस्ताव रखता हूँ। तुम्हें बहुत अभिमान है कि ईश्वर ही सबका पेट भरते हैं। क्या यह कपोल-कल्पना है या इसे कभी आजमाकर भी देखा है?''

''नहीं, कभी आजमाने का अवसर नहीं मिला। वैसे भी स्वयं-सिद्ध सत्य को क्या आजमाना?''

''मैं चाहता हूँ कि तुम वृंदावन घूमने जाओ, किंतु शर्त यही होगी कि तुम्हें खाली हाथ जाना होगा। तुम्हारी जेब में कानी कौड़ी तक नहीं होगी। तुम किसी से भी अन्न अथवा धन की भिक्षा नहीं माँगोगे और न ही किसी को

अपनी वास्तविक परिस्थिति से अवगत कराओगे। यदि आज रात ग्यारह बजे तक तुम इन सभी शर्तों को पूरा करते हुए मेरे पास लौट आए तो मैं अपनी पराजय स्वीकार कर लूँगा।''

मुकुंद व उनके मित्र ने चुनौती स्वीकार कर ली। उनके मित्र के हृदय में भय व्याप्त हो गया। उसने अनंत से कहा कि वह उन्हें आपद्काल के लिए थोड़ी धनराशि दे दें, किंतु मुकुंद ने स्पष्ट शब्दों में कहा कि इस अनंत की चुनौती को इसी रूप में स्वीकार करेंगे, क्योंकि उन्हें अपनी धारणा पर दृढविश्वास है।

ऐसा नहीं कि उनके भाई अनंत निष्ठुर थे और दो किशोरों को अकेले, बिना किसी साधन के वृंदावन भेजने में उन्हें कोई संकोच नहीं था। वे बोले, ''मुकुंद, यदि तुम वृंदावन परीक्षा में सफल रहे तो मैं तुमसे निवेदन करूँगा कि तुम मुझे अपना शिष्य बनाकर दीक्षा दो।''

मुकुंद व उनके मित्र ने चुनौती स्वीकार कर ली। उनके मित्र के हृदय में भय व्याप्त हो गया। उसने अनंत से कहा कि वह उन्हें आपद्काल के लिए थोड़ी धनराशि दे दें, किंतु मुकुंद ने स्पष्ट शब्दों में कहा कि इस अनंत की चुनौती को इसी रूप में स्वीकार करेंगे, क्योंकि उन्हें अपनी धारणा पर दृढविश्वास है।

बड़ी विचित्र सी परिस्थिति थी। आज तक मुकुंद को उनके पथ से विचलित करनेवाले अनंत ने भी कह दिया था कि वे इस प्रसंग के बाद अपना मंतव्य बदल देंगे।

राह में मुकुंद के मित्र को बहुत भय हो रहा था, परंतु उनके मन में तो इस बात के लिए हर्ष हो रहा था कि वे कृष्ण की पावन लीलास्थली देखने जा रहे हैं।

गाड़ी में दो अनजान लोगों ने उनसे पूछा कि क्या वे घर से भागकर आए हैं। मुकुंद एवं उनके मित्र ने सामान्य बातचीत के बाद अपना ध्यान दूसरी ओर किया, किंतु ज्यों ही गाड़ी स्टेशन पर ठहरी, उन सहयात्रियों ने दोनों से

साथ चलने का निवेदन किया। वे दोनों किशोरों को घोड़ागाड़ी में बिठाकर एक आश्रम में ले गए। वहाँ की गौरी माँ ने दोनों बिन बुलाए अतिथियों का स्वागत किया। उस दिन आश्रम के संस्थापक राजकुमारों का आना तय था। वे लोग नहीं आए, किंतु प्रबंध तो हो ही चुके थे, इसलिए दोनों किशोरों ने उस दिन साधारण भोजन नहीं, पकवानों का भोजन किया। यह प्रभु की ही लीला थी, जिसने बिन माँगे उनके लिए स्वादिष्ट अन्न का प्रबंध किया था।

अनंत दा की शर्त के कारण वे दोनों उस स्नेहमयी महिला को अपना वास्तविक परिचय तो नहीं दे सके, परंतु उन्हें हृदय से धन्यवाद दिया। जब वे बाहर आए तो उनके मित्र को संशय था कि अब वे मंदिरों के दर्शन कैसे कर सकेंगे, क्योंकि जेब तो खाली थी। मुकुंद हँस दिए, ''निर्मोही, इतना सुस्वादु भोजन करने के बाद भी तुझे अपने प्रभु पर संदेह है। अब तक उन्होंने प्रबंध किया है। आगे की व्यवस्था भी वही देखेंगे।''

मुकुंद के इतना कहते ही एक विचित्र घटना घटी। एक युवक आकर उनके पैरों में लोट गया और बोला, ''गुरुदेव! मैं धन्य हो गया। आप प्राय: मेरे स्वप्न में आते थे। आज मुझे आपके सशरीर दर्शन हो गए। आप मेरे अतिथि बनें। मैं कृत-कृत्य हो जाऊँगा।''

अनंत दा की शर्त के कारण वे दोनों उस स्नेहमयी महिला को अपना वास्तविक परिचय तो नहीं दे सके, परंतु उन्हें हृदय से धन्यवाद दिया। जब वे बाहर आए तो उनके मित्र को संशय था कि अब वे मंदिरों के दर्शन कैसे कर सकेंगे, क्योंकि जेब तो खाली थी। मुकुंद हँस दिए, ''निर्मोही, इतना सुस्वादु भोजन करने के बाद भी तुझे अपने प्रभु पर संदेह है। अब तक उन्होंने प्रबंध किया है। आगे की व्यवस्था भी वही देखेंगे।''

जितेंद्र अवाक् था। अनजाने नगर में मुकुंद का कोई शिष्य कहाँ से आया। मुकुंद उसी सहज स्मित से खड़े रहे। वे भी जानते थे कि वह युवक उनका शिष्य है। उन्होंने उसे बताया कि वे आगरा में अपने भाई के अतिथि हैं। उस

युवक ने आग्रह किया कि आप लोग मेरे साथ वृंदावन के दर्शन करें, ताकि उसे अपने गुरु के साथ कुछ समय बिताने का अवसर मिल सके।

उन तीनों ने घोड़ागाड़ी में बैठकर मंदिरों के दर्शन किए। रात को स्टेशन पर वह युवक उनके लिए टिकट भी लाया और साग्रह कुछ धन भी दिया।

उस रात मुकुंद ने अपने नए शिष्य को क्रियायोग की दीक्षा दी। उनके शिष्य ने स्टेशन के एकांत कोने में यह साधना सीखी। उसने श्रद्धावश उन्हें प्रणाम किया और घर लौट गया। जितेंद्र के पास तो कुछ कहने के लिए शब्द ही नहीं थे। आज उसने अपने मित्र का यह नया ही रूप देखा था।

रात को वे अनंतदा के पास पहुँचे तो उन्हें सारी कथा सुनाई। अनंत को लगा कि वे गप्प मारे रहे हैं, तो मुकुंद ने अपने शिष्य के दिए नोट उनके सामने रख दिए। जितेंद्र ने प्रत्येक बात की पुष्टि की।

उस रात गुरु मुकुंद ने दो-दो शिष्यों को दीक्षा देने का उत्तरदायित्व स्वीकारा। उनके भाई अनंत ने उनसे दीक्षा ली। मुकुंद बोले, ''भले ही मैं अभी स्वयं भी पूर्णतया दक्ष नहीं हूँ, परंतु आपको सिखा सकता हूँ।''

उस रात मुकुंद ने अपने नए शिष्य को क्रियायोग की दीक्षा दी। उनके शिष्य ने स्टेशन के एकांत कोने में यह साधना सीखी। उसने श्रद्धावश उन्हें प्रणाम किया और घर लौट गया। जितेंद्र के पास तो कुछ कहने के लिए शब्द ही नहीं थे। आज उसने अपने मित्र का यह नया ही रूप देखा था।

अगले दिन प्रात:काल जलपान करते हुए वहाँ का परिवेश ही निराला था। अब अनंत अपने भाई को उसके पथ से विचलित करने की चेष्टा करनेवाले कठोर हृदय भाई नहीं, अपितु गुरु मुकुंद के स्नेही शिष्य थे।

अस्थिर चित्त जितेंद्र को आगरा देखने की प्रबल इच्छा थी। श्रीरामपुर जाने से पहले मुकुंद अपने मित्र की इच्छा का मान रखने के लिए ताजमहल देखने गए। यद्यपि गुरुजी से भेंट की इतनी उत्कंठा थी कि वहाँ उनका मन ही नहीं रमा। उनके मन का पंछी तो श्रीरामपुर जाने के लिए पंख फड़फड़ा रहा था।

वे अपने भाई से विदा लेकर श्रीरामपुर के लिए रवाना हुए। जितेंद्र के मन से वैराग्य का लोप हो गया था। अचानक ही सांसारिक सुखों के प्रति आसक्ति ने ऐसा घेरा कि वह सब भूल गया। वह मुकुंद से बोला, ''तुम अभी अपने गुरुदेव के पास जाओ। मेरे पास जब समय होगा, तब मिलने आऊँगा।''

मुकुंद उसे देखकर मुसकराकर रह गए। वे तो मन-ही-मन जानते थे कि यह मार्ग जितेंद्र के लिए नहीं था। केवल कुछ नया पाने या देखने की अभिलाषा ही ईश-दर्शनों के लिए सहाय नहीं होती। इस पथ पर जाने के लिए तो प्रत्येक सुख-सुविधा का त्याग करना होता है।

□

गुरु का पावन आश्रम

"आ गए तुम ?" गुरुजी ने बड़े ही भावशून्य स्वर में कहा।

"जी गुरुदेव, मैं आपकी आज्ञा का अनुसरण करने के लिए प्रस्तुत हूँ।" मुकुंद उनके चरणस्पर्श कर बोले।

"परंतु तुम तो आना नहीं चाहते थे।"

"नहीं, अब मैं सदा आपकी आज्ञा का पालन करूँगा।"

"नहीं, तुम तो मेरे आदेश की अवहेलना करते हो। तुम मेरे शिष्य कैसे बनोगे ?"

"गुरुदेव, आज के बाद आपकी इच्छा मेरे लिए धर्म के समान होगी।"

"तब ठीक है। मैं तुम्हारे जीवन का उत्तरदायित्व लेने के लिए प्रस्तुत हूँ।"

"मैं भी स्वेच्छा से इस जीवन का भार आपको देता हूँ।"

"तो मेरा पहला अनुरोध, अपने परिवार के पास वापस जाओ और किसी कॉलेज में दाखिला लेकर आगे की शिक्षा ग्रहण करो।"

"गुरुदेव!"

"कहो।"

मुकुंद आगे की पढ़ाई के प्रति अनिच्छा प्रकट करना चाहते थे, परंतु अभी-अभी तो गुरु को वचन दिया था कि उनकी कही हर बात का मान करेंगे। उन्हें वे पुस्तकें भार की तरह लगती थीं। वे आगे पढ़ना ही नहीं चाहते थे। वे चाहते थे कि अपने गुरु के आश्रम में ही बने रहें और उन्हें अपनी सेवा दें।

पुस्तकीय ज्ञान के प्रति उनकी अनिच्छा को भाँपकर गुरुदेव बोले, "मुकुंद, तुम्हें वह नहीं दिखता, जो मैं देख सकता हूँ। आगे चलकर तुम्हें पाश्चात्य जगत् में जाना है। वहाँ के निवासियों को प्राचीन ज्ञान की शिक्षा देनी होगी। उस समय यह ज्ञान ही तुम्हारे काम आएगा।"

'पाश्चात्य जगत् और ज्ञान का प्रचार...' मुकुंद को कुछ समझ नहीं आया। भला इन बातों से उनकी शिक्षा का क्या लेना-देना, किंतु गुरु से तर्क-वितर्क का परिणाम वे देख चुके थे, अत: कोई आपत्ति प्रकट नहीं की।

"तुम कोलकाता में रहो। जब भी समय मिले, यहाँ आ जाया करना।"
"यदि संभव हो तो मैं प्रतिदिन आना चाहता हूँ। आज से मेरे जीवन के अच्छे-बुरे का सारा भार आप पर रहा। केवल शर्त यही है कि आप मुझे प्रभु से साक्षात्कार करवा देंगे।"
"मुकुंद, यह संभव नहीं है।"
"गुरुदेव! यदि आप चाहें तो सब हो सकता है।"

"तुम कोलकाता में रहो। जब भी समय मिले, यहाँ आ जाया करना।"

"यदि संभव हो तो मैं प्रतिदिन आना चाहता हूँ। आज से मेरे जीवन के अच्छे-बुरे का सारा भार आप पर रहा। केवल शर्त यही है कि आप मुझे प्रभु से साक्षात्कार करवा देंगे।"

"मुकुंद, यह संभव नहीं है।"

"गुरुदेव! यदि आप चाहें तो सब हो सकता है।"

"वत्स, केवल गुरु के चाहने से कुछ नहीं होता। शिष्य की पात्रता भी ऐसी होनी चाहिए कि वह उस ज्ञान को प्राप्त कर सके।"

"यदि शिष्य भी बहुत उत्सुकता से यह ज्ञान पाना चाहे।"

"तो भी बाधा आ सकती है।"

"कैसी बाधा?"

"हो सकता है कि उसकी व्यक्तिगत सामर्थ्य ही इतनी न हो। वह पूर्ण प्रयास ही न करे।"

"गुरुदेव, मेरे प्रयास में कोई कमी न होगी।"

"वत्स, यह कार्य इतना सरल नहीं है।"

"यदि आप चाहें तो कठिन भी नहीं है। आप मुझे बातों के जाल में न उलझाएँ। मैं आपसे वचन लेकर ही यहाँ से जाऊँगा।"

"मेरा शिष्य बहुत हठीला है।"

"यदि अब आप यह जानते हैं तो उसके हठ को पूरा भी कर दीजिए।"

"ठीक है। तुम्हारी इच्छा ही मेरी इच्छा है।"

सद्गुरु के चरणों में चिरंतन आश्रय पाने के बाद मुकुंद के हर्ष की सीमा न रही। वे गुरुदेव के साथ आश्रम के भीतर का परिवेश देखने गए, तो अचानक ही एक चित्र के आगे जाकर चौंक गए। यह कैसा दैवीय संयोग था। वहाँ चमेली के हार से सुसज्जित लाहिड़ी महाशय का चित्र दिखाई दिया।

सद्गुरु के चरणों में चिरंतन आश्रय पाने के बाद मुकुंद के हर्ष की सीमा न रही। वे गुरुदेव के साथ आश्रम के भीतर का परिवेश देखने गए, तो अचानक ही एक चित्र के आगे जाकर चौंक गए। यह कैसा दैवीय संयोग था। वहाँ चमेली के हार से सुसज्जित लाहिड़ी महाशय का चित्र दिखाई दिया।

उनके मुख के विस्मित भावों को देख गुरुदेव बोले, "ये मेरे ईश्वरतुल्य गुरुदेव हैं!"

मुकुंद मन-ही-मन मुदित हो गए। यही चित्र तो मुझे बाल्यकाल से ही आध्यात्मिकता की प्रेरणा देता आया है। मानो वह एक डोर थी, जिसका एक सिरा सुदूर बाल्यकाल से कहीं बँधा था। आज वे उसी डोर के सहारे अपने जीवन के चरम लक्ष्य, अपने गुरुदेव तक आ गए थे। आश्रम की सुव्यवस्था देखते ही बनती थी। वह सादा, स्वच्छ तथा उपयोगी था। वह भारी-भरकम खंभों से युक्त एक प्राचीन आश्रम था, किंतु उसके कण-कण से आध्यात्मिकता की दिव्य तरंगें प्रवाहित हो रही थीं। मुकुंद ने चित्र में दिख रहे योगी को प्रणाम किया। अपने गुरुदेव को क्या बताते, वे तो पहले से ही इस विषय में सब जानते थे। वे सब एक ही दैवी

शृंखला के अंश थे, जो मुकुंद को भी अपने हार में पिरो लेने को उत्सुक थे।

मुकुंद को आश्रम में भोजन परोसा गया और फिर वे अपने गुरुदेव के समीप जा बैठे। उन्होंने निवेदन किया, "गुरुदेव, मैं आपके जीवन-वृत्तांत को जानने का इच्छुक हूँ, क्या आप मुझे इस विषय में जानने के योग्य मानते हैं?"

गुरुदेव ने उन्हें बताया, "मेरा नाम प्रियनाथ कड़ार था। मेरा जन्म श्रीरामपुर में ही हुआ। पिताजी एक धनी व्यापारी थे। यह आश्रम ही पहले हमारा पैतृक घर हुआ करता था। पिताजी इसे मेरे नाम कर गए। मैं चाहकर भी पाठशाला की पूरी औपचारिक शिक्षा नहीं ले सका, इसलिए मेरा अपने शिष्यों से इस विषय में विशेष आग्रह रहता है।

"मैंने अपनी युवावस्था में विवाह किया तथा गृहस्थ धर्म का पालने करते हुए कई वर्ष बिताए। अब मेरी पुत्री का विवाह हो गया है। मेरे प्रौढ़ जीवन को लाहिड़ी महाशय का आशीर्वाद मिला और मैं इस जीवनचर्या में आ गया। पत्नी की मृत्यु के बाद मैंने स्वामी परंपरा के अंतर्गत संन्यास भी ले लिया। मुझे श्रीयुक्तेश्वर गिरि नाम दिया गया। गिरि प्राचीन दशनामी परंपरा की एक पदवी होती है।"

मैंने अपनी युवावस्था में विवाह किया तथा गृहस्थ धर्म का पालने करते हुए कई वर्ष बिताए। अब मेरी पुत्री का विवाह हो गया है। मेरे प्रौढ़ जीवन को लाहिड़ी महाशय का आशीर्वाद मिला और मैं इस जीवनचर्या में आ गया। पत्नी की मृत्यु के बाद मैंने स्वामी परंपरा के अंतर्गत संन्यास भी ले लिया। मुझे श्रीयुक्तेश्वर गिरि नाम दिया गया। गिरि प्राचीन दशनामी परंपरा की एक पदवी होती है।

उस रात मुकुंद घर नहीं गए। गुरुदेव के आश्रम के पावन वातावरण ने उनका मन मोह लिया था। वे देर रात तक गुरु के बाल्यकाल की सुखद स्मृतियों में खोए रहे। गुरुदेव को भी उनके साथ अपनी स्मृतियाँ बाँटने में विशेष आनंद की अनुभूति हो रही थी।

उस रात बातों-ही-बातों में गुरुदेव ने पुनः उच्च शिक्षा प्राप्त करने की

बात चलाई, संभवत: वे मुकुंद के हृदय में पड़ी गाँठ को खोल देना चाहते थे। उन्होंने बताया कि भारत देश की महान् संस्कृति व सभ्यता का प्रचार विदेशों में करने के लिए उच्च शिक्षा कितना महत्त्व रखती है। जब तक हम पाश्चात्य जगत् को अपने देश के बारे में बताएँगे नहीं, तब तक उन्हें इस बारे में कैसे पता चलेगा। यह कार्य करने के लिए उनके बीच ही जाना होगा और उन्हें उनकी ही भाषा में ज्ञान देना होगा। निश्चित रूप से गुरु की ये बातें उनके लिए किसी प्रहेलिका से कम न थीं, परंतु उन्हें इतना विश्वास तो हो ही गया था कि गुरुदेव का वचन कभी मिथ्या नहीं हो सकता। वे कभी असार बात कर ही नहीं सकते।

खूब गहरी निद्रा के बाद मुकुंद उठे तो मानो एक नया जीवन उनके लिए प्रतीक्षारत था। उन्हें अपने गुरु की खोज करते-करते वर्षों बीत गए थे। जाने कितने व्यंग्यबाण सहे, न जाने कितने कष्ट सहे, परंतु अपनी टेक पर अड़े रहे और आज अपने गुरु के हाथों दीक्षा ग्रहण करने का सुअवसर आ गया था।

खूब गहरी निद्रा के बाद मुकुंद उठे तो मानो एक नया जीवन उनके लिए प्रतीक्षारत था। उन्हें अपने गुरु की खोज करते-करते वर्षों बीत गए थे। जाने कितने व्यंग्यबाण सहे, न जाने कितने कष्ट सहे, परंतु अपनी टेक पर अड़े रहे और आज अपने गुरु के हाथों दीक्षा ग्रहण करने का सुअवसर आ गया था।

अगली सुबह गुरुदेव ने उन्हें क्रियायोग की दीक्षा दी। यद्यपि वे अपने पिताजी तथा शिक्षक महोदय से इस बारे में ज्ञान ले चुके थे, परंतु गुरु के हाथों इसे ग्रहण करने का आनंद ही कुछ और था। उनके अपने ही शब्दों में, "गुरुदेव के पास रूपांतरण की शक्ति थी। उनके स्पर्शमात्र से एक प्रचंड ज्योति मेरे संपूर्ण अस्तित्व पर छा गई, मानो करोड़ों सूर्य एक साथ उद्दीप्त हो उठे हों। एक अवर्णनीय आनंद की बाढ़ ने मेरे हृदय को अंतरतम तक अभिभूत कर दिया।"

उस दिन सायंकाल जब वे आश्रम से निकले तो एक नया ही मुकुंद अपने घर लौट रहा था। आज से पहले घर लौटते समय मुकुंद के पैरों में एक

तरह की शिथिलता हुआ करती थी। वे जिस वस्तु की खोज में थे, उसके न मिल पाने के कारण कुंठित होकर घर लौटना ही नहीं चाहते थे, परंतु आज मन में पुलक थी कि उन्होंने अपने गुरुदेव को पा लिया है।

यद्यपि घर में संबंधियों की ओर से मिलनेवाले तानों का भय भी था, परंतु जब कोई सबसे शक्तिशाली वस्तु मिल जाती है तो छोटे-मोटे भय यों ही तिरोहित हो जाते हैं। मुकुंद घर गए तो गुरु का कहा ही सत्य सिद्ध हुआ। उन्हें किसी ने भी घर लौटने पर ताना नहीं दिया और सभी सस्नेह मिले। पिता भी रुष्ट नहीं थे। वे यह जानकर अतीव प्रसन्न हुए कि मुकुंद की तलाश अंततः पूरी हुई और वे अपने गुरु के पास आ गए हैं।

यद्यपि घर में संबंधियों की ओर से मिलनेवाले तानों का भय भी था, परंतु जब कोई सबसे शक्तिशाली वस्तु मिल जाती है तो छोटे-मोटे भय यों ही तिरोहित हो जाते हैं। मुकुंद घर गए तो गुरु का कहा ही सत्य सिद्ध हुआ। उन्हें किसी ने भी घर लौटने पर ताना नहीं दिया और सभी सस्नेह मिले। पिता भी रुष्ट नहीं थे।

उनके पिता को अधिक प्रसन्नता इस बात की थी कि उनका पुत्र ईशदर्शन की अभिलाषा के साथ हिमालय की गुहा व कंदराओं में नहीं भटकेगा। वह उनके समीप ही रहेगा, क्योंकि उसके गुरु स्थानीय ही हैं।

जब उन्होंने मुकुंद के गुरु के भी गुरु लाहिड़ी महाशय के बारे में जाना तो अकस्मात् उनके हाथ प्रणाम की मुद्रा में आ गए और वे मन-ही-मन बुदबुदाए, ''मैं जानता था गुरुदेव! जिस प्रकार आपने मुझे अपनी शरण में लिया था, उसी प्रकार मेरा पुत्र भी आपके ही चरणचिह्नों का अनुसरण करेगा। हमारे पूरे परिवार पर अपनी कृपादृष्टि बनाए रखने तथा अपने पुण्य हस्त से हमारी रक्षा करने के लिए कोटि-कोटि धन्यवाद!''

अभी पिताजी के लिए एक और सुखद आश्चर्य प्रतीक्षा में था। मुकुंद ने कहा, ''पिताश्री, मैं अपने गुरुदेव की आज्ञा से आगे की उच्च शिक्षा ग्रहण

करना चाहता हूँ। वे चाहते हैं कि मुझे आगे की पढ़ाई करनी चाहिए। मैं आपसे आग्रह करता हूँ कि किसी कॉलेज में मेरा दाखिला करवा दें। मैं यहीं आपके पास रहकर शिक्षा प्राप्त करूँगा और नियमित रूप से अपने गुरुदेव के आश्रम में आता-जाता रहूँगा।''

''पुत्र, अगर तुम अपनी शिक्षा पूरी करोगे तो मुझे तुम्हारे आश्रम आने-जाने पर भी कोई आपत्ति नहीं होगी। मैं तो इस बात से बहुत आश्वस्त हुआ कि अंततः तुम अपने लक्ष्य तक पहुँच गए। निश्चित रूप से तुम्हारे गुरुदेव कोई महान् आत्मा हैं। जो कार्य हम वर्षों में नहीं कर सके, उन्होंने कुछ ही घंटों में कर दिखाया। उन्होंने तुम्हें विश्वास दिला दिया कि जीवन में उच्च शिक्षा कितना महत्त्व रखती है। मैं कल ही स्कॉटिश चर्च कॉलेज में तुम्हारा दाखिला करवा देता हूँ।''

पुत्र, अगर तुम अपनी शिक्षा पूरी करोगे तो मुझे तुम्हारे आश्रम आने-जाने पर भी कोई आपत्ति नहीं होगी। मैं तो इस बात से बहुत आश्वस्त हुआ कि अंततः तुम अपने लक्ष्य तक पहुँच गए। निश्चित रूप से तुम्हारे गुरुदेव कोई महान् आत्मा हैं। जो कार्य हम वर्षों में नहीं कर सके, उन्होंने कुछ ही घंटों में कर दिखाया।

मुकुंद ने पिता को यह नहीं बताया कि गुरुदेव ने यह बात किस संदर्भ में कही थी। फिर वे अपने कक्ष में गए, जहाँ वे ध्यान का अभ्यास किया करते थे। वहाँ जाकर उनके नेत्र छलछला उठे।

उन्होंने अपने घुटने टेके और दोनों हाथ जोड़कर बोले, ''मेरे प्रिय मित्र कक्ष, मैं तुम्हारे साथ एक शुभ समाचार बाँटना चाहता हूँ। तुम वर्षों से मेरी ध्यान-साधना के साक्षी रहे हो। मैं तुम्हें बताना चाहता हूँ कि मुझे मेरे पूज्य गुरुदेव मिल गए हैं।'' यह कहते ही मुकुंद के नेत्रों से प्रसन्नता की अश्रुधारा प्रवाहित होने लगी।

□

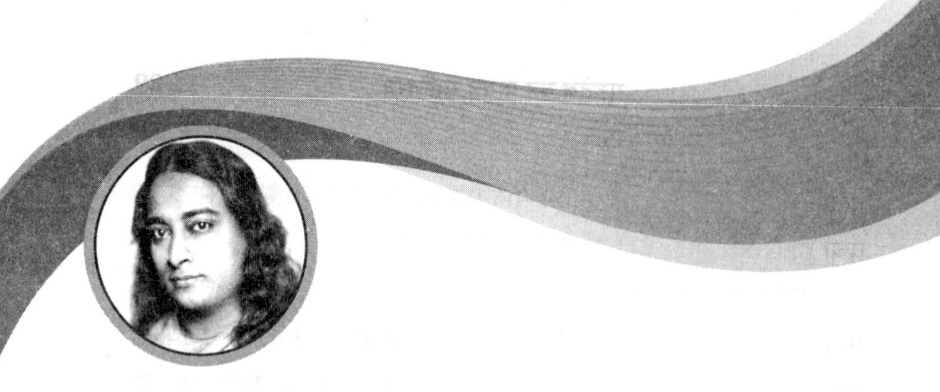

गुरुदेव का पावन सान्निध्य

आश्रम के पावन वातावरण से बँधे वे नित्यप्रति वहीं खिंचे चले जाते। कॉलेज के लिए मन में कोई आकर्षण नहीं था। यह उनके गुरु अच्छी तरह जानते थे, इसलिए उन्होंने कभी इस विषय में पूछताछ नहीं की। आश्रम का सहज-सरल वातावरण मुकुंद को विशेष रूप से प्रिय था। गुरुदेव प्रात:काल शीघ्र ही उठ जाते और फिर गंगा के किनारे एक लंबी सैर पर निकलते। उस समय मुकुंद और अन्य शिष्य भी साथ होते। गुरुदेव संन्यास लेने से पूर्व मछली व अंडा खाते थे, परंतु बाद में बंद कर दिया। इस विषय में वे किसी पर भी कोई रोक लगाना पसंद नहीं करते थे। वे स्वयं शाकाहारी बन गए थे। उनका मत यही था कि हमें अपने शरीर की प्रकृति के अनुसार ही पथ्य का चुनाव करना चाहिए।

मुकुंद के गुरुदेव युक्तेश्वर गिरि का भोजन आश्चर्य का विषय था। वे बहुत कम खाते थे, परंतु इसके बावजूद उनके चेहरे की कांति से अनुमान नहीं लगाया जा सकता था कि उनका भोजन अत्यल्प है। निश्चित रूप से यह उनकी जीवनीशक्ति का ही कमाल था।

उस आश्रम में बाहर के कोलाहल से परे अपना ही एक संसार था। गुरुदेव के दर्शनार्थियों के साथ आयु, धर्म, लिंग, जाति, पद अथवा स्तर के आधार पर कोई भेदभाव नहीं होता था। वे सबकी बातें मनोयोग से सुनते और सारगर्भित शब्दों में उनकी समस्याओं का समाधान करते तथा रात्रि होने पर बालसुलभ सहजता के साथ निद्रामग्न हो जाते। कई बार तो शिष्य पाते

कि गुरुदेव बातें करते-करते खर्राटे लेने लगे हैं, परंतु जब तत्त्वज्ञान की बात चलती थी तो गुरुदेव के लिए दिन-रात एक समान हो जाते। सारी-सारी रात चर्चा होती और प्रातः होते ही वे सैर को निकल पड़ते।

युक्तेश्वर किसी भी प्रकार के चमत्कार में विश्वास नहीं रखते थे। वे साधारण लोगों से उन्हीं के स्तर पर वार्त्तालाप करते और अपनी योग-शक्तियों को अपने तक ही सीमित रखते। अहं तथा आडंबर से परे, सरल भाव से जीवनयापन करनेवाले युक्तेश्वरजी बहुत ही सादगीप्रिय थे और उनका पूरा आश्रम इसी सादगी के रस में सराबोर रहता।

युक्तेश्वर किसी भी प्रकार के चमत्कार में विश्वास नहीं रखते थे। वे साधारण लोगों से उन्हीं के स्तर पर वार्त्तालाप करते और अपनी योग-शक्तियों को अपने तक ही सीमित रखते। अहं तथा आडंबर से परे, सरल भाव से जीवनयापन करनेवाले युक्तेश्वरजी बहुत ही सादगीप्रिय थे और उनका पूरा आश्रम इसी सादगी के रस में सराबोर रहता।

प्रारंभ में मुकुंद बहुत ही कृशकाय थे। उन्हें बाल्यकाल से ही अजीर्ण का रोग था, इसलिए उनका शरीर दुर्बल तथा आँखें अंदर की ओर धँसी थीं। वे चाहते थे कि उनके पास भी एक स्वस्थ व सबल शरीर हो। एक दिन बातों-ही-बातों में गुरुदेव ने उन्हें आशीर्वाद दिया कि वे दो ही सप्ताह में अपना इच्छित वजन पा लेंगे। गुरुदेव का आशीर्वाद फलीभूत हुआ और मुकुंद की कायापलट हो गई। गुरुदेव कहते थे, 'अपने शरीर में रोग को उत्पन्न ही मत होने दो। हम स्वयं ही रोगों को आमंत्रण देते हैं। विचार गुरुत्वाकर्षण शक्ति के समान होते हैं। मानव का मन प्रभु के सर्वशक्तिमान चैतन्य का स्फुलिंग मात्र है। हमारा शक्तिशाली मन जिस भी बात में तीव्र विश्वास रखेगा, वह तत्क्षण घटित होकर रहेगा।''

गुरुदेव की संगति में मुकुंद का समय पंख लगाकर उड़ने लगा। शिष्य अपने जीवन के औपचारिक कार्यों से अवकाश पाते ही आश्रम आ जाता और

गुरुदेव की सेवा में तल्लीन हो जाता। उन्हें अपने गुरु के प्रवचनों में विशेष रस आता था, क्योंकि युक्तेश्वरजी के मुख से निकला एक-एक शब्द परम चैतन्य से परिपूर्ण होता था। ऐसा जान पड़ता था, मानो उनकी प्रज्ञा को वाग्देवी का वरदहस्त प्राप्त हो। जब भी वे उनके चरणस्पर्श करते तो ऐसा प्रतीत होता—पूरा शरीर एक अलौकिक तेज से भर उठा हो। उनका वह स्पर्श मात्र ही आध्यात्मिक लहरें उत्पन्न करने के लिए पर्याप्त था। गुरुदेव उस स्तर तक पहुँच चुके थे, जहाँ जाने के बाद मनुष्य उस सर्वशक्तिमान के साथ पूरी तरह से एकात्म हो जाता है।

मुकुंद बहुत ही मन लगाकर उनकी बातें सुनते थे, परंतु ज्यों ही गुरुदेव को ऐसा लगता कि वे उनकी बातें नहीं सुन रहे या मन-ही-मन कुछ और विचार कर रहे हैं तो वे अपनी वाक्धारा वहीं रोक देते।

एक दिन ऐसा ही हुआ। वे बोलते-बोलते चुप हो गए तो मुकुंद ने प्रतिरोध किया, ''गुरुदेव, मैं तो आपकी ही बात सुन रहा था। आपने बात को बीच में अधूरा क्यों छोड़ दिया?''

एक दिन ऐसा ही हुआ। वे बोलते-बोलते चुप हो गए तो मुकुंद ने प्रतिरोध किया, ''गुरुदेव, मैं तो आपकी ही बात सुन रहा था। आपने बात को बीच में अधूरा क्यों छोड़ दिया?''
''नहीं, तुम मेरी बात नहीं सुन रहे थे।''
''गुरुदेव, मैं आपके मुख से निकले एक-एक शब्द को ज्यों-का-त्यों दुहरा सकता हूँ। आप ऐसा न कहें।''

''नहीं, तुम मेरी बात नहीं सुन रहे थे।''

''गुरुदेव, मैं आपके मुख से निकले एक-एक शब्द को ज्यों-का-त्यों दुहरा सकता हूँ। आप ऐसा न कहें।''

''नहीं मुकुंद घोष, तुम्हारे मन की पृष्ठभूमि में तो तीन-तीन संस्थाओं का निर्माण कार्य चल रहा था। इनमें से एक मैदानी क्षेत्र में होगी, एक पहाड़ के शिखर पर होगी तथा तीसरी किसी सागरतट पर स्थित होगी।''

मुकुंद ने स्वीकार किया कि वह अवचेतन रूप से ऐसा ही विचार कर

रहे थे। वस्तुतः गुरुदेव उनके जीवन का ऐसा अभिन्न अंग बन गए थे कि उनके अवचेतन में चल रहे सूक्ष्म विचारों को भी पकड़ लेते थे।

गुरुदेव ने उन्हें बताया कि उनके लिए अपने शिष्य के अंतर्मन में झाँकना कोई कठिन कार्य नहीं और सामान्यतः ऐसा वे करते भी नहीं। वे किसी के भी मन में चल रहे विचारों को जानना अनधिकार चेष्टा समझते थे, परंतु उस दिन मुकुंद के मन की उस बात को उन्होंने प्रकट किया और कहा कि आगे चलकर उनका वह वास्तु स्वप्न साकार होगा। अवश्य साकार होगा।

गुरुदेव ने उन्हें बताया कि उनके लिए अपने शिष्य के अंतर्मन में झाँकना कोई कठिन कार्य नहीं और सामान्यतः ऐसा वे करते भी नहीं। वे किसी के भी मन में चल रहे विचारों को जानना अनधिकार चेष्टा समझते थे, परंतु उस दिन मुकुंद के मन की उस बात को उन्होंने प्रकट किया और कहा कि आगे चलकर उनका वह वास्तु स्वप्न साकार होगा। अवश्य साकार होगा।

इसके अतिरिक्त उनके द्वारा अपने शिष्य के लिए विदेशगमन की बात भी कही गई थी। वे स्वयं बंगाली, हिंदी, अंग्रेजी, संस्कृत एवं फ्रेंच भाषा बोल लेते थे और अपने आश्रम में सिखाते भी थे, यद्यपि उन्हें उच्च औपचारिक शिक्षा ग्रहण न कर पाने का खेद था। वे चाहते थे कि मुकुंद उनके इस अधूरे काम को पूरा करे और विदेशों में जाकर भारतीय संस्कृति तथा योगविद्या का प्रचार करे।

दरअसल, उस समय मुकुंद के लिए यह बात अधिक महत्त्व नहीं रखती थी, क्योंकि वे अपने गुरुरूपी संगति के परम माधुर्य में मग्न थे और इसके अतिरिक्त जीवन में किसी वस्तु की आवश्यकता ही नहीं थी।

कहते हैं कि गुरु एक कुशल वैद्य की भाँति देह में छिपे प्रत्येक रोग को जड़ से उखाड़ देता है और कई बार इस उन्मूलन के लिए उसे कठोर भी बनना पड़ता है, कटु ओषधि भी देनी होती है, परंतु वह अपने कर्तव्य से पीछे नहीं हटता। मुकुंद के गुरुजी भी ऐसे ही थे। वे बहुत ही अनुशासनप्रिय थे।

वे चाहते थे कि उनके शिष्य पाश्चात्य तथा पूर्वी सभ्यता के सभी गुणों को अंगीकार करें और दोनों सभ्यताओं के साथ जुड़ चुके दोषों एवं अंधविश्वासों को पास भी न फटकने दें।

मुकुंद तो प्रारंभ से ही अपने घर में पिता व भाई के कड़े अनुशासन के बीच पले थे। अनंत दा तो निष्ठुरता की सीमा तक अनुशासनप्रिय थे, परंतु यहाँ की तो परिस्थितियाँ और भी विकट थीं। श्री युक्तेश्वर गिरिजी का अनुशासन उस कोटि से भी अधिक कड़ा था। वे अपने शिष्यों की ओर से होनेवाली छोटी-से-छोटी भूल को भी क्षमा नहीं कर पाते थे। मुकुंद पर उनकी विशेष कृपादृष्टि रहती। पता नहीं क्यों, ऐसा जान पड़ता था मानो अपने इस शिष्य से उन्हें कोई विशेष अपेक्षाएँ थीं और सुवर्ण को प्रत्येक कसौटी पर कसकर खरा बना देना चाहते थे। वे चाहते थे कि उनका वह हीरा जब लोगों के बीच पहुँचे तो अपनी चमक से सबको चमत्कृत कर दे और इसके लिए आवश्यक था कि उसे बहुत ही सुघड़ता के साथ निरंतर तराशा जाए।

मुकुंद तो प्रारंभ से ही अपने घर में पिता व भाई के कड़े अनुशासन के बीच पले थे। अनंत दा तो निष्ठुरता की सीमा तक अनुशासनप्रिय थे, परंतु यहाँ की तो परिस्थितियाँ और भी विकट थीं। श्री युक्तेश्वर गिरिजी का अनुशासन उस कोटि से भी अधिक कड़ा था। वे अपने शिष्यों की ओर से होनेवाली छोटी-से-छोटी भूल को भी क्षमा नहीं कर पाते थे।

तराशे जाने की इसी प्रक्रिया में कई बार मुकुंद उनके कोपभाजन बनते। गुरुजी को उनकी आध्यात्मिक प्रगति से कोई शिकायत न थी। वे प्राय: आम व्यवहार तथा बोलचाल की बातों के लिए प्रताड़ित किया करते। मन का विमुख होना, उदासीनता व शिष्टाचार के नियमों का उल्लंघन जैसे अपराधों के कारण ही शिष्य को प्राय: डाँट खानी पड़ती। गुरुदेव चाहते थे कि मुकुंद प्रत्येक कार्य को एक उच्च उत्तरदायित्व की भावना के साथ पूर्ण करें। भले ही वह खाना पकाने का कार्य हो या फिर

किसी मंडप को सजाने का; दोनों में ही एक सी तल्लीनता तथा सुव्यवस्था के दर्शन होने चाहिए। वे कहते थे कि हम जब तक इस संसार में श्वास ले रहे हैं, तो हमें इसके प्रति अपने कर्तव्यों का निर्वाह करना ही होगा।

परिचितों के बीच गुरु की ओर से मिली फटकार कई बार अहं पर कड़ा वार कर जाती, परंतु गुरु की ओर से शिष्य के मिथ्याभिमान पर वार करने की प्रक्रिया में कभी बाधा नहीं आई। यही कारण था कि मुकुंद महान् परमहंस योगी के पद तक पहुँचे। उनके गुरुदेव कहते थे, "जो निष्कपट होकर शिष्टाचार का पालन नहीं करता तो उसे एक मृत सुंदर नारी के समान ही मानना चाहिए...यदि कोई सभ्यता से रहित स्पष्टवादिता दरशाता है तो वह डॉक्टर की छुरी के समान गुणकारी तो होती है, परंतु अप्रिय जान पड़ती है। यदि हमें किसी से स्पष्ट शब्दों में कुछ कहना है तो उसके साथ सौजन्यता का व्यवहार भी होना चाहिए।"

जो निष्कपट होकर शिष्टाचार का पालन नहीं करता तो उसे एक मृत सुंदर नारी के समान ही मानना चाहिए...यदि कोई सभ्यता से रहित स्पष्टवादिता दरशाता है तो वह डॉक्टर की छुरी के समान गुणकारी तो होती है, परंतु अप्रिय जान पड़ती है। यदि हमें किसी से स्पष्ट शब्दों में कुछ कहना है तो उसके साथ सौजन्यता का व्यवहार भी होना चाहिए।

कहते हैं कि कुछ शब्द सदा के लिए हृदयपटल पर इस प्रकार अंकित हो जाते हैं कि वर्षों बाद भी भुलाए नहीं भूलते।

बाद के वर्षों में जब मुकुंद एक महान् संत के रूप में विदेशों में लोकप्रिय हुए और उनके बीच रहने लगे तो उन्हें प्राय: अपने गुरुदेव की वे पंक्तियाँ स्मरण हो आतीं, "मैं अपने शिष्यों को कठोरता की अग्नि में तपाकर ही शुद्ध करने का प्रयास करता हूँ। यह अग्नि इतनी तप्त होती है कि साधारण व्यक्ति की सहनशक्ति की सीमा से परे होती है। आनेवाले समय में तुम्हें विदेशों में जाना होगा। जहाँ अहं पर निर्दयी प्रहार पसंद नहीं किए जाते हैं। वहाँ के

व्यक्तियों के अनुरूप धैर्य तथा सहनशीलता ग्रहण करना सीखना होगा, उसके बाद ही कोई गुरु भारत के संदेश का प्रचार-प्रसार कर सकता है।''

श्रीरामपुर के आश्रम में अनेक शिष्य आए और गए, परंतु केवल वही शिष्य वहाँ टिक पाते थे, जिन्हें गुरुदेव के इस व्यवहार को सहन करना आ जाए। यह भी बात ध्यान देने योग्य थी कि गुरुदेव उन्हीं शिष्यों के साथ ऐसा व्यवहार करते थे, जिन्होंने अपने सुख-दुःख का सारा भार उन पर सौंप दिया था और जो सच्चे हृदय से आध्यात्मिक पथ पर आगे जाना चाहते थे।

गुरुदेव अपने ऐसे शिष्यों को वे सभी प्रवचन दिया करते, जो उनके आगामी जीवन में सहायक हो सकते थे। जो शिष्य मायाजनित कामवासना से बचना चाहते थे, उनके लिए गुरुदेव का उपदेश था, ''जिस प्रकार भूख का एक यथार्थ उद्देश्य है, परंतु लोलुपता का नहीं, उसी प्रकार कामप्रवृत्ति को भी प्रकृति ने केवल प्रजाति प्रवर्तन के लिए बनाया है, इसे अतृप्त वासनाओं की पूर्ति के लिए नहीं बनाया गया।···यदि प्रलोभन निष्ठुरतापूर्वक तुम पर आक्रमण करे तो साक्षी भाव से उसका विश्लेषण करो तथा अदम्य इच्छाशक्ति से उस पर विजय प्राप्त करो। हम प्रत्येक प्राकृतिक वासना पर विजय पा सकते हैं।

''···अपनी शक्तियों को बचाकर रखो। विशाल समुद्र के समान बनो। जिसमें इंद्रियों की सभी नदियाँ चुपचाप विलीन होती जाएँ। प्रतिदिन नई शक्ति के साथ सामने आनेवाली वासनाएँ, न केवल तुम्हारी आंतरिक शक्ति को सोखेंगी बल्कि ये जलाशयों में बने छिद्रों के समान हैं, जो प्राणमूलक जल को विषयासक्ति के रेगिस्तान में नष्ट होने के लिए बहा देते हैं।''

□

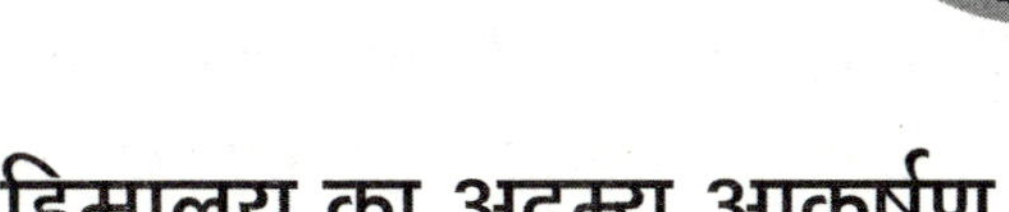

हिमालय का अदम्य आकर्षण

आश्रम का जीवन सरस था। मुकुंद को उसमें आनंद आता था। गुरु से अनेक विषयों की सारगर्भित जानकारी मिलती थी। वे धीरे-धीरे अपने शिष्यरूपी बालक को ईश्वररूपी विशाल संसार के प्रवेशद्वार की ओर ले जा रहे थे। एक पिता ही जानता है कि नन्हे घुटनों के बल चलनेवाले बालक को किस प्रकार उँगली पकड़कर धीरे-धीरे चलाना होता है। अगर उसे बहुत तेजी से दौड़ाया गया तो वह सदा के लिए अपंग हो सकता है, क्योंकि अभी उसके नन्हे दुर्बल अंगों में इतनी शक्ति नहीं होती है। उसी प्रकार गुरु ही जानते हैं कि उनके शिष्य के लिए किस समय क्या और कितना सही रहेगा।

संभवत: मुकुंद यह जानने में चूक गए। वे अपने गुरु के समक्ष कई बार ईश्वर के साक्षात् दर्शन की इच्छा प्रकट कर चुके थे, किंतु वे इस ओर से पूरी तरह उदासीन थे। अभी आश्रम में आए केवल छह माह ही हुए थे और मुकुंद की व्यग्रता बढ़ती जा रही थी। वे चाहते थे कि हिमालय पर जाकर किसी संत से शिष्यत्व ग्रहण किया जाए, जो उन्हें ईश्वर के दर्शन में सहायता प्रदान कर सके।

इस पर तुर्रा यह कि वे अपने गुरु के समक्ष ही कृतघ्न भाव से जा पहुँचे और बोले, ''गुरुदेव, मुझे सच्चे गुरु की खोज में जाने की आज्ञा दें।''

''ऐसी खोज कब तक करते रहोगे?''

''जब तक मन को शांति तथा नेत्रों को प्रभु के दर्शन करानेवाला कोई गुरु नहीं मिल जाता।''

"क्या यह कार्य हिमालय पर ही संभव है?"

"जी हाँ, वहाँ के वातावरण में यह सहज संभव है।"

इसी प्रकार के वार्त्तालाप के बाद मुकुंद घर लौटे और अपना सामान तैयार कर लिया। उन्हें एक ऐसे संत का पता मिला था, जो सदैव ब्रह्मानंद में लीन रहते थे। सुना था कि उन्होंने एकांत गुहाओं में तपस्या करके ही वह सिद्धि प्राप्त की थी। उन्हें पता चला कि वे रणबाजपुर में रहते थे। मुकुंद सबकुछ भूलकर रणबाजपुर रवाना हो गए।

पहली ही बार में किसी ने उन्हें विपरीत रास्ता बता दिया और वे प्रत्येक कदम के साथ उस गाँव से दूर होते चले गए। जब उन्हें अपनी भूल का पता चला, तब तक बहुत दूर निकल आए थे। जाने ईश्वर के मन में क्या था। मुकुंद को इस मार्ग में बहुत सी कठिनाइयों का सामना करना पड़ा।

वे पहले तारकेश्वर पहुँचे, किंतु अपने नए गुरु के संधान का नशा इतना गहरा था कि उन्होंने तारकेश्वर में भी माथा नहीं टेका। वे तो रामगोपाल बाबू नामक संत के दर्शनों के लिए अधीर थे। उनकी अधीरता जितनी अधिक थी, रामगोपाल बाबू उतने ही दूर छिटके जा रहे थे।

पहली ही बार में किसी ने उन्हें विपरीत रास्ता बता दिया और वे प्रत्येक कदम के साथ उस गाँव से दूर होते चले गए। जब उन्हें अपनी भूल का पता चला, तब तक बहुत दूर निकल आए थे। जाने ईश्वर के मन में क्या था। मुकुंद को इस मार्ग में बहुत सी कठिनाइयों का सामना करना पड़ा। वे घंटों चलते रहे, परंतु इच्छित स्थान आने का नाम ही नहीं ले रहा था। एकांतवासी योगी जाने कहाँ छिपे थे कि मिल ही नहीं रहे थे। मुकुंद को एक रात के लिए किसान की झोंपड़ी में आश्रय लेना पड़ा। अगली सुबह फिर से यात्रा आरंभ की और सारी दुपहरी एक मैदान को पैदल पार करने में बीती। जहाँ भूख-प्यास और थकान से जान हलकान हो गई।

अंततः वे रामगोपालजी के यहाँ पहुँचे, तो उन्होंने इस बात पर आपत्ति

प्रकट की कि मुकुंद उनसे अनुमति लिये बिना ही भेंट करने आ गए थे। वे सर्वज्ञानी थे, उन्होंने बातों-ही-बातों में मुकुंद को इस बात के लिए भी डाँटा कि उन्होंने अभिमानवश तारकेश्वर में माथा नहीं टेका था। वे बोले, ''छोटे योगी, मैं देख रहा हूँ कि तुम तो अपने ही गुरु से दूर भागे जा रहे हो। उनके पास वह सबकुछ है, जिसकी तुम्हें आवश्यकता है। तुम्हें उनके पास लौट जाना चाहिए। तुम पर्वतों को अपना गुरु नहीं बना सकते...। जो साधक आध्यात्मिक ज्ञान लाभ के लिए विश्व के अंतिम छोर तक जाने के लिए प्रस्तुत हो, उसके गुरु स्वयं उसके पास ही आ जाते हैं। तुम अपने लिए एक एकांत कक्ष का प्रबंध करो। वही तुम्हारी गुहा बन जाएगा।''

इसके बाद वे मुकुंद को ग्रामीण परिवेश में बने अपने घर ले गए और मिश्री के टुकड़े के साथ शरबत पीने को दिया। उसे पीते ही जैसे मुकुंद की भूख-प्यास शांत हो गई। इसके बाद वे दोनों बरामदे में ही ध्यानस्थ हो गए। करीब चार घंटे बाद वे दोनों उठे। रामगोपाल बाबू ने अपने हाथों से मुकुंद के लिए दाल-भात तैयार किया और अपने अतिथि को भोजन से तृप्त किया।

इसके बाद वे मुकुंद को ग्रामीण परिवेश में बने अपने घर ले गए और मिश्री के टुकड़े के साथ शरबत पीने को दिया। उसे पीते ही जैसे मुकुंद की भूख-प्यास शांत हो गई। इसके बाद वे दोनों बरामदे में ही ध्यानस्थ हो गए। करीब चार घंटे बाद वे दोनों उठे। रामगोपाल बाबू ने अपने हाथों से मुकुंद के लिए दाल-भात तैयार किया और अपने अतिथि को भोजन से तृप्त किया।

जब उन्होंने उनके लिए सोने का बिस्तर लगा दिया तो मुकुंद ने उनसे आग्रह किया कि वे उसे समाधि क्यों नहीं प्रदान करते।

उन्होंने बताया कि अगर वे ऐसा करेंगे तो मुकुंद की देह उसे सहन नहीं कर सकेगी, क्योंकि वह अभी उसके लिए पूरी तरह से तैयार नहीं है और यह कार्य उनके गुरुदेव द्वारा ही संपादित होगा। वे बोले, ''छोटे योगी! इस क्षण तुम्हारा शरीर उसके लिए तैयार नहीं है। यह कार्य तुम्हारे गुरु ही करेंगे।

यदि मैंने तुम्हें अभी समाधि दे दी तो तुम्हें ऐसा लगेगा कि देह की प्रत्येक कोशिका में आग लग गई है। मैं तो एक नगण्य सा व्यक्ति हूँ। मैं तो स्वयं नहीं जानता कि मैं ऐसा करने का अधिकारी हूँ भी या नहीं?"

मुकुंद ने कहा, "आप इतने समय से ध्यान व धारणा का अभ्यास करने के बाद कहते हैं कि इस बारे में अधिकार नहीं रखते, तो हम किस श्रेणी में आते हैं।"

"वत्स, ईश्वर तो अनंतकाल से है। उसे मैं अपने कुछ वर्षों के ध्यान व धारणा से कैसे जान सकता हूँ। यद्यपि यह मृत्यु के भय तथा परलोक की अवस्था के भय से हमारी रक्षा करते हैं, परंतु उस अनंत ईश्वर के पास नहीं पहुँचा पाते।"

मुकुंद उस रात कुटीर में सोए तो वह प्रवास व्यर्थ नहीं गया। उन्हें आँखें बंद करते ही आध्यात्मिक प्रभा किरणों के दर्शन हुए। अगली सुबह जब वे जाने को प्रस्तुत हुए तो रामगोपाल बाबू बोले, "तुम इतनी दूर से आए हो, इसलिए खाली हाथ तो नहीं जाने दूँगा।"

मुकुंद उस रात कुटीर में सोए तो वह प्रवास व्यर्थ नहीं गया। उन्हें आँखें बंद करते ही आध्यात्मिक प्रभा किरणों के दर्शन हुए। अगली सुबह जब वे जाने को प्रस्तुत हुए तो रामगोपाल बाबू बोले, "तुम इतनी दूर से आए हो, इसलिए खाली हाथ तो नहीं जाने दूँगा।"

यह कहकर उन्होंने बड़े ही स्नेह से मुकुंद को देखा और उसी समय मुकुंद की पीठ में बना रहनेवाला दर्द ठीक हो गया, जो कई वर्षों से बीच-बीच में होता रहता था।

उनसे विदा लेकर मुकुंद लौटे तो मन की बहुत सी भ्रांतियाँ मिट गई थीं। इस बार भी तारकेश्वर मंदिर के सामने से निकले, परंतु उस महिमामयी ईश्वर को साष्टांग दंडवत् करना न भूले, जो सबके भीतर विद्यमान है, उस मंदिर की मूर्ति में भी बसा था।

अब देखने योग्य बात यह थी कि हिमालय जाने की इच्छा लेकर घर से निकले मुकुंद ने वापस कोलकाता जाने की गाड़ी पकड़ ली। दरअसल,

उन्हें भान हो गया था कि उनका ईशदर्शन हिमालय के पहाड़ों में नहीं, बल्कि अपने गुरु के चरणों में होगा।

आश्रम में पहुँचते ही मुकुंद की भेंट गुरुजी से हुई। उनके चेहरे पर लज्जा के भाव थे, परंतु गुरुजी तो इतनी सहजता से मिले मानो वे कुछ ही समय के लिए किसी काम से गए थे। गुरुदेव जानते थे कि मुकुंद कहाँ से लौटे थे और क्या इच्छा लेकर गए थे, परंतु उसके बावजूद उनके मन में कोई मलाल न था।

मुकुंद कोई प्रत्युत्तर नहीं दे सके, परंतु आँखों में प्रेमाश्रु उमड़ आए। सांसारिक जीवन में यदि कोई पुत्र अपने पिता से ऐसा व्यवहार करता है तो वे भी उससे कुपित हो जाते हैं, परंतु गुरुदेव के चेहरे पर ऐसा कोई भाव न था, जबकि मुकुंद अच्छी तरह जानते थे कि उनके अचानक जाने से आश्रम में उनके द्वारा किए जानेवाले कार्यों में भारी व्यवधान आया होगा।

यह देखकर मुकुंद से पूछे बिना रहा न गया, ''गुरुदेव! मैं अचानक ही आश्रम के कर्तव्यों की उपेक्षा करके चला गया। क्या आपको मुझ पर क्रोध नहीं आया?''

''नहीं वत्स, मनुष्य को गुस्सा तभी आता है, जब उसकी इच्छा में अवरोध उत्पन्न होता है। मैं कभी किसी से कोई अपेक्षा नहीं रखता, इसलिए उनका कोई भी काम मेरी इच्छा के विपरीत नहीं होता। मैं अपने स्वार्थ के लिए तुम्हारा उपयोग नहीं करता। मैं तो तुम्हारे ही सुख में सुखी हूँ।''

मुकुंद कोई प्रत्युत्तर नहीं दे सके, परंतु आँखों में प्रेमाश्रु उमड़ आए। सांसारिक जीवन में यदि कोई पुत्र अपने पिता से ऐसा व्यवहार करता है तो वे भी उससे कुपित हो जाते हैं, परंतु गुरुदेव के चेहरे पर ऐसा कोई भाव न था, जबकि मुकुंद अच्छी तरह जानते थे कि उनके अचानक जाने से आश्रम में उनके द्वारा किए जानेवाले कार्यों में भारी व्यवधान आया होगा।

इसके बाद भी कई दिन तक मुकुंद के मन में यह अपराध-बोध पनपता

रहा कि वे अपने गुरुदेव का आश्रम त्यागकर क्यों गए? जब स्वयं जानते थे कि उनके समर्थ गुरु जब चाहें उन्हें ईशदर्शन करवा सकते थे, तो उन्होंने प्रतीक्षा क्यों नहीं की।

अब उन्होंने निश्चय कर लिया था कि भले ही कितना भी समय क्यों न लग जाए, इस प्रक्रिया को आरंभ करने के लिए अपनी ओर से कोई चेष्टा या प्रयत्न नहीं करेंगे। वे कभी गुरुदेव से दुराग्रह नहीं करेंगे कि उन्हें ईश्वर के दर्शन करवाएँ। उनके गुरुदेव जब उचित समझेंगे, तब उन पर अपनी कृपादृष्टि करेंगे।

अभी लौटे हुए दो ही दिन बीते थे और मुकुंद के मन की दुविधा मिटी नहीं थी। वे निरंतर इसी बात पर विचार करते रहते कि उन्हें गुरु के आश्रम से जाना चाहिए था या नहीं? यदि वे चले ही गए थे तो क्या उनके लौटने का औचित्य बनता है? क्या गुरुदेव कभी उन्हें अपने हृदय से क्षमा कर सकेंगे? क्या अन्य आश्रमवासी उनके बारे में अनुचित विचार नहीं करेंगे?

वे ज्यों ही कुछ करने बैठते तो यही बातें दिमाग में उथल-पुथल मचाने लगतीं। गुरुदेव युक्तेश्वर गिरिजी से तो कुछ छिपा न था। उन्होंने शिष्य को पास बिठाकर कहा, ''वत्स, प्रत्येक कार्य का एक नियत समय होता है। नियत समय पर वह कार्य अवश्य होगा। उस समय की प्रतीक्षा करनी होगी। यद्यपि अब तुम्हारे पास वह धैर्य है कि तुम वह प्रतीक्षा कर सको, क्योंकि रामगोपाल के पास तुम्हारी यात्रा विफल नहीं रही। तुम वहाँ से खाली हाथ नहीं लौटे। जो बीत गया, उसे भुलाकर आगे की सोचो। तुम्हारी हार्दिक अभिलाषा अवश्य पूरी होगी।''

इस प्रकार गुरुजी के वचनों ने मुकुंद का सारा संताप हर लिया और वे दुगने वेग से अपनी दैनिक चर्या में सक्रिय हो गए।

□

समाधि का दिव्य अनुभव

इसी प्रकार कुछ और दिन बीत गए। मुकुंद ने एक दिन देखा कि गुरुदेव अपने कक्ष में नहीं थे। उन्होंने सोचा कि क्यों न गुरुदेव के कक्ष में ही ध्यान कर लिया जाए। उसी दिन जाने युक्तेश्वर गिरिजी के मन में क्या आया कि उन्होंने अपने शिष्य को समाधि का अनुभव देने का निर्णय ले लिया।

उन्होंने पुकारा, "मुकुंद, कहाँ हो तुम?"

"वत्स मुकुंद…"

"मुकुंद वत्स…"

मुकुंद गुरु के कक्ष में थे और वे सुदूर बालकनी से पुकार रहे थे। हालाँकि मुकुंद पहले ही स्वर में जान गए कि गुरु उन्हें पुकार रहे हैं, परंतु उन्हें इस बात पर रोष हुआ कि गुरुजी ध्यान करने ही नहीं देते। अगर ध्यान ही नहीं होगा तो समाधि तक जाने का द्वार कैसे मिलेगा। जबकि उन्हें यह नहीं पता था कि समाधि लाभ पाने के मोह में जिस स्वर को ठुकरा रहे थे, वही स्वर उन्हें अपने पास समाधि का दिव्य अनुभव देने के लिए बुला रहा है।

वे चुपचाप बिना कोई उत्तर दिए बैठे रहे। जब दूसरी पुकार सुनाई दी तो मन खीझ उठा।

एक क्षण के लिए भी मन को एकाग्र नहीं होने देते। वे जानते हैं कि मेरे जीवन का उद्‌देश्य क्या है, परंतु इसके बावजूद बार-बार मेरे पथ में बाधाएँ डाल देते हैं। पहले तो कहते हैं कि प्रभु पर ध्यान रमाओ और जब मैं ध्यान रमाता हूँ तो एकाग्रता भंग कर देते हैं।

यद्यपि गुरु के प्रति ऐसा विचार अपराध की श्रेणी में आता है, परंतु उस दिन जाने क्यों मुकुंद अपने रोष को वश में नहीं रख सके। गुरु की दूसरी पुकार को भी उपेक्षित किया, तो उनकी तीसरी पुकार में कठोरता का आभास हुआ और मुकुंद को स्मरण हो आया कि उनके गुरुदेव को अनुशासन भंग करनेवालों पर कितना क्रोध आता है।

वे वहीं से चिल्लाए, ''गुरुदेव, मैं ध्यान कर रहा हूँ।''

''जानता हूँ मैं कि कैसा ध्यान चल रहा है? क्या कभी कोई आँधी में उड़ते पत्तों के समान मन से भी ध्यान कर सकता है। मेरे पास आओ।'' गुरुजी बोले।

मुकुंद खिन्न मन से उनके पास जाकर खड़े हो गए। उन्हें यह समझ नहीं आता था कि मन के सारे भेद भी कैसे गुरुजी के सामने उजागर हो जाते हैं।

गुरुदेव स्नेह से बोले, ''मेरे नादान बालक, तेरी हार्दिक अभिलाषा अवश्य पूरी होगी।'' उन्होंने कहा और मुकुंद की छाती पर धीरे से थपथपाया।

मुकुंद खिन्न मन से उनके पास जाकर खड़े हो गए। उन्हें यह समझ नहीं आता था कि मन के सारे भेद भी कैसे गुरुजी के सामने उजागर हो जाते हैं। गुरुदेव स्नेह से बोले, ''मेरे नादान बालक, तेरी हार्दिक अभिलाषा अवश्य पूरी होगी।'' उन्होंने कहा और मुकुंद की छाती पर धीरे से थपथपाया।

मुकुंद को ऐसा लगा मानो उनका स्थूल शरीर मृतवत् हो गया हो। उनके अस्तित्व का बोध उनके संकुचित शरीर की परिधि से निकलकर चारों ओर व्याप्त अणुओं व परमाणुओं में प्रसारित हो गया था। वे धरती में छिपी, पेड़-पौधों की जड़ें और उनमें प्रवाहित रस को भी देख पा रहे थे। आस-पास का सारा क्षेत्र मानो नेत्रों के आगे अनावृत हो गया हो। उनकी साधारण दृष्टि विशाल मंडलाकार दृष्टि में बदल गई थी।

स्वयं उन्हीं के शब्दों में, ''मेरी आत्मा के शांत अनंत तट पर सागर के समान आनंद उमड़ पड़ा। मैंने अनुभव किया कि ईश्वर का स्वरूप अक्षय

आनंद है। उसका शरीर प्रकाश के असंख्य तंतु हैं। मेरे अंदर उमड़ती दिव्य ज्योति ने विस्तृत होते-होते नगरों, महाद्वीपों, पृथ्वी, सूर्यमंडल, तारामंडल, नीहारिका-पुंज व अंतरिक्ष आदि को अपने में समा लिया। जिस प्रकार रात को दूर से कोई प्रकाशमयी शहर दिखाई देता है, उसी प्रकार समस्त ब्रह्मांड मेरे अस्तित्व की अनंतता में जगमगा रहा था। ब्रह्मांड की स्पष्ट रेखांकित परिधि के परे चमकनेवाला तीव्र प्रकाश उसके दूरतम किनारों तक आते-आते किंचित् क्षीण सा होता जा रहा था; वहीं मुझे एक स्निग्ध व मृदु तेज दिखाई दिया...वह अवर्णनीय रूप से सूक्ष्म था, नक्षत्र-पुंजों के आकार अपेक्षाकृत स्थूल प्रकाश से बने हुए थे।

"एक शाश्वत उद्‍गम स्रोत से दिव्य किरणों का प्रसार हो रहा था और वे अवर्णनीय प्रभामंडल से देदीप्यमान आकाशगंगाओं में रूपांतरित हो रही थीं। मैंने उन सृजनात्मक किरणों को बार-बार नक्षत्रों में और फिर विस्तृत पारदर्शक ज्वालाओं में रूपांतरित होते देखा। लयबद्ध प्रत्यावर्तन के द्वारा वे विश्व के पारदर्शक तेज में विलय हो गए और वह तेज महाव्योम बन गया..."

एक शाश्वत उद्‍गम स्रोत से दिव्य किरणों का प्रसार हो रहा था और वे अवर्णनीय प्रभामंडल से देदीप्यमान आकाशगंगाओं में रूपांतरित हो रही थीं। मैंने उन सृजनात्मक किरणों को बार-बार नक्षत्रों में और फिर विस्तृत पारदर्शक ज्वालाओं में रूपांतरित होते देखा। लयबद्ध प्रत्यावर्तन के द्वारा वे विश्व के पारदर्शक तेज में विलय हो गए और वह तेज महाव्योम बन गया"

"मुझे ऐसा ज्ञान हुआ मानो मेरे हृदय में स्थित अंतर्ज्ञान अनुभूति का बिंदु ही इस समस्त तेजोब्रह्मांड का केंद्र है। एक प्रकाशकारी ज्योति मेरी नाभि से समस्त ब्रह्मांड के प्रत्येक भाग को प्रसारित हो रही थी। परमानंदमयी अमृत मेरे अस्तित्व के कण-कण में पारे के प्रवाह की तरह व्याप्त हो रहा था। ईश्वर की सृजनात्मक ध्वनि को मैं ओम की झंकार में प्रतिध्वनित होते सुन रहा था।"

अचानक ही उनकी चेतना लौट आई और जान गए कि उनकी विराटता

लुप्त हो गई थी। वे अपनी देह के पिंजरे में लौट आए थे। उस दिन गुरुदेव ने उन्हें परम ब्रह्म चैतन्य का बोध करवा दिया था।

''वे झुककर अपने गुरु के प्रति श्रद्धा एवं आस्था प्रकट करने ही वाले थे कि उन्होंने बीच में ही रोक लिया और हँसकर बोले, ''परमानंद से बाहर आओ। अभी इस जगत् में बहुत सा कार्य शेष है। हम यह बरामदा साफ करके गंगा की सैर करने चलेंगे।''

कुछ ही क्षण पूर्व मुकुंद एक अवर्णनीय लोक की यात्रा पर थे और अब अपने गुरुदेव के आश्रम के प्रांगण में झाड़ू लगा रहे थे। भले ही वे वहाँ से लौट आए थे, परंतु जिन रसलहरियों ने मन को भिगोया था, अभी उनकी स्मृति क्षीण नहीं हुई थी।

कुछ ही क्षण पूर्व मुकुंद एक अवर्णनीय लोक की यात्रा पर थे और अब अपने गुरुदेव के आश्रम के प्रांगण में झाड़ू लगा रहे थे। भले ही वे वहाँ से लौट आए थे, परंतु जिन रसलहरियों ने मन को भिगोया था, अभी उनकी स्मृति क्षीण नहीं हुई थी।

गुरुदेव चाहते थे कि शिष्य मुकुंद संतुलित रूप से जीने की शिक्षा लें। शरीर से अपने दैनिक कर्तव्यों का निर्वाह करते रहना चाहिए, साथ ही अपनी आध्यात्मिक उन्नति के लिए भी प्रयत्नशील रहना चाहिए। उन्होंने उन्हें समझाया, ''जो व्यक्ति इस भूलोक में आत्मसाक्षात्कार प्राप्त कर लेते हैं, वे भी इसी प्रकार द्विविध जीवन व्यतीत करते हैं। विवेक और निष्ठा के साथ जगत् में अपना कार्य करते हुए भी वे अपने आंतरिक परमानंद में मग्न रहते हैं।...

''...ईश्वर ने अपने अस्तित्व के असीम आनंद से ही सब मनुष्यों की सृष्टि की है। यद्यपि वे शरीर में कष्टबद्ध रूप से आबद्ध हैं, फिर भी ईश्वर यह अपेक्षा करता है कि उसकी प्रतिमूर्ति स्वरूप बने मानव इंद्रियबोध से उत्पन्न सीमित व्यक्तित्व से ऊपर उठकर उसके साथ पुनः एकात्म स्थापित कर लें।''

युक्तेश्वरजी ने अपने शिष्य को ऐसा दिव्य अनुभव प्रदान किया और उन्हें यह अधिकार भी दिया कि जिन लोगों की अंतर्ज्ञान प्रणाली विकसित

हो गई हो, उन्हें भी इसे कैसे प्रदान किया जाए।

इस अनुभव को पाने के बाद मुकुंद कुछ समय के लिए मानो सब भूल गए और उन्हें पता चला कि ईश्वर को उपनिषदों में रसस्वरूप क्यों कहा गया है। यह तो वास्तव में गूँगे का गुड़ है। किसी के आगे इसकी रसना का वर्णन नहीं किया जा सकता। यह तो ऐसी कथा है, जो अकथ है।

कहते हैं कि मनुष्य का मस्तिष्क कभी शांत नहीं रहता। वह सदा उसे नई-से-नई जिज्ञासाओं के भँवर में झुलाए रखता है। एक दिन अकस्मात् मुकुंद को स्मरण हो आया कि वह तो ईश्वर को पाना चाहता था। क्या उसे अपने उद्देश्य का स्मरण नहीं रहा? क्या इसी अनुभव को पाने के बाद उसके लक्ष्य की पूर्ति हो गई?

कहते हैं कि मनुष्य का मस्तिष्क कभी शांत नहीं रहता। वह सदा उसे नई-से-नई जिज्ञासाओं के भँवर में झुलाए रखता है। एक दिन अकस्मात् मुकुंद को स्मरण हो आया कि वह तो ईश्वर को पाना चाहता था। क्या उसे अपने उद्देश्य का स्मरण नहीं रहा? क्या इसी अनुभव को पाने के बाद उसके लक्ष्य की पूर्ति हो गई?

वे अपनी समस्या लेकर गुरुदेव के पास जा पहुँचे और चरणस्पर्श कर बोले, "गुरुदेव, मैं आपसे जानना चाहता हूँ कि मुझे ईश्वर की प्राप्ति कब होगी?"

"वत्स, तुम्हें ईश्वर की प्राप्ति हो चुकी है।"

"नहीं गुरुदेव, मुझे तो ऐसा नहीं लगता।"

मुकुंद की प्रवृत्ति जिज्ञासु थी। जब तक उनकी जिज्ञासा का पूर्ण समाधान न मिलता, उन्हें चैन नहीं आनेवाला था। उनके प्रश्न के उत्तर में गुरुजी ने जो भी कहा, वह उनकी भाँति उन सभी जिज्ञासुओं के लिए भी बहुत बड़ा उत्तर है, जो ईशदर्शन के अभिलाषी हैं, जो ईश्वर अनुभूति का रहस्य पाना चाहते हैं।

गुरुदेव ने उन्हें यह स्पष्ट कर दिया कि ईश्वर की कल्पना करते समय, किसी कोने में सुसज्जित सिंहासन पर आसीन पूजनीय व्यक्ति को ईश्वर

नहीं माना जा सकता। किसी के पास चमत्कारी शक्तियाँ होना इस बात का प्रमाण नहीं माना जा सकता कि उसने ईश्वर को पा लिया है। यह भी हो सकता है कि कोई ब्रह्मांड को वश में कर ले, परंतु यह आवश्यक नहीं कि उसे ईश्वर की प्राप्ति हो ही गई होगी। हम आध्यात्मिक उन्नति को बाहरी शक्तियों के प्रदर्शन से नहीं जान सकते। उसका मापदंड केवल यही हो सकता है कि हम ध्यानावस्था में आनंद की कितनी गहराई में उतर पाते हैं। हमारे जीवन में भौतिक कामनाओं का कोई अंत नहीं है। मनुष्य सदैव एक के बाद एक लक्ष्यों के पीछे दौड़ता ही रहता है। वह अपने सुख के लिए किसी एक वस्तु की तलाश में रहता है, जो उसे इस संसार में खोजने से भी नहीं मिलती। जिसके लिए उसका मन सदा तरसा करता है। जिसके बिना सारा संसार निस्सार लगता है। जिसके अभाव में सारी रसनाएँ फीकी जान पड़ती हैं। वह स्वयं ईश्वर ही तो है। केवल ईश्वर ही हमें शाश्वत आनंद प्रदान कर सकते हैं। वह ईश्वर किसी भी प्रकार की तुलना से परे है। जो लोग वास्तव में एक बार उसे पाने का सुख पा लेते हैं, वे किसी भी प्रकार के दूसरे सुख से संतुष्ट नहीं हो पाते। बाहरी इच्छाओं की पूर्ति से केवल आनंद का आभास होता है, जो कि मिथ्या है। ईश्वर से प्राप्त आनंद नित्य-नूतन है। उससे मनुष्य कभी नहीं ऊबता। यही कारण है कि हमारे यहाँ ईश्वर को अगाध की उपाधि दी गई है।

नित्यनवीन आनंद ही ईश्वर है। तुम जितना अधिक ध्यान करते जाओगे, वह तुम्हें अनंत युक्तियों से मोहित करता ही रहेगा। वह हमारा निकट संबंधी तथा प्रियजन है। जब क्रियायोग द्वारा मन इंद्रियजन विकारों से रहित हो जाता है, तब ध्यान से हमें ईश्वर का दोहरा प्रमाण मिल जाता है। ध्यान के दौरान ही प्रभु हमें हमारी प्रत्येक समस्या का समाधान भी दे देते हैं।

गंगा के किनारे सैर करते हुए युक्तेश्वरजी ने अपने शिष्य को उत्तर दिया था, ''नित्यनवीन आनंद ही ईश्वर है। तुम जितना अधिक ध्यान करते जाओगे,

वह तुम्हें अनंत युक्तियों से मोहित करता ही रहेगा। वह हमारा निकट संबंधी तथा प्रियजन है। जब क्रियायोग द्वारा मन इंद्रियजन विकारों से रहित हो जाता है, तब ध्यान से हमें ईश्वर का दोहरा प्रमाण मिल जाता है। ध्यान के दौरान ही प्रभु हमें हमारी प्रत्येक समस्या का समाधान भी दे देते हैं।''

''गुरुदेव, आपके पास आकर तो मेरी हर समस्या ऐसे सुलझ जाती है, मानो वह थी ही नहीं। अब मैं न केवल जान गया हूँ अपितु मुझे पूरा विश्वास हो गया है कि मैंने ईश्वर को पा लिया है। मैं उनकी प्रत्यक्ष अनुभूति कर चुका हूँ, क्योंकि जब कभी सांसारिक कार्यों के बीच मेरे मन के भीतर ध्यान से उत्पन्न आनंदलहरी का स्मरण हो आता है तो मुझे अपने प्रत्येक कार्य व यहाँ तक कि उससे जुड़ी छोटी-से-छोटी बात में भी प्रभु का मार्गदर्शन मिलता है, ताकि मैं सही दिशा अपना सकूँ। केवल वही हमें अचूक मार्गदर्शन दे सकते हैं। यदि यह कार्य वे नहीं करते तो इतनी बड़ी सृष्टि का संचालन कौन कर रहा है?'' मुकुंद के चेहरे पर एक स्मित हास्य खेल रहा था। सारी शंकाओं का निवारण हो चुका था। अब वे एक देदीप्यमान सूर्य की तरह दिपदिपा रहे थे, जिसके आगे छाए संदेहरूपी मेघ तिरोहित हो चुके हों।

आश्रम के पवित्र व दिव्य वातावरण में ध्यान-समाधि के रस में मग्न मुकुंद का जीवन बहुत ही आनंद से बीतने लगा। वे अपने कॉलेज में जाते तो थे, किंतु वहाँ उपस्थिति नाममात्र की ही होती। पहले वे पंथी छात्रावास के बाग से गुरु के लिए पुष्प चुनते और उन्हें अर्पित करने जाते। तब गुरुदेव उन्हें अपने पास रोक लेते।

आश्रम के पवित्र व दिव्य वातावरण में ध्यान-समाधि के रस में मग्न मुकुंद का जीवन बहुत ही आनंद से बीतने लगा। वे अपने कॉलेज में जाते तो थे, किंतु वहाँ उपस्थिति नाममात्र की ही होती। पहले वे पंथी छात्रावास के बाग से गुरु के लिए पुष्प चुनते और उन्हें अर्पित करने जाते। तब गुरुदेव उन्हें अपने पास रोक लेते। सारा दिन आश्रम में पलक झपकते बीत जाता

और कक्षाओं का समय भी निकल जाता, परंतु गुरुदेव ने कभी इस ओर इंगित नहीं किया। उन्हें तो यह विश्वास था कि मुकुंद विश्वविद्यालय से स्नातक की डिग्री लेकर ही निकलेगा।

आश्रम में नित्य नवीन योजनाएँ बना करतीं और सभी गुरुभाई मंत्रमुग्ध भाव से मग्न रहा करते। एक दिन नगर संकीर्तन व शोभायात्रा की योजना बनाई गई। उस दिन भीषण गरमी थी। मुकुंद को चिंता थी कि सारे दल को तपती रेत से होकर नंगे पाँव कैसे ले जाएँगे। उन्होंने अपने गुरु के आगे यह समस्या रखी तो वे बोले, ''चिंता मत करो। अपनी यह समस्या प्रभु के आगे रखो। वे निश्चित रूप से कोई समाधान प्रस्तुत कर देंगे। जब भी कोई भक्त पूर्ण आस्था व श्रद्धा के साथ अपनी समस्या उनके आगे रखता है, तो वे उसका समाधान अवश्य कर देते हैं।''

आश्रम में नित्य नवीन योजनाएँ बना करतीं और सभी गुरुभाई मंत्रमुग्ध भाव से मग्न रहा करते। एक दिन नगर संकीर्तन व शोभायात्रा की योजना बनाई गई। उस दिन भीषण गरमी थी। मुकुंद को चिंता थी कि सारे दल को तपती रेत से होकर नंगे पाँव कैसे ले जाएँगे।

मुकुंद ने सहज भक्तिभाव से अपने गुरुओं के वचनों का मान रखना सीख लिया था। वे अपने दल के साथ ज्यों ही सड़कों पर आए, उसी समय आकाश में काले मेघ छा गए। हल्की बूँदाबाँदी होने लगी और ऐसी मंद समीर बहने लगी कि सबका मन प्रसन्न हो उठा। वर्षा की फुहार ने तप्त रेत को भी शीतल कर दिया था। कैसा आनंद आया…पूरा संकीर्तन दल सड़कों पर मग्न होकर कीर्तन के रस में सराबोर हो गया। उसने प्रत्येक श्रोता को अपने रंग में रँग लिया। सारा परिवेश इतना प्रसन्नतादाई था कि जब दल पूरे दिन की यात्रा के बाद वापस आया, तो भी किसी के मुख पर थकान या क्लांति के चिह्न नहीं थे।

मुकुंद अपने गुरुदेव को देखकर मुसकराए। अब उन्हें पता था कि वास्तव में प्रभु हमारी पुकार सुनते हैं। दरअसल हमारे भीतर ही धैर्य का अभाव होता है कि हम उन्हें पुकारने के बाद प्रत्युत्तर पाने की प्रतीक्षा किए बिना किसी

दूसरे विकल्प की तलाश में चल देते हैं। आस्था व श्रद्धा का यही अभाव हमारी इच्छापूर्ति की बाधा बन जाता है।

इसी प्रकार मुकुंद के भावी जीवन की तैयारी पूरी होती रही। गुरुदेव उन्हें अपने पास रखते। उनके जीवन की प्रत्येक छोटी-से-छोटी घटना मुकुंद के लिए जीवन का पाथेय बन रही थी। सही मायनों में शिष्य वही होता है, जो गुरु के कुछ कहे बिना ही यह जान ले कि वे उसे क्या सिखाना चाहते हैं। उस नगर संकीर्तन के बाद चार दिवसीय उत्सव आरंभ हुआ। दूसरे नगरों से लोग उसमें हिस्सा लेने आए। उनके भोजन एवं आवास का सारा प्रबंध मुकुंद ने यथाशक्ति सँभाला और एक पल के लिए भी आलस्य में समय नहीं गँवाया।

युक्तेश्वरजी ने सारा आयोजन पूरा होने के बाद शिष्य को पास बुलाकर कहा, ''पुत्र, आज तुमने सिद्ध कर दिया कि बड़े से बड़ा कार्य भी अपने हाथ में आने पर उससे विमुख नहीं होओगे। तुमने पिछले पूरे एक सप्ताह में कड़ा परिश्रम किया है। आज तुम मेरे साथ मेरे कक्ष में सो सकते हो।''

युक्तेश्वरजी ने सारा आयोजन पूरा होने के बाद शिष्य को पास बुलाकर कहा, ''पुत्र, आज तुमने सिद्ध कर दिया कि बड़े से बड़ा कार्य भी अपने हाथ में आने पर उससे विमुख नहीं होओगे। तुमने पिछले पूरे एक सप्ताह में कड़ा परिश्रम किया है। आज तुम मेरे साथ मेरे कक्ष में सो सकते हो।''

मुकुंद के लिए तो यह बहुत ही सौभाग्यसूचक समाचार था कि गुरु उनके परिश्रम से प्रसन्न हैं और उन्हें उनके साथ विश्राम का अवसर मिल रहा है। दोनों ध्यान के बाद लेटे ही थे कि अचानक गुरुजी अपने वस्त्र बदलने लगे। उन्होंने कहा, ''वत्स, हमारे कुछ शिष्य सही समय पर गाड़ियाँ न मिलने के कारण यहाँ आनेवाले हैं और हमें उनके लिए भोजन तैयार करके रखना होगा। तुम आराम करो। बहुत थक गए हो। मैं उनके लिए कोई प्रबंध करता हूँ।''

एक शिष्य को भला यह कैसे स्वीकार होता कि वह विश्राम करे और गुरु असमय में कार्य करे। कुछ ही देर में वे दोनों रसोई में दाल-चावल तैयार कर

रहे थे। भात तैयार हुआ ही था कि द्वार पर आहट हुई और कुछ शिष्य आ गए।

उन्होंने वही कारण प्रस्तुत किया जो गुरुदेव पहले ही मुकुंद को बता चुके थे। वे लोग हतप्रभ थे कि रात को एक बजे असमय आने पर भी उनकी क्षुधापूर्ति के लिए गरमागरम भोजन कैसे तैयार हुआ।

इसका रहस्य केवल गुरु-शिष्य की जोड़ी जानती थी, जो मुसकराते हुए सबको सस्नेह भोजन परोस रहे थे। बाद के वर्षों में भी मुकुंद के लिए दूसरों को अपने हाथों से भोजन परोसने का मोह ऐसा ही बना रहा। वे कहते थे कि दूसरों को अपने हाथों से खिलाने में जो परमानंद प्राप्त होता है, उसकी तुलना किसी से नहीं की जा सकती।

इसका रहस्य केवल गुरु-शिष्य की जोड़ी जानती थी, जो मुसकराते हुए सबको सस्नेह भोजन परोस रहे थे। बाद के वर्षों में भी मुकुंद के लिए दूसरों को अपने हाथों से भोजन परोसने का मोह ऐसा ही बना रहा। वे कहते थे कि दूसरों को अपने हाथों से खिलाने में जो परमानंद प्राप्त होता है, उसकी तुलना किसी से नहीं की जा सकती।

मुकुंद ईश्वर के संरक्षण में पूर्ण विश्वास रखते थे और उन्हें यह भी विश्वास था कि जब कोई मनुष्य अपनी संपूर्ण इच्छाशक्ति के साथ कोई कार्य करता है तो कोई भी बाधा राह नहीं रोक सकती। यह बात ज्योतिष के संबंध में उनकी धारणा के बारे में कही जा रही है। वे प्रायः ज्योतिष ग्रहदशा के अनुसार बुरे से बुरा समय चुनते और उस दौरान वही कार्य करते, जिसके लिए वर्जित किया जाता था। उनका मानना था कि भले ही सफलता मिलने से पूर्व असाधारण कठिनाइयाँ आतीं, किंतु वे सफलता पा ही लेते थे।

तत्पश्चात् उनके गुरुजी ने उन्हें सिखाया कि ज्योतिषशास्त्र का संबंध विश्वास-अविश्वास से नहीं जुड़ा है। यह ज्योतिषशास्त्र गणितीय व दार्शनिक दृष्टि से इतना विशाल है कि गहरी समझ के बिना इसे समझ पाना कठिन है। पाखंडी ज्योतिषियों के कारण ही ज्योतिष-विज्ञान की दुर्दशा हुई है। इस विद्या

में ग्रहों के प्रभाव के अंतर्गत मनुष्य की प्रतिक्रिया का अध्ययन किया जाता है। ग्रह धनात्मक व ऋणात्मक किरणें उत्सर्जित करते हैं और हमारे पिछले जन्मों के कर्मों के साथ मेल करते हुए भविष्य कथन प्रस्तुत करते हैं। ग्रहों की दशा को शांत करने के उपायों के साथ उनकी प्रबलता को घटाया जा सकता है।

एक बार गुरुजी ने उन्हें किसी ग्रह की दशा को शांत करने के लिए चाँदी और सीसे के मेल से बना कड़ा पहनने को कहा था। मुकुंद सदैव उसे अपने हाथ में पहने रहते। यहाँ तक कि आगे चलकर, विदेशों में जाने के बाद, भी उन्होंने अपने गुरु के प्रिय स्मृतिचिह्न को अपने से दूर नहीं किया और उससे लाभान्वित होते रहे।

□

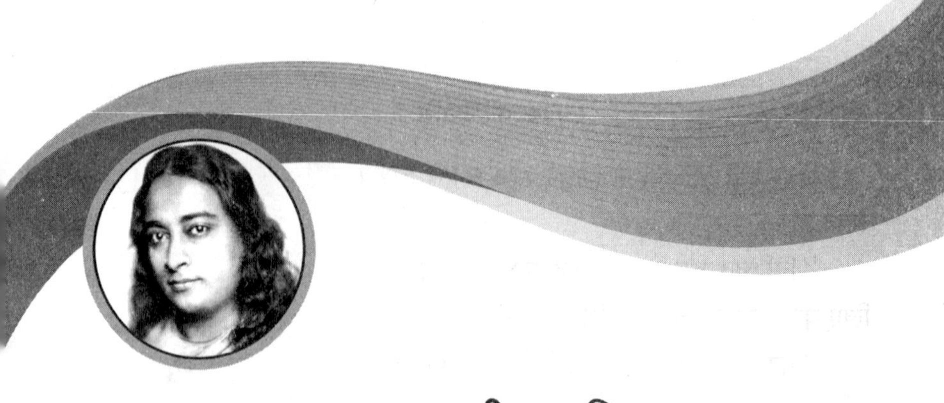

स्नातक की उपाधि

गुरु युक्तेश्वर गिरि की सहज संगति में सदैव व्यस्त रहनेवाले मुकुंद को अपनी पढ़ाई के लिए समय ही कहाँ था। जो छात्रा कक्षा में ही न जाए, वह विद्याग्रहण कैसे करेगा! उसे कैसे पता चलेगा कि परीक्षा में कौन से महत्त्वपूर्ण प्रश्न पूछे जानेवाले हैं।

मुकुंद की स्थिति भी ऐसी ही थी। कॉलेज के प्राध्यापक उनसे खिन्न रहते थे कि पढ़ाई के प्रति उदासीनता दरशाते हैं और कक्षाओं में भाग नहीं लेते, परंतु दर्शन-शास्त्र के प्राध्यापक डी.सी. घोषाल को अपने इस छात्रा से बहुत आशाएँ थीं। वे स्वयं एक विद्वान् दार्शनिक थे और अपने छात्रों से भी यही अपेक्षा रखते थे। वे मुकुंद को पगला संन्यासी कहा करते।

बार-बार समझाने पर भी जब मुकुंद ने कक्षा में आना आरंभ नहीं किया तो वे रुष्ट हो गए और अपने छात्र को धमकाया कि उन्हें विश्वविद्यालय की परीक्षा में बैठने ही नहीं देंगे, क्योंकि परीक्षा में उत्तीर्ण होने के लिए बिल्कुल पढ़ाई नहीं कर रहे हों।

मुकुंद ने कहा, ''आप चिंता न करें, सर, मैं निश्चित रूप से पास हो जाऊँगा।''

''कहीं देखा है कि कोई छात्र परिश्रम किए बिना ही पास हो गया हो। यह ऐसा क्षेत्र है, जहाँ परिश्रम से ही सफलता प्राप्त होती है। हर कार्य आँखें बंद कर, ध्यान रमाने से ही नहीं हो जाता।''

''जी सर, सामान्य परिस्थितियों में ऐसा ही होता है।''

"तो क्या तुम कहना चाहते हो कि तुम विशेष परिस्थितियों से संबंध रखते हो?"

"निश्चित रूप से नहीं कह सकता, किंतु ऐसा आभास होता है कि मेरे लिए कुछ परिस्थितियाँ विशेष ही हैं।"

"मुझे नहीं लगता कि कोई दैवीय चमत्कार भी तुम्हारी सहायता कर सकेगा?"

अंततः फाइनल टेस्ट हुए और प्रोफेसर निश्ंचित थे कि मुकुंद परीक्षा में बैठ ही नहीं सकेगा, क्योंकि उसने उनकी कक्षा का लिखित टेस्ट दिया ही नहीं था। कई बार हम अहं की पूर्ति के लिए इतने मग्न हो जाते हैं कि यह भी भूल जाते हैं कि उसकी पूर्ति के लिए हमें क्या मोल चुकाना पड़ रहा है। यहाँ वे महोदय केवल इसलिए मुकुंद को परीक्षा में बैठने नहीं देना चाह रहे थे, ताकि उनका कहा सच साबित हो सके।

फाइनल टेस्ट हुए और प्रोफेसर निश्ंचित थे कि मुकुंद परीक्षा में बैठ ही नहीं सकेगा, क्योंकि उसने उनकी कक्षा का लिखित टेस्ट दिया ही नहीं था। कई बार हम अहं की पूर्ति के लिए इतने मग्न हो जाते हैं कि यह भी भूल जाते हैं कि उसकी पूर्ति के लिए हमें क्या मोल चुकाना पड़ रहा है।

इधर मुकुंद भी कुछ कम न थे। वे प्रोफेसर के पास जा पहुँचे और बोले, "सर, आपका आशीर्वाद लेने आया हूँ।"

"मेरा आशीर्वाद तो उन्हें मिल चुका है, जो पढ़ाई करने के बाद टेस्ट दे रहे थे।"

"सर, मैं भी उसी श्रेणी में आता हूँ।"

"नहीं, तुम उस श्रेणी में कैसे आते हो? तुमने तो मेरी कक्षा का लिखित टेस्ट दिया ही नहीं।"

"मैंने दिया है, सर।"

"पर मैंने तो कोई उत्तरपुस्तिका नहीं देखी, जिस पर तुम्हारा नाम लिखा हो।"

"सर, आपको ध्यान से देखना चाहिए था।"

"कोई बात नहीं, हाथ कंगन को आरसी क्या, मैं अभी देख लेता हूँ।" प्रोफेसर ने कहा।

उन्होंने उत्तर-पुस्तिकाएँ देखीं तो मुकुंद का नाम कहीं नहीं दिखा।

तभी मुकुंद आगे आए और एक उत्तर-पुस्तिका निकालकर उनके आगे रख दी। उसमें उन्होंने अपना नाम न लिखकर, केवल रोल नंबर ही लिखा था और इसी कारण से प्रोफेसर उसे पहचान नहीं सके। विस्मय की बात यह भी थी कि बहुत अच्छे उत्तर न लिखे होने पर भी उन्हें उत्तीर्ण होने योग्य अंक तो मिल ही गए थे।

तभी मुकुंद आगे आए और एक उत्तर-पुस्तिका निकालकर उनके आगे रख दी। उसमें उन्होंने अपना नाम न लिखकर, केवल रोल नंबर ही लिखा था और इसी कारण से प्रोफेसर उसे पहचान नहीं सके। विस्मय की बात यह भी थी कि बहुत अच्छे उत्तर न लिखे होने पर भी उन्हें उत्तीर्ण होने योग्य अंक तो मिल ही गए थे।

प्रोफेसर के चेहरे पर खीझ थी। वे बोले, "मेरी लिखित परीक्षा में पास होकर यह मत सोचना कि तुममें कॉलेज की परीक्षा पास करने की योग्यता आ गई है। पूरे साल पढ़ाई नहीं की और तुम्हें लगता है कि किसी चमत्कार के बल पर डिग्री पा लोगे। यहाँ भाग्य ने साथ दिया तो चतुराई काम आ गई, किंतु बी.ए. की परीक्षा देने जाओगे तो नाकों चने चबाने पड़ेंगे।"

समय बीतता गया, परंतु मुकुंद की दिनचर्या में कोई अंतर नहीं आया। वे पढ़ाई के भूत को अपने सिर से उतार चुके थे, क्योंकि उन्होंने कोई तैयारी नहीं की थी और बिना तैयारी के परीक्षा में बैठने का कोई औचित्य ही नहीं बनता था। उन्होंने निर्णय ले लिया था कि उस वर्ष परीक्षा में बैठना ही नहीं है। गुरुदेव ने आज तक उनकी परीक्षा या पढ़ाई के बारे में नहीं पूछा था, किंतु संभवत: अब इस विषय में प्रश्न करने का सही समय आ गया था।

एक दिन वे गुरुजी के कक्ष को बाग से लाए फूलों से सजा रहे थे कि आकर बोले, ''मुकुंद, तुम्हारी परीक्षाएँ कब से हैं?''

मुकुंद तो स्तब्ध रह गए। आज गुरुजी के मन में अचानक यह सवाल कहाँ से आया? उन्होंने आज तक तो मेरी पढ़ाई के बारे में ऐसी संवेदनशीलता नहीं दरशाई थी।

''गुरुदेव! आज से पाँच दिन बाद परीक्षा है।''

''क्या तैयारी हो गई है?''

''वह तो मैंने नहीं की, क्योंकि मैं परीक्षा नहीं दे रहा हूँ।''

''परंतु क्यों?''

''जब मैं पास ही नहीं हो सकता तो परीक्षा देने से क्या लाभ?''

''मुकुंद, तुम्हारा अधिकार केवल कर्म करने तक सीमित है। तुम परिणाम पर केंद्रित नहीं हो सकते।''

''परंतु गुरुदेव, जब मैं जानता हूँ कि परिणाम क्या होगा तो व्यर्थ उद्यम करने से क्या होगा?''

''मैं चाहता हूँ कि तुम परीक्षा दो, क्योंकि मैं नहीं चाहता कि कोई इस बात की आलोचना करे कि आश्रम में तुम्हारी अभिरुचि के कारण परीक्षा नहीं दे सके। तुम परीक्षा देने जाओ और जितना तुमसे बन पड़े, उत्तर लिखकर आओ। आगे ईश्वर की जो इच्छा होगी, वही होगा।''

''मुकुंद, कम-से-कम तुमसे तो ऐसे उत्तर की आशा न थी। जाओ और परीक्षा की तैयारी करो। तुम अवश्य पास हो जाओगे।'' गुरु ने आदेश दिया।

''गुरुदेव, मैं परीक्षा नहीं देना चाहता।''

''मैं चाहता हूँ कि तुम परीक्षा दो, क्योंकि मैं नहीं चाहता कि कोई इस बात की आलोचना करे कि आश्रम में तुम्हारी अभिरुचि के कारण परीक्षा नहीं दे सके। तुम परीक्षा देने जाओ और जितना तुमसे बन पड़े, उत्तर लिखकर आओ। आगे ईश्वर की जो इच्छा होगी, वही होगा।''

मुकुंद के नेत्रों से अश्रुधारा प्रवाहित होने लगी। गुरुदेव उन्हें कैसी अग्निपरीक्षा में डाल रहे हैं। मैं तो यह सोचकर निश्चिंत था कि परीक्षा देनी

ही नहीं और यहाँ पाँच दिन पहले परीक्षा देने का आदेश दिया जा रहा है। चाहे परीक्षा में बैठने का आदेश अनुचित नहीं था, परंतु संभवत: गुरुजी ने उसे देने में बहुत विलंब कर दिया था, क्योंकि इतने दिनों में परीक्षा की कोई तैयारी नहीं हो सकती थी।

वे सिसक उठे, ''यदि आपका यही आदेश है तो मैं आपके आदेश की अवहेलना नहीं करता, परंतु नहीं जानता कि परीक्षा में क्या लिखना है।…मैं तो उसमें आपके दिए उपदेश ही भर दूँगा, क्योंकि मुझे तो उनके सिवा कुछ नहीं आता।''

उस दिन तो मुकुंद घर लौट आए, पर अगले दिन आश्रम पहुँचे तो गुरुदेव के मुख पर स्मित हास्य खेल उठा। वे उन्हें पास बुलाकर बोले, ''मुकुंद, क्या आज तक कभी ऐसा हुआ कि तुमने कुछ चाहा और तुम्हें प्रभु से सहायता नहीं मिली?''

''नहीं गुरुदेव।''

''तो तुमने कैसे सोच लिया कि यहाँ कोई सहायता नहीं मिलेगी। ईश्वर चाहे तो कुछ भी कर सकता है। वैसे भी तुम्हारा पढ़ाई के प्रति उपेक्षा दिखाना कोई प्रमाद नहीं था। ईश्वर को पाने के उत्साह में तुम सबकुछ भुला बैठे थे और तुमने उस क्षेत्र में वांछित प्रगति भी कर ली। इस संसार में यदि किसी पेड़ से पत्ता भी गिरता है तो उसमें उस प्रभु की इच्छा होती है, तो तुमने कैसे सोच लिया कि यह कार्य उस प्रभु की इच्छा के बिना हो रहा होगा। यह सब उसी परमशक्ति की योजना का अंशमात्र है, तुम तो उसके निमित्त हो। अपना धर्म निभाओ। अपने कर्तव्य का पालन करो तथा फल को प्रभु के हाथों में छोड़ दो।''

उस दिन तो मुकुंद घर लौट आए, पर अगले दिन आश्रम पहुँचे तो गुरुदेव के मुख पर स्मित हास्य खेल उठा। वे उन्हें पास बुलाकर बोले, ''मुकुंद, क्या आज तक कभी ऐसा हुआ कि तुमने कुछ चाहा और तुम्हें प्रभु से सहायता नहीं मिली?''

मुकुंद के मन से भारी बोझ उतर गया। संध्या समय छात्रावास जाने

लगे तो गुरुदेव बोले, ''क्या तुम्हारा मित्र रमेश अभी छात्रावास में ही है ?''

''जी गुरुदेव।''

''उससे कहो कि परीक्षा की तैयारी करने में तुम्हें मदद करे।''

''परंतु गुरुजी, वह तो ऑनर्स का छात्र है। उसकी पढ़ाई और भी कठिन है। उसे तो दम लेने का भी होश नहीं है। वह भला मेरी तैयारी कैसे करा सकता है। मैं तो उससे यह बात कह तक नहीं सकता।''

''तुम जाओ। वह निश्चित रूप से सहायक होगा।'' गुरुदेव के शब्दों में दृढता थी।

छात्रावास में कदम रखते ही रमेश मिल गया और इस तरह पेश आया मानो मुकुंद की सहायता के लिए ही वहाँ खड़ा था। उसने बातों-ही-बातों में हामी भर दी कि वह अपनी पढ़ाई और पाठ्यक्रम की कठिनाइयों तथा समय के अभाव के बावजूद मुकुंद की पूरी सहायता करेगा। परीक्षा में आनेवाले सभी महत्त्वपूर्ण प्रश्न तैयार करवा देगा।

छात्रावास में कदम रखते ही रमेश मिल गया और इस तरह पेश आया मानो मुकुंद की सहायता के लिए ही वहाँ खड़ा था। उसने बातों-ही-बातों में हामी भर दी कि वह अपनी पढ़ाई और पाठ्यक्रम की कठिनाइयों तथा समय के अभाव के बावजूद मुकुंद की पूरी सहायता करेगा। परीक्षा में आनेवाले सभी महत्त्वपूर्ण प्रश्न तैयार करवा देगा।

इसके बाद के कुछ दिन तो रमेश की संगति में ही बीते। उसने अपनी ओर से अंग्रेजी साहित्य की परीक्षा के लिए जिन प्रश्नों पर निशान लगवाए थे, उन्हें देखकर अन्य मित्र बोले, ''तुम रमेश के चक्कर में आकर अपनी रही-सही लुटिया भी डुबो लोगे। वह तुम्हें जैसे प्रश्न बता रहा है, वैसे आजकल परीक्षा में नहीं आते। हमारी मानो तो उसकी सलाह पर मत चलो।''

परंतु मुकुंद को अपने मार्गदर्शक पर पूरा विश्वास था और उनका विश्वास अनुचित नहीं था। परीक्षा में लगभग वही प्रश्न आए जो रमेश ने बताए थे। मारे हर्ष के मुकुंद की आँखें नम हो गईं।

फिर तो सभी परीक्षाओं में रमेश द्वारा बताए गए महत्त्वपूर्ण प्रश्नों के आने का ताँता सा बँध गया। बाकी छात्र इस जादुई करिश्मे से हैरान थे। मुकुंद ने भी सबके सामने स्पष्ट शब्दों में कह दिया कि वह रमेश की सहायता के कारण ही परीक्षा दे पा रहा है और पास होने की संभावना दिखने लगी है।

परीक्षाएँ समाप्त हुईं तो अचानक ही बैठे-बैठे मुकुंद को ध्यान आया कि उस परीक्षा में, प्रत्येक विभाग से एक-एक प्रश्न करना था और वह अपनी अन्यमनस्कता के चलते एक ही विभाग के दोनों प्रश्न कर आए थे, जिनमें से केवल एक के ही अंक मिलने थे। यह तो विकट स्थिति थी। उस परीक्षा में पास होने के लिए कम-से-कम छत्तीस अंकों की आवश्यकता थी और इस भूल के बाद तो किसी भी दशा में तैंतीस से अधिक अंक आ ही नहीं सकते थे।

परीक्षाएँ समाप्त हुईं तो अचानक ही बैठे-बैठे मुकुंद को ध्यान आया कि उस परीक्षा में, प्रत्येक विभाग से एक-एक प्रश्न करना था और वह अपनी अन्यमनस्कता के चलते एक ही विभाग के दोनों प्रश्न कर आए थे, जिनमें से केवल एक के ही अंक मिलने थे। यह तो विकट स्थिति थी।

अब तो यह ऐसी समस्या थी कि किसी भी तरह का चमत्कार काम नहीं आ सकता था। मुकुंद अपने आपको पास समझने की प्रसन्नता में मग्न थे, परंतु यह विचार मन में आते ही सारे उत्साह पर पानी फिर गया और वे म्लान मुख लिये गुरुदेव के पास जा पहुँचे।

गुरुजी ने अपने शिष्य के मुख पर चिंता के बादल देखे तो बोले, ''वत्स! आज कौन सी समस्या की गठरी साथ लाए हो?''

''गुरुदेव, आज तो समस्या ऐसी है कि कोई भी उसका समाधान नहीं कर सकता। यह मेरे प्रमाद का फल है और मुझे ही भुगतना होगा। मुझे प्रश्नपत्र को अच्छी तरह देखना चाहिए था। जब सबकुछ उस नियंता की इच्छा से ही होता है तो निश्चित रूप से मेरा फेल होना भी पहले से ही तय था, तो उन्होंने मुझसे इतना श्रम क्यों करवाया? मुझे पहले ही आभास दे देते

कि कोई-न-कोई कारण बनाकर मुझे असफल घोषित किया जाएगा।'' मुकुंद के मन में जो आया, बस बोलते ही चले गए।

इतनी व्यथा, निराशा व खिन्नता तो मन में तब भी नहीं थी, जब उन्होंने परीक्षा न देने का निर्णय लिया था। अब जबकि सबकुछ बहुत अच्छी तरह संपन्न हो गया था। जब उनके पास होने की पूरी-पूरी संभावना दिखने लगी थी, तो अचानक यह परेशानी सामने आ गई।

वे सिर झुकाकर बोले, ''गुरुदेव, मैं रमेश के माध्यम से मिली उस दैवीय कृपा का पात्र नहीं था। मैंने अपनी ही मूर्खता से यह अवसर गँवा दिया।''

''मुकुंद, जरा अपने मुख पर मुसकान तो लाओ। भले ही आकाश में सूर्य व चंद्रमा अपनी गति बदल दें, परंतु तुम्हें स्नातक की डिग्री देने से कोई नहीं रोक सकता। कोई भी बाधा तुम्हारी अभीष्ट की सिद्धि में बाधक नहीं हो सकती।'' गुरुदेव के चेहरे पर गहन दृढता के भाव थे।

इतनी व्यथा, निराशा व खिन्नता तो मन में तब भी नहीं थी, जब उन्होंने परीक्षा न देने का निर्णय लिया था। अब जबकि सबकुछ बहुत अच्छी तरह संपन्न हो गया था। जब उनके पास होने की पूरी-पूरी संभावना दिखने लगी थी, तो अचानक यह परेशानी सामने आ गई।

मुकुंद आश्रम से निकलकर छात्रावास की ओर चल दिए। वे अभी फाटक से भीतर ही गए थे कि एक सहपाठी का उत्साहपूर्ण स्वर सुनाई दिया, ''अरे मुकुंद! आज के समाचार-पत्र में आया है कि अंग्रेजी साहित्य की परीक्षा के न्यूनतम उत्तीर्ण अंक छत्तीस से घटाकर तैंतीस कर दिए गए हैं।''

मुकुंद को ऐसा लगा मानो किसी ने कानों में मधुर रस की वर्षा कर दी हो। दूसरों के लिए यह केवल एक समाचार था, परंतु उनके लिए किसी चमत्कार से कम न था।

मुकुंद ने स्नातक की उपाधि प्राप्त की और उनके मित्र रमेश ने भी ऑनर्स की परीक्षा अच्छे अंकों से पास की। परीक्षा के दिनों में अपने मित्र

की सहायता के लिए समय निकालने के कारण उन्हें कोई हानि नहीं हुई थी और उन्होंने भी अपनी अपेक्षा से अधिक अंक ही पाए।

मुकुंद की दिनचर्या से परिचित लोगों के लिए उनके पास होने की खबर किसी बड़े आश्चर्य से कम न थी, उनके पिता भी उन्हीं लोगों में से एक थे। मुकुंद स्वयं भी बाद के वर्षों में प्रायः कहते थे, ''वर्षों से मेरे मन में संदेह बना हुआ था कि अपने नाम के बाद बी.ए. जुड़ा हुआ देख पाऊँगा या नहीं। इस उपाधि का उल्लेख करते समय मेरे मन में यह विचार आए बिना नहीं रहता कि मुझे यह ईश्वर की ओर से उपहारस्वरूप मिली है।''

□

संन्यासी स्वामी योगानंद

मुकुंद अपने गुरु की छत्रच्छाया में अध्यात्म की ऊँचाइयों की ओर जा रहे थे। अब तो स्नातक की उपाधि भी मिल गई थी। जब भी कभी अपने गुरु से संन्यास लेने की इच्छा प्रकट करते तो वे यह कहकर टाल देते कि उन्हें तो आगे चलकर विदेश जाना है, भारतीय योग व सभ्यता-संस्कृति का प्रचार करना है। यदि उन्हें अंग्रेजी भाषा का ज्ञान न हुआ और उनकी शिक्षा अधूरी रही तो इस कार्य में बाधा आ सकती है, अत: उनके लिए उच्च शिक्षा प्राप्त करना अनिवार्य है। अब तो वह शर्त भी पूरी हो चुकी थी, इसलिए वे मन-ही-मन संन्यास लेने के लिए अकुला रहे थे। मुकुंदलाल घोष स्नातक की परीक्षा पास कर चुके थे। उनके पास विश्वविद्यालय की डिग्री थी, किंतु कहते हैं न कि बाधाएँ कभी किसी से पूछकर नहीं आतीं।

डिग्री मिलने के कुछ ही दिन बाद उनके पिताजी ने बंगाल-नागपुर रेलवे में उनके लिए नौकरी पक्की कर दी। दरअसल उन्हें लगने लगा था कि मुकुंद के गुरुदेव उसे नौकरी तथा विवाह के लिए उसी तरह राजी कर लेंगे, जिस तरह उन्होंने कॉलेज में दाखिला लेने तथा बी.ए. की परीक्षा देने के लिए मना लिया था। उन्हें लगने लगा था कि गुरुजी धीरे-धीरे मुकुंद के सिर से संन्यास का नशा उतार देंगे और उसे हिमालय की एकांत गुहाओं के आकर्षण से बाहर लाकर सांसारिक कर्मभूमि में छोड़ देंगे। इसी के बल पर उन्होंने मुकुंद के लिए एक अच्छा पद खोज लिया। वे बार-बार अपने पुत्र से यही आग्रह करते, "बेटा, अब तो पढ़ाई भी पूरी हो गई है। अपने

जीवन के बारे में विचार करो। आजीवन आश्रम के चक्कर काटकर तो नहीं जीया जा सकता। तुम्हें कोई-न-कोई नौकरी करनी होगी, इसलिए कल ही जाकर बंगाल-नागपुर वाला पद ग्रहण कर लो। तुम्हें इससे अच्छा पद नहीं मिलनेवाला। वे मेरे परिचित हैं, इसलिए नौकरी मिलने में दिक्कत नहीं हुई।''

मुकुंद पिता के सम्मुख बैठे रहे। वे कोई उत्तर देने की स्थिति में नहीं थे। वे अपने पिता को किन शब्दों में समझाते कि ये नौकरी-चाकरी और सांसारिक बंधन उनके लिए नहीं हैं। वे आम लोगों की तरह साधारण रूप से जीने के लिए इस धरती पर नहीं आए हैं। उनके पास जीवन में कुछ विशिष्ट लक्ष्य हैं और जब मनुष्य को कुछ विशिष्ट लक्ष्यों की पूर्ति करनी होती है तो बाकी सबकुछ गौण हो जाता है।

मुकुंद पिता के सम्मुख बैठे रहे। वे कोई उत्तर देने की स्थिति में नहीं थे। वे अपने पिता को किन शब्दों में समझाते कि ये नौकरी-चाकरी और सांसारिक बंधन उनके लिए नहीं हैं। वे आम लोगों की तरह साधारण रूप से जीने के लिए इस धरती पर नहीं आए हैं।

पिता भगवतीचरण घोष चाहते थे कि उनका पुत्र पहले उस पद को ग्रहण करे और फिर उसके विवाह के लिए योग्य कन्या की तलाश करें। मुकुंद को जब उनकी मंशा पता चली तो वे बोले, ''पिताजी, आप अच्छी तरह जानते हैं कि मैं यह नौकरी नहीं करने जा रहा। आप बार-बार मुझ पर जाने का दबाव डालकर पिता की आज्ञा न मानने का दोषी न बनाएँ और रही बात विवाह की, तो आप यह भी जानते हैं कि मैंने अपने जीवन की दिशा पहले ही तय कर ली है। मैं विवाह नहीं करना चाहता। मैं संन्यास ग्रहण करने का इच्छुक हूँ। मेरे जीवन में विवाह के लिए कोई स्थान नहीं है।''

पिता हतप्रभ हो गए, परंतु अपना हठ नहीं छोड़ा। वे नाना प्रकार के तर्क देकर अपने पुत्र को मनाने की चेष्टा करते रहे और जब अकेले कुछ नहीं कर सके तो अन्य पुत्रों को भी बुला लिया। अब मुकुंद को अपने परिवार के

अन्य सदस्यों का भी रोष सहन करना पड़ रहा था। इन परिस्थितियों में यही श्रेयस्कर था कि वे अतिशीघ्र संन्यास ग्रहण करें। कुछ मामले ऐसे भी होते हैं, जहाँ केवल अपनी इच्छा से कोई बात नहीं बनती।

भले ही वे स्वयं तत्काल संन्यास लेना चाहते थे, परंतु किसी सिद्ध संन्यासी का मिलना भी आवश्यक था, जिसके माध्यम से संन्यास मिलना था। उनके गुरुदेव से श्रेष्ठ विकल्प तो कोई हो ही नहीं सकता था, किंतु आज से पूर्व जब भी मुकुंद ने अपनी यह इच्छा प्रकट की थी तो वे मना ही करते आए थे। उस दिन मुकुंद ने उनसे जाकर पूछा, ''गुरुदेव, क्या मैं संन्यास ग्रहण करने का पात्र नहीं हूँ? आपको मुझमें कौन सी कमी दिखाई देती है। कृपया इसे स्पष्ट करें, ताकि मैं उस कमी को दूर कर सकूँ।''

''नहीं वत्स, मुझे तो तुम में कोई कमी नहीं दिखती। तुम्हारे भीतर तो प्रारंभ से संन्यास ग्रहण करने की प्रबल इच्छा रही है।''

''परंतु आपने कभी मेरी इच्छा को गंभीरता से क्यों नहीं लिया?''

''पुत्र, हर कार्य के लिए समय नियत होता है। वह कार्य उससे पहले हो ही नहीं सकता। माली जब किसी बीज को बोता है तो लाख घड़े पानी देने पर भी उस पौधे को नहीं उगा सकता। उस बीज से नियत समय पर ही पौधा उगेगा और फूल आएँगे। मैंने तुम्हारे मन की गहराइयों में झाँककर जान लिया है कि तुम केवल स्वांत सुखाय संन्यास ग्रहण नहीं करना चाहते। तुम एक संन्यासी के रूप में विश्व का कल्याण करने की इच्छा रखते हो। तुम्हारा यह संन्यास सारे संसार के लिए शुभ ही होगा।''

भले ही वे स्वयं तत्काल संन्यास लेना चाहते थे, परंतु किसी सिद्ध संन्यासी का मिलना भी आवश्यक था, जिसके माध्यम से संन्यास मिलना था। उनके गुरुदेव से श्रेष्ठ विकल्प तो कोई हो ही नहीं सकता था, किंतु आज से पूर्व जब भी मुकुंद ने अपनी यह इच्छा प्रकट की थी तो वे मना ही करते आए थे।

मुकुंद के चेहरे पर आशा की किरण नाच उठी।

''प्रिय गुरुदेव, मैं भी आपकी तरह स्वामी परंपरा में दीक्षित होना चाहता हूँ।''

''निश्चित रूप से, मेरे गुरु लाहिड़ी महाशय कहते थे कि यदि हम अपने जीवन के वसंत में प्रभु को आमंत्रित नहीं करेंगे तो वे जीवन के शिशिर में हमारे पास नहीं आएँगे।''

मुकुंद दोनों हाथ जोड़कर खड़े रहे।

''वैसे मैं एक बात और पूछना चाहता था कि क्या संन्यास लेने के बाद भी तुम्हारा संकल्प इतना ही दृढ रहेगा, कहीं ऐसा तो न होगा कि तुम विवाह करना चाहो। सांसारिक जीवन का एक अंश बनना चाहो?''

''गुरुदेव!'' मुकुंद के चेहरे पर असमंजस के भाव थे।

''नहीं वत्स, मेरी बात को अन्यथा मत लेना। मैंने अपने अनेक मित्रों का विश्लेषण करके जाना है कि प्राय: वे कुछ समय की आध्यात्मिक साधना के बाद विवाह कर लेते हैं और सांसारिक कर्तव्यों की आड़ में प्रभु को ऐसे भूल जाते हैं, मानो उनसे कभी कोई नाता ही न रहा हो।''

''नहीं वत्स, मेरी बात को अन्यथा मत लेना। मैंने अपने अनेक मित्रों का विश्लेषण करके जाना है कि प्राय: वे कुछ समय की आध्यात्मिक साधना के बाद विवाह कर लेते हैं और सांसारिक कर्तव्यों की आड़ में प्रभु को ऐसे भूल जाते हैं, मानो उनसे कभी कोई नाता ही न रहा हो।''

''भले ही आप मुझे संन्यास की दीक्षा न दें, किंतु मुझसे ऐसी बातें न कहें। मेरे जीवन में प्रभु के लिए कभी द्वितीय स्थान नहीं होगा। वे तो समस्त ब्रह्मांड के स्वामी हैं, जो जन्म-जन्मांतर से मनुष्य पर वरदानों की वर्षा करते आ रहे हैं। इस कृपावर्षा के बदले में मनुष्य उन्हें अपने निस्स्वार्थ स्नेह के बिना दे भी क्या सकता है।''

गुरुदेव ने बड़ी कृपा दिखाते हुए कहा, ''मुकुंद, कल तुम संन्यास ग्रहण करोगे।''

मुकुंद जाने कितने वर्षों से इन शब्दों को सुनने की आस लगाए बैठे थे। कल उनकी एक लंबी प्रतीक्षा का अंत होनेवाला था। स्नातक हुए कुछ ही सप्ताह हुए थे। वह सन् 1915 में जुलाई माह का गुरुवार था और मुकुंद संन्यासी के रूप में अपना नया परिचय पाने को उत्सुक थे।

वे आश्रम में स्नान-ध्यान के बाद पवित्र मन से गुरु के सम्मुख विराजमान हुए। युक्तेश्वर गिरिजी कक्ष से एक श्वेत रेशमी वस्त्र ले आए और उसे गेरुए रंग में रँगकर सुखा दिया। जब वह वस्त्र सूख गया तो उसे संन्यासी के वस्त्र के रूप में मुकुंद की देह पर लपेट दिया।

"मैं अनुष्ठान, संस्कार आदि कर्मकांडों में रुचि नहीं रखता, अतः कर्मकांड रहित पद्धति से ही दीक्षा प्रदान करूँगा।" श्रीयुक्तेश्वर गिरिजी सादगी में विश्वास रखते थे। उन्होंने सभी औपचारिक अनुष्ठानों को त्यागा और नवदीक्षित संन्यासी से कहा कि वह स्वयं अपने लिए नाम का चुनाव करे।

मुकुंद ने एक क्षण के लिए सोचा और फिर उनके मुख से निकला, "योगानंद, अर्थात् ईश्वर के साथ योग द्वारा आनंद।"

वे आश्रम में स्नान-ध्यान के बाद पवित्र मन से गुरु के सम्मुख विराजमान हुए। युक्तेश्वर गिरिजी कक्ष से एक श्वेत रेशमी वस्त्र ले आए और उसे गेरुए रंग में रँगकर सुखा दिया। जब वह वस्त्र सूख गया तो उसे संन्यासी के वस्त्र के रूप में मुकुंद की देह पर लपेट दिया।

"तथास्तु, आज से तुम अपने पारिवारिक नाम मुकुंदलाल घोष को त्यागकर स्वामी परंपरा के गिरि शाखा के योगानंद कहलाओगे।"

मुकुंद स्वामी संप्रदाय में दीक्षित हुए। इसके वर्तमान स्वरूप की स्थापना शताब्दियों पूर्व शंकराचार्यजी द्वारा की गई थी। इस संप्रदाय का हिस्सा बनने के लिए आवश्यक है कि व्यक्ति उसी व्यक्ति के हाथों दीक्षित हो, जो पहले से ही कोई स्वामी हो।

इस संप्रदाय की दस शाखाएँ हैं, जिनमें गिरि, सागर, भारती, पुरी,

सरस्वती, तीर्थ, अरण्य, आश्रम, वन तथा पर्वत आदि शामिल हैं। भारत में अनेक स्वामी ऐसे हुए हैं, जिन्होंने भारत की वैदिक संस्कृति को विदेशों में पहुँचाने के लिए स्वयं विदेश प्रवास किए हैं। हमारे योगानंदजी भी आगे चलकर विश्वबंधुत्व के पथ पर अग्रसर हुए तथा मानवतावादी व शैक्षिक कार्यों में अपना संपूर्ण जीवन बिता दिया।

एक योगी वही कहलाता है, जो ईश्वर से साक्षात्कार पाने के लिए वैज्ञानिक प्रविधि से योग का अभ्यास करे; ऐसा व्यक्ति विवाहित अथवा अविवाहित, किसी विशिष्ट धर्म अथवा संप्रदाय से संबंधित या संन्यासी आदि कोई भी हो सकता है। श्री युक्तेश्वर गिरिजी एक स्वामी होने के साथ-साथ एक योगी भी थे।

स्वामी योगानंदजी संन्यास की स्वामी परंपरा में दीक्षित होने के बाद भावमग्न हो उठे और उनके कंठ से शंकराचार्यजी के स्रोत फूट पड़े। अब से हम पुस्तक में मुकुंदलाल घोष को योगानंदजी के नाम से ही संबोधित करेंगे, क्योंकि जब कोई व्यक्ति संन्यास धारण कर लेता है तो वह हमेशा के लिए अपने पारिवारिक नाम को त्याग देता है। तो स्वामी योगानंदजी गा उठे—

न मृत्युर्न शङ्का न मे जातिभेदः
पिता नैव मे नैव माता न जन्मः।
न बन्धुर्नमित्रां गुरुर्नैव शिष्यः
चिदानन्दरूपः शिवोऽहम् शिवोऽहम्।
अहं निर्विकल्पो निराकाररूपो
विभुत्वाच्च सर्वत्रा सर्वेन्द्रियाणां।
न चासंगतं नैव मुक्तिर्न बन्धः
चिदानन्दरूपः शिवोऽहम् शिवोऽहम्।

□

सार्वजनिक जीवन में प्रवेश

योगानंदजी गुरु युक्तेश्वर के परमप्रिय शिष्य थे और युक्तेश्वर गिरि की ओर से प्रशिक्षण पूरा हो चला था। एक दिन उन्होंने अपने वैरागी संन्यासी के मन की थाह लेने के लिए पूछा, ''योगानंद, तुम किस पथ पर चलना चाहोगे?''

''गुरुदेव, मैं तो समाधि में लीन होकर प्रभु तक जाना चाहता हूँ।''

''योगानंद, क्या मैंने तुम्हें यह शिक्षा नहीं दी कि मनुष्य के पास जब तक यह तन है, उसे संसार के प्रति अपने कर्तव्यों का निर्वाह अवश्य करना चाहिए?''

''गुरुदेव, मैं तो इन सभी सांसारिक बंधनों से मुक्त होकर मोक्ष पाना चाहता हूँ।''

''तुम अपने आपको यहाँ तक कैसे ला सके?''

''यह सब आपकी ही कृपा का फल है।''

''यदि मैं भी तुम्हारी तरह विचार करता और मोक्ष की प्राप्ति के लिए किसी एकांत स्थान पर चला जाता तो तुम्हें दीक्षा कौन देता? यदि मेरे गुरुदेव भी तुम्हारी तरह विचार करते तो मुझे दीक्षा कौन देता? मैं वृद्ध हो रहा हूँ। कल को अगर मैं चला गया तो क्या हमारा ज्ञान व विद्या यहीं लुप्त हो जाएँगे। क्या तुम इस योगविद्या को आगे ले जाने का कार्य नहीं करोगे? यदि तुम अपने ही हठ पर अड़े रहे तो क्या परिणाम होगा?''

''गुरुदेव, यह ज्ञान-शृंखला यहीं भंग हो जाएगी।''

“बिल्कुल सत्य कहा···तुमने गुरु-शिष्य परंपरा से अपने लिए एक योगी का पद पाया है। जिस प्रकार एक पुत्र अपनी संतान को जन्म देकर पितृऋण से उऋण होता है, उसी प्रकार तुम्हें भी अपने आपको इस ऋण से मुक्त करना है, परंतु मैं देख रहा हूँ कि तुम्हारे मन में ऐसी कोई इच्छा ही नहीं है। संन्यासी का जीवन केवल स्वांत सुखाय नहीं होता। तुम्हें मानवता के कल्याण के लिए भी विचार करना चाहिए।”

योगानंदजी को अपने गुरु की बातों में सार दिखने लगा।

गुरुदेव बोले, “जब भी कोई मनुष्य अपने सांसारिक कर्तव्यों का त्याग करता है, तो उसे उससे भी अधिक बृहत्तर परिवार का उत्तरदायित्व स्वीकार करना होता है। तभी वह अपने त्याग का औचित्य सिद्ध कर सकता है।”

बिल्कुल सत्य कहा···तुमने गुरु-शिष्य परंपरा से अपने लिए एक योगी का पद पाया है। जिस प्रकार एक पुत्र अपनी संतान को जन्म देकर पितृऋण से उऋण होता है, उसी प्रकार तुम्हें भी अपने आपको इस ऋण से मुक्त करना है, परंतु मैं देख रहा हूँ कि तुम्हारे मन में ऐसी कोई इच्छा ही नहीं है।

“गुरुदेव, मैं आपकी आज्ञा का पालन करूँगा। आप ही बताएँ कि मुझे क्या करना चाहिए?”

“योगानंद, तुम मेरे शिष्य बने और मैंने अपनी धरोहर तुम्हें सौंप दी। तुम्हें भी अपने शिष्य व संगठन बनाने होंगे, ताकि क्रियायोग के ज्ञान के माध्यम से अधिक- से-अधिक लोगों को लाभान्वित किया जा सके। कुछ नए संगठन होंगे तो अधिक-से-अधिक लोग उनसे जुड़ेंगे और तुम्हें उनकी सेवा करने का सुअवसर मिलेगा।”

“परंतु गुरुदेव, ये संगठन तो···।” योगानंदजी ने संगठनों के प्रति अपनी अरुचि प्रकट की।

“योगानंद, मैं समझ नहीं पा रहा कि संगठनात्मक कार्यों के लिए तुम्हारे मन में इतना दुराग्रह क्यों है? तुम्हें ऐसा क्यों लगता है कि व्यक्ति एक संगठन के लिए कार्य नहीं कर सकता। जब हमें विशाल स्तर पर किसी परियोजना

को आकार देना हो तो संगठन का प्रारूप बनाना ही पड़ता है।''

''गुरुदेव, मुझे ऐसा लगता है कि संगठन मधुमक्खी के छत्तों के समान होते हैं, जिनमें हाथ डालने पर विषैले डंक के अतिरिक्त कुछ हाथ नहीं आता।''

''योगानंद, मैं तुम्हारा आशय समझा नहीं।''

''गुरुजी, मेरा कहने का तात्पर्य यह है कि भले ही व्यक्ति कितनी भी मेहनत क्यों न करे, उसके पल्ले केवल अपयश ही आता है। हर अनुचित बात के लिए उसे ही दोषी ठहरा दिया जाता है।''

''अच्छा! तो तुम्हें जो दिव्य मलाई सौंपी गई है, उसे क्या अकेले ही खा जाना चाहते हो ? ये संगठन मधुमक्खियों के छत्ते हैं तो ईश्वर शहद के समान है। तुम्हें इस शहद को सबके बीच वितरित करते हुए ही अपना अंश ग्रहण करना होगा। तुम्हें इन छत्तों का निर्माण करना ही होगा, ताकि आध्यात्मिक मधु से कोई भी जिज्ञासु जीव वंचित न रहे।''

अच्छा! तो तुम्हें जो दिव्य मलाई सौंपी गई है, उसे क्या अकेले ही खा जाना चाहते हो ? ये संगठन मधुमक्खियों के छत्ते हैं तो ईश्वर शहद के समान है। तुम्हें इस शहद को सबके बीच वितरित करते हुए ही अपना अंश ग्रहण करना होगा। तुम्हें इन छत्तों का निर्माण करना ही होगा, ताकि आध्यात्मिक मधु से कोई भी जिज्ञासु जीव वंचित न रहे।

योगानंदजी दृढ़संकल्प के साथ बोले, ''गुरुदेव, भले ही मैं एकांतसेवी बनकर उस परम पिता परमात्मा में लीन हो जाना चाहता था, परंतु आपने मेरी आँखें खोल दी हैं। आप चाहते हैं कि मैं अपना कल्याण करने के साथ-साथ दूसरों के बारे में भी विचार करना सीखूँ। यह मार्ग भी मुझे मेरे लक्ष्य तक ही ले जाएगा। मैंने निश्चय कर लिया है कि मैं लक्ष्य तक जाने के लिए अपने द्वारा चुने गए मार्ग की अपेक्षा आपके द्वारा निर्देशित मार्ग का ही प्रयोग करूँगा।''

युक्तेश्वर गिरिजी के मुख पर एक भीनी सी मुसकान आ गई। उनके

शिष्य में वह रूपांतरण हो चुका था, जिसे वे उसमें देखना चाहते थे। उन्हें पूरा विश्वास हो गया था कि योगानंदजी योग की शिक्षाओं का प्रचार-प्रसार करते हुए, क्रिया योग को अधिक-से-अधिक लोगों तक पहुँचाने के लिए किसी संगठन का प्रारूप अवश्य तैयार करेंगे।

योगानंदजी ने जब अपने गुरुदेव को यह वचन दिया तो उनके मस्तिष्क में यही विचार निरंतर चक्कर काटने लगा कि वे अपनी ओर से क्या प्रयास कर सकते थे। वे चाहते थे कि एक योग विद्यालय की स्थापना की जाए। उन दिनों ईसाई धर्म प्रचारक अपनी शिक्षाओं और सभ्यता-संस्कृति के प्रचार-प्रसार के लिए विद्यालयों का ही उपयोग कर रहे थे। भोले-भाले भारतीयों को लालच देकर ईसाई संस्कृति अपनाने के लिए विवश किया जा रहा था। कुछ लोग स्वेच्छा से धर्मांतरण कर रहे थे, तो कुछ को सुविधाओं का लोभ अपनी ओर खींच रहा था।

योगानंदजी ने जब अपने गुरुदेव को यह वचन दिया तो उनके मस्तिष्क में यही विचार निरंतर चक्कर काटने लगा कि वे अपनी ओर से क्या प्रयास कर सकते थे। वे चाहते थे कि एक योग विद्यालय की स्थापना की जाए। उन दिनों ईसाई धर्म प्रचारक अपनी शिक्षाओं और सभ्यता-संस्कृति के प्रचार-प्रसार के लिए विद्यालयों का ही उपयोग कर रहे थे।

योगानंदजी जानते थे कि बालक कच्ची मिट्टी के समान होते हैं। उन्हें जिस भी आकार में ढाला जाए, वे आसानी से ढल जाते हैं। अत: उन्होंने तय किया कि वे भी एक विद्यालय की स्थापना करेंगे, जिसमें बालकों को आवश्यक शिक्षा देने के साथ-साथ भारतीय योग संस्कृति का ज्ञान भी दिया जाएगा। यह उन ईसाई धर्मप्रचारकों के लिए करारा जवाब तो होगा ही, साथ ही योग के प्रचार में भी सरलता होगी। उन्होंने निर्णय लिया कि उनके विद्यालय साधारण विद्यालयों से थोड़े अलग होंगे, क्योंकि उनके पाठ्यक्रम में आध्यात्मिक एवं नैतिक मूल्यों पर विशेष ध्यान दिया जाएगा। इस प्रकार

ऐसे विद्यालयों से तैयार होकर निकले किशोर अपने देश, धर्म और समाज के लिए धरोहर बन सकेंगे। एक पूर्ण विकसित मनुष्य के रूप में मानवजाति को अपनी सेवाएँ दे सकेंगे।

उन्होंने अपने गुरुदेव का आशीर्वाद लिया और बालकों के सर्वांगीण विकास के लक्ष्य को ध्यान में रखते हुए बंगाल के एक छोटे से ग्राम दीहिका में सात बालकों के साथ अपनी पाठशाला आरंभ की। यहीं से हमारे वैरागी योगानंद के जीवन का सार्वजनिक अध्याय आरंभ होता है। अब तक हम उन्हें एक ऐसे युवक के रूप में देखते आए हैं, जो प्रभु से मिलने के लिए तड़प रहा है। जो ध्यान, धारणा और समाधि के माध्यम से उस सर्वशक्तिमान प्रभु को पा लेना चाहता है, परंतु संन्यास ग्रहण करने के तुरंत बाद मानो सबकुछ बदल गया। मुकुंदलाल घोष ने न केवल अपना नाम ही बदला, उन्होंने अपने जीवन में एक नया अध्याय शुरू किया। अब उन्हें किसी भी प्रकार की तपस्या के लिए हिमालय की एकांत कंदरा में जाने की आवश्यकता नहीं थी। समाज के निर्धन तथा अल्पशिक्षित वर्ग के बालकों की उचित शिक्षा का प्रबंध तथा उनके बीच योगविद्या का प्रचार ही उनकी तपस्या थी। अब उन्हें कहीं भी आने-जाने की स्वतंत्रता थी, किंतु अब उनकी हिमालय जाने की तनिक भी इच्छा नहीं रही थी। महती उत्तरदायित्वों को वहन करने के बाद व्यक्तिगत इच्छाओं अथवा अनिच्छाओं का जैसे कोई मोल ही नहीं रह जाता।

उन्होंने अपने गुरुदेव का आशीर्वाद लिया और बालकों के सर्वांगीण विकास के लक्ष्य को ध्यान में रखते हुए बंगाल के एक छोटे से ग्राम दीहिका में सात बालकों के साथ अपनी पाठशाला आरंभ की। यहीं से हमारे वैरागी योगानंद के जीवन का सार्वजनिक अध्याय आरंभ होता है। अब तक हम उन्हें एक ऐसे युवक के रूप में देखते आए हैं, जो प्रभु से मिलने के लिए तड़प रहा है।

□

राँची का योग-विद्यालय

चूँकि यह विद्यालय और इसकी शिक्षा-पद्धति अपने आप में अनूठी थी, इसलिए लोगों ने हृदय से इसका स्वागत किया और शीघ्र ही बहुत से छात्रा इसमें प्रवेश पाने के लिए आने लगे। उस समय योगानंदजी ने अपने आपको इस कार्य के लिए समर्पित कर दिया। वे दिन-रात ऐसे साधनों की तलाश में रहते, जो इस महती परियोजना में अपना योगदान दे सकें। छात्रों की संख्या बढ़ रही थी और उनके पास उन्हें पढ़ाने के लिए स्थान उपलब्ध नहीं था।

कहते हैं कि जब हम किसी कल्याणकारी कार्य में हाथ डालते हैं तो प्रभु स्वयं उसमें अपना योगदान देने के लिए किसी को निमित्त बना देते हैं। यहाँ भी ईश्वरीय अनुकंपा उनके साथ थी। लगभग एक वर्ष पश्चात् कासिम बाजार के महाराजा सर मणींद्रचंद्र नंदी से योगानंदजी की भेंट हुई और योगानंदजी ने उन्हें अपनी समस्या के बारे में बताया।

वे बोले, ''स्वामीजी, क्या आप अपने विद्यालय को राँची ले जाना चाहेंगे?''

''राँची!''

''जी, यह स्थान कोलकाता से लगभग दो सौ मील की दूरी पर स्थित है। बिहार प्रांत में स्थित राँची शहर अपनी स्वास्थ्यप्रद जलवायु के लिए जाना जाता है। यह आपके योग के विद्यार्थियों के लिए एक अद्‌भुत स्थान होगा।''

''आप मुझे उसी स्थान पर विद्यालय स्थानांतरित करने के लिए क्यों कह रहे हैं?''

"मैं ऐसा इसलिए कह रहा हूँ, क्योंकि मेरे पास वहाँ कासिम बाजार पैलेस है। वहाँ आप अपने योगदा सत्संग ब्रह्मचर्य विद्यालय को स्थानांतरित कर सकते हैं।"

योगानंदजी का मन मुदित हो उठा। उन्हें अपने छात्रों की बढ़ती संख्या के लिए चिंतित होने की आवश्यकता नहीं थी। उन्होंने महाराज को हार्दिक धन्यवाद दिया और कासिम बाजार पैलेस को अपने विद्यालय का मुख्य भवन बनाया। महाराज ने उदारता पूर्वक सारा व्यय वहन किया।

राँची के योग विद्यालय के छात्र 'योगदा' पद्धति का अभ्यास करते, जो कि उनके यौगिक ध्यान, स्वास्थ्य व शारीरिक विकास की अपूर्व कुंजी थी। योगानंदजी ने सन् 1916 में इसके सिद्धांतों का आविष्कार किया था। वहाँ प्राथमिक व उच्च विद्यालय की शिक्षाओं की व्यवस्था की गई। पाठ्यक्रम में उद्योग, व्यवसाय तथा वाणिज्य के साथ-साथ कृषि की शिक्षा भी दी जाती थी। छात्र प्राय: नीले गगन के नीचे बैठकर अपनी शिक्षा ग्रहण करते।

योगानंदजी का मन मुदित हो उठा। उन्हें अपने छात्रों की बढ़ती संख्या के लिए चिंतित होने की आवश्यकता नहीं थी। उन्होंने महाराज को हार्दिक धन्यवाद दिया और कासिम बाजार पैलेस को अपने विद्यालय का मुख्य भवन बनाया। महाराज ने उदारता पूर्वक सारा व्यय वहन किया।

योगदा नित नए-नए प्रयोग करते। वे चाहते थे कि जो बालक उस विद्यालय में आएँ, वे एक संपूर्ण मानव के रूप में विकसित होकर ही अपने कर्मक्षेत्रों में लौटें। उनकी योगदा प्रविधियाँ बहुत ही सरल थीं, जिनके माध्यम से कोई भी सचेत रूप से अपनी प्राणशक्ति को महाप्राण की असीम आपूर्ति से पुन: ऊर्जान्वित कर सकता था।

वहाँ छात्रों ने योग के अनेक कठिन आसनों को सहजता और सरलता से करने का अभ्यास किया तथा शरीर के एक हिस्से से दूसरे हिस्से में प्राणशक्ति को स्थानांतरित करने की कला में भी निपुणता पा ली। वे शारीरिक बल तथा

सौष्ठव के ऐसे उदाहरण प्रस्तुत करने लगे, जिन्हें देख बड़े-बड़े बलशाली भी दाँतों तले उँगली दबा लिया करते।

अभिभावकों तथा माता-पिता को यह स्कूल इतना भाया कि एक ही वर्ष में वहाँ दाखिला पाने के लिए आए आवेदनों की संख्या दो हजार तक पहुँच गई, जबकि उस समय विद्यालय में केवल सौ छात्रों के ही आवास का प्रबंध था। अभी तक तो केवल वहाँ रहनेवाले छात्रा ही विद्याग्रहण कर सकते थे। अब इस नई समस्या को हल करने के लिए नियमों को शिथिल किया गया और यह तय किया गया कि छात्र प्रतिदिन अपने घर से आकर भी शिक्षा ग्रहण कर सकते हैं। उनका उस विद्यालय में रहना आवश्यक नहीं।

योगानंदजी अपना एकांतवास तो जाने कब का भूल चुके थे। अब वे हजार से अधिक नन्हे बालकों के अभिभावक थे। पूरा दिन उनकी छोटी-छोटी समस्याओं को हल करने में कैसे बीत जाता, वे जान ही नहीं पाते थे। यहाँ तक कि ध्यान रमाने के लिए भी पर्याप्त समय नहीं मिल पाता था। अब वे सही मायनों में एक कर्मयोगी का जीवन व्यतीत कर रहे थे।

योगानंदजी को तब बड़ी प्रसन्नता हुई, जब बाबा ने अपने सबसे छोटे पुत्र यानी योगानंदजी के छोटे भाई विष्णुचरण घोष को भी वहाँ शिक्षा ग्रहण करने के लिए भेजा। वे एक होनहार छात्र निकले और आगे चलकर बल संवर्द्धन के क्षेत्र में एक विख्यात प्रशिक्षक के रूप में सामने आए।

योगानंदजी अपना एकांतवास तो जाने कब का भूल चुके थे। अब वे हजार से अधिक नन्हे बालकों के अभिभावक थे। पूरा दिन उनकी छोटी-छोटी समस्याओं को हल करने में कैसे बीत जाता, वे जान ही नहीं पाते थे। यहाँ तक कि ध्यान रमाने के लिए भी पर्याप्त समय नहीं मिल पाता था। अब वे सही मायनों में एक कर्मयोगी का जीवन व्यतीत कर रहे थे।

जब बाबा ने नागपुर-बंगाल रेलवे में नौकरी करने को कहा था तो उन्होंने

वह पद लेने से इनकार कर दिया था और आज वे स्वेच्छा से यह कार्यभार वहन कर रहे थे।

एक दिन भगवतीचरणजी अपने पुत्र के विद्यालय में आए। उन्हें वहाँ का परिवेश देखकर बहुत आनंद आया। इससे भी अधिक प्रसन्नता यह देखकर हुई कि योगानंदजी कितने उत्साह व कर्मठता से सारे कार्यों की देखरेख कर रहे हैं। उन्होंने आशीर्वाद देते हुए कहा, ''पुत्र, जब तुमने मुझे अपने इस विद्यालय की रूपरेखा के बारे में बताया था तो मुझे किंचित् भी अच्छा नहीं लगा था। ऐसा लगा था कि अंत में इतना सब करके भी तुम एक आम व्यक्ति के स्तर पर उतर आए, परंतु आज जब तुम्हारे आस-पास इन सुसंस्कृत बालकों की कतारें देख रहा हूँ तो ऐसा लगता है कि तुम्हारा यह प्रयास व्यर्थ नहीं गया। तुम्हारा जीवन रेलवे टाइम-टेबल के उन निर्जीव आँकड़ों के बीच नहीं, अपितु इन मुसकराते-खिलखिलाते मनमोहक मुखड़ों के बीच ही था।''

योगदा विद्यालय को बीस एकड़ उपजाऊ भूमि दी गई थी। विद्यालय के प्रत्येक सदस्य ने उसमें बागवानी करते हुए अपना योगदान दिया और शीघ्र ही वह बाग लहलहा उठा। नाना प्रकार के पौधे तथा वृक्षों ने मनोरम वातावरण की सृष्टि कर दी थी। अनेक पालतू पशु भी रखे गए। कुल मिलाकर ऐसा लगता था, मानो किसी देवतुल्य ऋषि के प्रांगण में आ गए हों।

योगदा विद्यालय को बीस एकड़ उपजाऊ भूमि दी गई थी। विद्यालय के प्रत्येक सदस्य ने उसमें बागवानी करते हुए अपना योगदान दिया और शीघ्र ही वह बाग लहलहा उठा। नाना प्रकार के पौधे तथा वृक्षों ने मनोरम वातावरण की सृष्टि कर दी थी। अनेक पालतू पशु भी रखे गए।

लाहिड़ी महाशय के अनेक शिष्य भी वहाँ पधारे। जब उन्होंने देखा कि वहाँ उनके गुरुदेव के क्रियायोग को ही सिखाया जा रहा है तो उन्होंने भी संस्था के लिए दिल खोलकर दान दिया। देखते-ही-देखते वह छोटा सा विद्यालय एक सुपरिचित संस्था बन गया। यह सब योगानंदजी के अथक

परिश्रम तथा उत्साह का सुफल था। कालांतर में अनेक स्थानों पर उसकी शाखाएँ विकसित की गईं। ये संस्थाएँ उन महान् दानियों की उदारता के फलस्वरूप चल रही थीं, जो भारतीय संस्कारों व विद्याओं के प्रचार-प्रसार में अपना योगदान देना चाहते हैं।

कहते हैं कि जब किसी अच्छे काम का आरंभ किया जाए तो प्रारंभ में बाधाएँ अवश्य आती हैं और व्यक्ति उन बाधाओं को पार कर ले तो उसके बाद सबकुछ अपने-आप ही होने लगता है, क्योंकि उस कार्य को वांछित बल तथा प्रेरणा प्राप्त हो जाती है। राँची के योग विद्यालय की शाखाएँ इसका जीता-जागता प्रमाण हैं। समय-समय पर अनेक व्यक्ति जुड़ते गए तथा यह महान् परियोजना और भी विशाल आकार लेती चली गई।

एक बार योगानंदजी शांतिनिकेतन के गुरुदेव रवींद्रनाथ टैगोर से भी भेंट करने गए थे। उन्हें अपने विद्यालय की स्थापना के दो वर्ष बाद, स्वयं गुरुदेव की ओर से यह निमंत्रण मिला था, ताकि वे परस्पर अपने शैक्षणिक आदर्शों की चर्चा कर सकें। उन दोनों ने पाया कि उनके विद्यालयों में अनेक समानताएँ हैं। गुरुदेव ने योगदा व्यायाम तथा एकाग्रता के लिए सिखाई जानेवाली विधियों के बारे में विस्तार से सुना तथा उन्हें सराहा। उन्होंने योगानंदजी के साथ अपने अनुभव बाँटे तथा यह भी बताया कि उन्हें शांतिनिकेतन की स्थापना करने की प्रेरणा कहाँ से मिली। योगानंदजी वर्षों बाद भी गुरुदेव के साथ हुई उस भेंट को स्मरण करते हुए भाव-विभोर हो उठते थे।

□

दैवीय आदेश

योगानंदजी को पाठशाला की व्यस्तता से भरी गतिविधियों के बीच जब भी समय मिलता तो वे कोई एकांत कोना तलाशकर ध्यानरत हो जाते। एक दिन वे यों ही भंडारगृह में बैठे तो अचानक ही समाधि की अवस्था में चले गए और इसी बीच उन्हें अनेक पाश्चात्य चेहरे दिखाई दिए। वे अपनी अंतर्दृष्टि से उन चेहरों को निरंतर देखते जा रहे थे। वह विशाल जनसमूह बड़े ही कातर नेत्रों से उन्हें ही ताक रहा था।

तभी एक बालक ने आकर द्वार खोल दिया।

"ओह विमल! तुमने फिर से मुझे खोज निकाला।"

भंडारगृह में प्रकाश होते ही विचारों का बाँध टूट गया, परंतु योगानंदजी इतना तो जान ही गए थे कि वे अभी अमेरिका के निवासियों को देख रहे थे। कालांतर में उन देखे गए चेहरों में से अनेक चेहरों को पहचान भी लिया। वे आगे चलकर उनके अनुयायी बने। भंडारगृह में जिस स्थान पर योगानंदजी ने यह दर्शन पाया था, वहाँ उसी सुखद घटना की स्मृति में एक स्मृति मंदिर भी बनवाया गया।

तो हम अपनी कथा के मूल अंश पर लौट आते हैं। जब योगानंदजी ने यह दृश्य देखा तो वे जान गए कि अब उन्हें विदेश प्रस्थान करना होगा, ताकि उस महान् दैवीय योजना को पूरा कर सकें, जो उनके माध्यम से संपादित की जा रही थी। वे समय पाते ही अपने गुरुदेव के पास पहुँचे और उन्हें बताया कि किस प्रकार अमेरिकावासियों का ही दृश्य ध्यानावस्था में सामने आ रहा

था। उन्हें यह संदेश मिल रहा था कि उन्हें अब विदेश जाना है। अब विदेश ही उनकी कर्मभूमि होगा। अब वे विदेशों में क्रियायोग का प्रचार करेंगे।

''गुरुदेव, क्या आप इस विषय में पहले से जानते थे?''

युक्तेश्वर गिरिजी ने अपने शिष्य का हाथ पकड़ा और मुसकराकर बोले, ''वत्स, जब तुम मेरे पास आए, तब से बहुत समय पूर्व ही मैं जानता था कि तुम मेरे पास आओगे और मैं तुम्हें किसी कार्य के लिए प्रशिक्षित करूँगा।''

''आपने यह सब कैसे जाना?''

''मुझे अपने गुरु लाहिड़ी महाशय के गुरु से यह बात पता चली थी।''

''क्या आप उनसे मिल चुके हैं?''

''हाँ, मैं उनसे मिल चुका हूँ।''

''क्या वे अभी जीवित हैं?''

''उन्हें हम जीवित या मृत की परिभाषा में नहीं बाँध सकते, क्योंकि वे काल को जीत चुके हैं और अनंत युगों से अपने सूक्ष्म शरीर में ही वास कर रहे हैं।''

''मैं समझा नहीं, गुरुदेव!''

''योगानंद, वे एक महावतार हैं, जो धरती पर किसी विशेष कार्य की पूर्ति के लिए आए अवतारों की सहायता करते हैं। वे जन संसर्ग से दूर, एकांत स्थलों पर ही रहना पसंद करते हैं। कोई भी भाषा बोल सकते हैं। पलक झपकते ही कहीं भी प्रकट हो सकते हैं। कोई भी चमत्कार कर सकते हैं।''

''योगानंद, वे एक महावतार हैं, जो धरती पर किसी विशेष कार्य की पूर्ति के लिए आए अवतारों की सहायता करते हैं। वे जन संसर्ग से दूर, एकांत स्थलों पर ही रहना पसंद करते हैं। कोई भी भाषा बोल सकते हैं। पलक झपकते ही कहीं भी प्रकट हो सकते हैं। कोई भी चमत्कार कर सकते हैं।''

''अद्‌भुत! आपकी उनसे पहली भेंट कहाँ हुई?''

''मैं उनसे पहली बार कुंभ के मेले में मिला था। तब मैं लाहिड़ी महाशय से क्रियायोग की दीक्षा तो ले चुका था, परंतु अभी स्वामी का पद नहीं पाया था। लाहिड़ी महाशय संभवत: मेरी उस भेंट के बारे में पहले से जानते थे।

उन्होंने ही मुझे कुंभ के मेले में जाने को कहा। यद्यपि ऐसे स्थानों पर जाने के लिए मेरे मन में कभी कोई आकर्षण नहीं रहा था, परंतु गुरु की आज्ञा को शिरोधार्य कर मैं वहाँ जा पहुँचा।

''मेले में चारों ओर भिक्षुकों व नकली साधु-संतों का ही जमावड़ा दिख रहा था, जिसे देखकर मेरा मन वितृष्णा से भर गया। ऐसे मिथ्या व आडंबरपूर्ण रीति-रिवाजों को त्याग ही देना चाहिए। मैं मन-ही-मन क्षुब्ध होकर यह विचार कर ही रहा था कि एक संन्यासी के स्वर से चौंक गया, 'महाशय, आपको एक संत बुला रहे हैं।'

मेले में चारों ओर भिक्षुकों व नकली साधु-संतों का ही जमावड़ा दिख रहा था, जिसे देखकर मेरा मन वितृष्णा से भर गया। ऐसे मिथ्या व आडंबरपूर्ण रीति-रिवाजों को त्याग ही देना चाहिए। मैं मन-ही-मन क्षुब्ध होकर यह विचार कर ही रहा था कि एक संन्यासी के स्वर से चौंक गया, 'महाशय, आपको एक संत बुला रहे हैं।'

'भला मुझे कौन बुला रहा है?'

'आप स्वयं जाकर देख लीजिए।' उन्होंने एक कोने में संकेत कर दिया।

''मैं अनमना सा उसके पीछे चल दिया। वहाँ देखा कि एक अलौकिक तेजधारी गुरुदेव अपने शिष्यों के साथ विराजमान हैं। मुझे देखते ही वे अपने स्थान से उठे और अपने बाहुपाश में बाँधकर प्यार से बोले, 'आइए स्वामीजी!'

''परंतु मैं तो कोई स्वामी नहीं हूँ महाराज! लगता है, आपको कोई भूल हो गई है।' मैंने विनम्रता से कहा।

''मैंने कब कहा। वह बोलता है। मैंने उसकी आज्ञा से ही आपको यह उपाधि प्रदान की है तो आप इसे लौटानेवाले कौन होते हैं।''

''उनके इस मीठे संबोधन से मन मुदित हो उठा और मैं पूरे श्रद्धाभाव से चरण स्पर्श कर उनके निकट बैठ गया। मन प्रसन्न था कि इतने बड़े मेले में, कम-से-कम एक संत तो ऐसे मिले, जिनके चरणों में श्रद्धा-सुमन अर्पित किए जा सकते थे। मैंने अपने मन की व्यथा उनके सम्मुख रख दी। उन्हें

बताया कि मेले के दृश्य ने किस प्रकार मेरे मन को निराश कर दिया था। वहाँ के परिवेश में फैला अनाचार तथा अनास्था मुझे बार-बार कचोट रहे थे। उन्होंने मुझे समझाया कि जगत् में सबकुछ मिश्रित रूप में ही होता है। प्रत्येक स्थान पर शुभ और मंगल की ही अपेक्षा रखना व्यर्थ है। यह सत्य है कि वहाँ अनेक अहंकारी और अज्ञानी साधु-संत उपस्थित थे। वे मोह-माया के जाल में जकड़े हुए थे और केवल भगवे वस्त्र पहनकर ही साधु होने का दावा करते थे, परंतु इसके बावजूद वह भूमि अनेक पावन संतों की चरण-रज से भी पवित्र थी।

''इसके बाद उन्होंने समझाया कि मनुष्य को सदैव शुभ की ओर ही अपना ध्यान केंद्रित करना चाहिए। इसके बाद होनेवाले वार्त्तालाप के दौरान ही वे लोग पश्चिमवासियों व उनके ज्ञान तथा बुद्धि के बारे में चर्चा करने लगे। युक्तेश्वरजी को यह देखकर आश्चर्य हुआ कि वे प्रज्ञावान संत विदेशों की भी पूरी जानकारी रखते थे। उन्होंने उनसे कहा, 'महाराज! मैं चाहता हूँ कि हमारे भारत के प्राचीन ज्ञान की थाती को दूसरे देशों तक भी ले जाने का कार्य किया जाए। हम इन अकर्मण्य मिथ्याचारी कपटियों से ऐसी कोई आशा नहीं रख सकते। ये स्वयं को भगवा पहनकर सिद्ध मान लेते हैं, परंतु अपनी ओर से भारतीय प्रज्ञा व अध्यात्म को आगे ले जाने के लिए कोई प्रयत्न नहीं करते। मैं चाहता हूँ कि हम ज्ञान तथा विद्या के क्षेत्र में पूर्व तथा पश्चिम के इस भेद को मिटा दूँ, ताकि विदेशी भी भौतिकता के रंग से बाहर आकर जीवन के सच्चे अर्थ को जान सकें।

इसके बाद उन्होंने समझाया कि मनुष्य को सदैव शुभ की ओर ही अपना ध्यान केंद्रित करना चाहिए। इसके बाद होनेवाले वार्त्तालाप के दौरान ही वे लोग पश्चिमवासियों व उनके ज्ञान तथा बुद्धि के बारे में चर्चा करने लगे। युक्तेश्वरजी को यह देखकर आश्चर्य हुआ कि वे प्रज्ञावान संत विदेशों की भी पूरी जानकारी रखते थे।

युक्तेश्वरजी की ये बातें सुनकर वे संत मुसकराने लगे और बोले, ''मेरा

अनुमान गलत नहीं था। तुम वास्तव में उन लोगों में से हो, जो केवल कहने में ही नहीं अपितु करने में भी विश्वास रखते हैं। मैंने तुम्हें स्वामी ही उपाधि अकारण ही नहीं दी। मैं तुम्हारा मार्गदर्शन करना चाहता हूँ। हमारे पास आध्यात्मिकता का अनुपम उपहार है, तो पश्चिमवासियों के पास आधुनिक तकनीक व ज्ञान की संपदा है। दोनों सभ्यताओं को परस्पर आदान-प्रदान करना होगा और तुम जैसे व्यक्ति ही इस कार्य का माध्यम बनेंगे। विश्व के कल्याण के अपेक्षी ही इस कार्य का बीड़ा अपने हाथ में ले सकेंगे।''

''परंतु महाराज! मैं अकिंचन··· भला यह सब मेरे माध्यम से कैसे हो सकता है?''

''तुम ईश्वरीय योजना के बारे में कैसे जान सकते हो। उनके लेखे में तो तुम्हारे भविष्य की एक-एक पंक्ति पहले से ही लिखी गई है। कुछ समय बाद हम आपके पास एक युवक को भेजेंगे। वह जिज्ञासु आपका शिष्यत्व ग्रहण करेगा और फिर आपको उसे इस कार्य का निमित्त बनने के लिए तैयार करना होगा।''

तुम ईश्वरीय योजना के बारे में कैसे जान सकते हो। उनके लेखे में तो तुम्हारे भविष्य की एक-एक पंक्ति पहले से ही लिखी गई है। कुछ समय बाद हम आपके पास एक युवक को भेजेंगे। वह जिज्ञासु आपका शिष्यत्व ग्रहण करेगा और फिर आपको उसे इस कार्य का निमित्त बनने के लिए तैयार करना होगा।

''क्या वह स्वयं मेरे पास आएगा?''

''जी, हम यह व्यवस्था कर देंगे कि वह आपमें अपने चिर पुरातन गुरु के दर्शन कर सकेगा। आपको उसे विद्याध्ययन के लिए प्रेरित करना होगा, ताकि वह विदेशों में जाकर भारत की अध्यात्म विद्या तथा क्रियायोग का प्रचार कर सके।''

''गुरुदेव! क्या मैं ही वह शिष्य था?'' योगानंदजी ने आश्चर्य से पूछा।

''हाँ योगानंद, तुम्हें ही मेरे पास एक योजना के अंशानुसार भेजा गया

था। बाद में मुझे मेरे गुरु लाहिड़ी महाशय द्वारा पता चला कि उस दिन मेरी भेंट उनके गुरु महावतार बाबाजी से हुई थी।''

यह सुनकर तो योगानंदजी भाव-विभोर हो उठे। उनके विषय में बाबाजी अर्थात् लाहिड़ी महाशय के भी गुरुदेव ने बात की। वे कितने भाग्यवान हैं कि इन महान् आत्माओं ने उन्हें अपने कार्य की पूर्ति के लिए चुना है।

उन्होंने अपनी उस भेंट में गुरुदेव से उनके गुरु तथा उनके गुरु के भी गुरु की अनेक श्रद्धास्पद घटनाएँ सुनीं तो गद्‌गद हो उठे। उन्हें पता चला कि उन्हें गुरु-शिष्य परंपरा के माध्यम से क्रियायोग को विश्व के कल्याण के लिए प्रसारित करने का कार्य सौंपा गया था। उन्होंने पूछा, ''गुरुदेव, मेरे लिए अब कुछ भी अनजान नहीं रहा। अब तो यह भी सुनिश्चित है कि मुझे विदेश गमन करना है, किंतु यह जानना चाहता था कि क्या मुझे स्वयं ही इस बारे में कोई प्रयत्न करना चाहिए या कोई बाहरी संकेत प्राप्त होगा?'' योगानंदजी ने पूछा।

युक्तेश्वर गिरिजी उनके कंधों पर हाथ रखकर बोले, ''वत्स, तुम्हें स्वयं वहाँ जाने के लिए निमंत्रण आएगा और सारी व्यवस्था सहज रूप से हो जाएगी।''

□

अमेरिका की ओर

युक्तेश्वर गिरिजी ने गलत नहीं कहा था। शीघ्र ही योगानंदजी को अमेरिका में आयोजित हो रहे एक अंतरराष्ट्रीय सम्मेलन में भाग लेने के लिए निमंत्रण आया, जो धार्मिक उदारतावादियों के लिए था। उन्हें भारत के प्रतिनिधि के रूप में आमंत्रित कर रहे थे। उस वर्ष यह सम्मेलन बॉस्टन में 'अमेरिकन यूनीटैरियन एसोसिएशन' के तत्त्वावधान में किया जा रहा था। यह समाचार सुनकर योगानंदजी को आश्चर्य नहीं हुआ, क्योंकि अब वे जानते थे कि यह सब किसी दैवीय योजना के ही अंश थे, जो अपने समयानुसार स्वयं ही संपादित होते जा रहे थे।

यह तो सत्य था कि गुरुदेव ने उनके सामने सारी वास्तविकता प्रकट कर दी थी, परंतु मनुष्य को जब वास्तविकताओं का सामना करना होता है, तो ऐसे में भय का लगना स्वाभाविक ही है। योगानंदजी इस प्रस्ताव को सुनकर थोड़ा घबरा से गए। वे यह कल्पना नहीं कर पा रहे थे कि उतने बड़े समारोह में व्याख्यान कैसे दे सकेंगे। उनके पास उन्नत विचारों का अभाव न था, परंतु समस्या भाषा की थी। उन्हें प्रतीत हो रहा था कि विदेशियों के साथ उनकी ही भाषा में संप्रेषण कर भी पाएँगे या नहीं ?

अपनी इस समस्या को उन्होंने गुरुदेव के सामने रखा तो वे बोले, ''अब तेरे लिए द्वार खुले हैं। अब नहीं जाएगा तो कब जाएगा। अपने मन की चिंता निकाल दे। जो भेज रहे हैं, वे सब सँभाल लेंगे।''

''गुरुदेव! इतने लोगों के सम्मुख अंग्रेजी में भाषण''' !'' योगानंदजी ने संकोच से कहा।

"तो क्या भाषण के मंच पर भी खड़े न हो सकोगे, बस इतना ही कर लेना।" युक्तेश्वरजी मुसकराकर बोले।

योगानंदजी का खोया बल व साहस लौट आया, "गुरुदेव! आपका आशीर्वाद साथ रहा तो क्या नहीं कर सकता, सबकुछ कर सकता हूँ।"

उन दिनों विदेश जाना इतना सहज न था। एक तो लोगों के मन में समुद्र पार जाने के विषय में बहुत सी भ्रांतियाँ थीं और दूसरी समस्या यह थी कि इतनी लंबी यात्रा के लिए खर्च कहाँ से आएगा। विद्यालय तो पहले ही अनुदान राशि से चलता था। ऐसे में धन का प्रबंध अपने आप में चिंता का विषय था।

उन दिनों विदेश जाना इतना सहज न था। एक तो लोगों के मन में समुद्र पार जाने के विषय में बहुत सी भ्रांतियाँ थीं और दूसरी समस्या यह थी कि इतनी लंबी यात्रा के लिए खर्च कहाँ से आएगा। विद्यालय तो पहले ही अनुदान राशि से चलता था। ऐसे में धन का प्रबंध अपने आप में चिंता का विषय था।

पिता भगवतीचरणजी तक भी यह समाचार पहुँचा। योगानंद स्वयं उनके पास गए और उनसे विदेश जाने की आज्ञा माँगी। भगवतीजी ने साफ शब्दों में इनकार कर दिया। उन्हें भय था कि पुत्र को अपने से इतना दूर करने पर उसे पुनः देख पाना संभव न होगा।

वे बोले, "केवल प्रस्ताव आने से क्या होता है? तुम्हें वहाँ जाने के लिए पैसा कौन देगा?"

"बाबा! हो सकता है कि आप ही ईश्वरीय प्रेरणा के वशीभूत होकर धन दे दें, क्योंकि आज तक जीवन में आप ही मेरी प्रत्येक व्यक्तिगत सुख-सुविधा व आवश्यकता की पूर्ति करते आए हैं। यदि आपके पास बात न बनी तो मैं कहीं और हाथ फैलाने जाऊँगा। अभी तो मुझे आपसे ही पूरी आशा है।" योगानंदजी ने मुसकराते हुए कहा।

"नहीं, कभी नहीं, मुझसे एक दमड़ी की भी आशा मत रखना।" बाबा बोले।

योगानंदजी वहाँ से उठ गए। वे जानते थे कि होनी किसी के टाले नहीं

टलती। यदि उन्हें वहाँ से सहायता मिलनी है तो उसे कौन रोक सकता है। अगली सुबह उठे तो बाबा ने धन का सारा प्रबंध कर लिया। वे एक बड़ी रकम का चेक देते हुए बोले, "मैं तुम्हें एक पिता होने के नाते से नहीं, अपितु लाहिड़ी महाशय का शिष्य होने के नाते यह धन दे रहा हूँ। आशा करता हूँ कि तुम विदेश में उनके द्वारा प्रदान की गई विद्या का प्रचार करोगे।"

योगानंदजी ने बाबा के चरणस्पर्श किए और उनके गले से लग गए। बाबा समझ गए थे कि उनके पुत्र का यह विदेशगमन किसी साधारण प्रयोजन से नहीं है। यद्यपि उनके मन की वह व्यथा ज्यों-की-त्यों बनी हुई थी। उन्हें लग रहा था कि वे उस जन्म में अपने पुत्र से पुनः भेंट नहीं कर सकेंगे। योगानंदजी ने उनका हाथ अपने हाथ में थामकर कहा, "बाबा, मैं आपको वचन देता हूँ, जीवन में एक बार तो हमारी भेंट अवश्य होगी।"

योगानंदजी ने बाबा के चरणस्पर्श किए और उनके गले से लग गए। बाबा समझ गए थे कि उनके पुत्र का यह विदेशगमन किसी साधारण प्रयोजन से नहीं है। यद्यपि उनके मन की वह व्यथा ज्यों-की-त्यों बनी हुई थी। उन्हें लग रहा था कि वे उस जन्म में अपने पुत्र से पुनः भेंट नहीं कर सकेंगे।

अमेरिका जाने की तैयारियाँ होने लगीं। योगानंदजी जान गए थे कि अब इतनी जल्दी भारत नहीं लौट सकेंगे, इसलिए यहाँ चल रहे संगठनात्मक कार्यों को सुयोग्य हाथों में सौंपना आवश्यक था। शिक्षकवर्ग के हाथों में विद्यालय सौंपने के बाद योगानंदजी ने उनसे कहा, "मैं आशा करता हूँ कि आप उन्हीं आदर्शों तथा शिक्षाओं के अनुसार विद्यालय को चलाते रहेंगे, जिनके अनुसार इसकी स्थापना की गई थी। मैं पत्रों के माध्यम से संपर्क बनाए रखूँगा और यदि ईश्वर ने चाहा तो वापस भी आऊँगा।"

पूरे विद्यालय ने नम आँखों से योगानंद को विदाई दी।

सारा कार्य हो चुका था। धन का प्रबंध हो चुका था। जहाज के टिकट का आरक्षण भी करा लिया गया था। एक दिन अचानक ही योगानंद

का मन अनजानी आशंकाओं से त्रस्त हो उठा। वे जानते थे कि अमेरिका अतिभौतिकवादी देश है और ऐसे परिवेश में अपने पावन उद्देश्य के साथ जीवित रह पाना सहज न था। उन्हें यह चिंता सताने लगी कि कहीं वहाँ जाकर अपने लक्ष्य से विमुख न हो जाऊँ। अचानक ही ऐसा लगने लगा कि उन्हें बहुत ही भारी उत्तरदायित्व सौंपा गया था। बाबा ने कितनी सरलता से अपनी वैयक्तिक इच्छाओं की पूर्ति को नकारते हुए इतनी बड़ी रकम दे दी थी। लाहिड़ी महाशय के शिष्यों की आँखें उनकी ओर लगी थीं। क्या वे उन सबकी अपेक्षाओं पर खरे उतर सकेंगे? क्या वे उस कार्य को पूरा कर सकेंगे, जिसके लिए उन्हें मातृभूमि से दूर भेजा जा रहा है?

नाना आशंकाओं से घिरे योगानंदजी को प्रार्थना में ही मन की सांत्वना मिली। उन्होंने निर्णय लिया कि जब तक इस विषय में अंतरात्मा का स्वर नहीं सुन लेते, वे प्रार्थना की वेदी से नहीं हटेंगे। वे निरंतर विलाप करते हुए प्रभु को पुकारते रहे और जब उनकी अवस्था सहनशक्ति से बाहर हो गई तो अचानक उन्हें द्वार पर आहट सुनाई दी।

नाना आशंकाओं से घिरे योगानंदजी को प्रार्थना में ही मन की सांत्वना मिली। उन्होंने निर्णय लिया कि जब तक इस विषय में अंतरात्मा का स्वर नहीं सुन लेते, वे प्रार्थना की वेदी से नहीं हटेंगे। वे निरंतर विलाप करते हुए प्रभु को पुकारते रहे और जब उनकी अवस्था सहनशक्ति से बाहर हो गई तो अचानक उन्हें द्वार पर आहट सुनाई दी। उन्होंने उस समय इस घटना के बारे में किसी को नहीं बताया था, परंतु वर्षों बाद जब अपनी आत्मकथा लिखने लगे तो उन्होंने विशेष रूप से इस घटना का वर्णन किया। जिसके अनुसार, उस दिन उनके द्वार पर स्वयं बाबाजी एक संन्यासी के वेष में पधारे थे। उनका मुख लाहिड़ी महाशय से मिलता था, अतः योगानंदजी ने अनुमान लगाया कि महावतार बाबाजी ही हैं। जब उस संन्यासी ने मुख खोला तो उनके अनुत्तरित प्रश्न का उत्तर भी दे दिया।

"हाँ पुत्र! मैं बाबाजी ही हूँ। हमारे परमपिता ने तुम्हारी प्रार्थना सुन ली है। तुम अपने गुरु की आज्ञा का पालन करते हुए निस्संकोच अमेरिका गमन करो। भयभीत मत होना, तुम्हें पूर्ण संरक्षण मिलेगा।"

योगानंदजी ने उन्हें साष्टांग प्रणाम किया और कृत-कृत्य भाव से देखते रहे। उनके मुख से शब्द ही नहीं फूट रहे थे। बाबाजी बोले, "इस तरह क्रियायोग की प्रणाली विदेशों में भी लोकप्रिय होगी और राष्ट्रों के परस्पर स्नेह तथा सौहार्द को बढ़ाने में भी सहायक होगी।"

इसके बाद उन्होंने योगानंदजी को व्यक्तिगत रूप से आशीर्वाद देते हुए अनेक गोपनीय भविष्यवाणियाँ भी कीं और योगानंदजी के अनुसार कालांतर में वे सब सत्य सिद्ध हुईं। उनके जाने के बाद भी योगानंदजी घंटों अपनी भाव-समाधि में मग्न रहे।

अमेरिका प्रस्थान करने से पूर्व युक्तेश्वरजी के पास गए तो उन्हें देख मंद-मंद मुसकराने लगे, मानो जानते थे कि योगानंदजी किनसे भेंट करके आ रहे हैं। उन्होंने अपना आशीर्वाद देते हुए कहा, "पुत्र, जो कोई तुम्हारे पास पूरी श्रद्धा से आएगा, उसे तुम्हारे माध्यम से आध्यात्मिक सहायता अवश्य ही प्राप्त होगी। तुम जहाँ भी जाओगे, सहायक और मित्र स्वयं तुम्हारी ओर आकर्षित होंगे। शीघ्र ही तुम पाओगे कि सच्चे व स्नेही शुभचिंतकों से घिरे हुए हो।"

योगानंदजी ने उन्हें साष्टांग प्रणाम किया और कृत-कृत्य भाव से देखते रहे। उनके मुख से शब्द ही नहीं फूट रहे थे। बाबाजी बोले, "इस तरह क्रियायोग की प्रणाली विदेशों में भी लोकप्रिय होगी और राष्ट्रों के परस्पर स्नेह तथा सौहार्द को बढ़ाने में भी सहायक होगी।"

□

द सिटी ऑफ स्पार्टा

योगानंदजी 'सिटी ऑफ स्पार्टा' पर सवार होकर अपनी यात्रा करने जा रहे थे। यद्यपि वहाँ तक पहुँचने की प्रक्रिया भी इतनी सरल नहीं रही थी। उन्हें अपना पासपोर्ट पाने के लिए लालफीताशाही का सामना करना पड़ा, परंतु दैवकृपा से सबकुछ कुशलतापूर्वक संपन्न हुआ। अगस्त 1920 में योगानंदजी ने अपने मित्रों और शुभचिंतकों के स्नेहमयी परिवेश के बीच भारत से विदा ली। वे दो माह की यात्रा के बाद अमेरिका पहुँचनेवाले थे।

जब इतने लंबे समय के लिए कुछ लोग साथ रहें तो आपस में मित्रता तथा परिचय होना स्वाभाविक ही है। जहाज में सवार एक व्यक्ति ने किसी तरह जान लिया कि योगानंदजी भारत के प्रतिनिधि के रूप में बॉस्टन सम्मेलन में भाग लेने जा रहे हैं। उसने अपने आंग्ल भाषा में कहा, "स्वामी योगानंदजी, आप भारत के प्रतिनिधि के रूप में विदेश जा रहे हैं। आशा करते हैं कि आप हमें भी अपने योग- संबंधी विचार देकर कृतार्थ करेंगे। मैं चाहता हूँ कि आगामी गुरुवार को आप हमें व्याख्यान दें। उस दिन का विषय होगा 'जीवनरूपी युद्ध तथा उसका सामना करने के उपाय'।"

जलपोत में अधिकांश यात्री अंग्रेज ही थे और यह भी तय था कि वे अपनी ही भाषा में व्याख्यान सुनना चाहते। अभी तो सम्मलेन आरंभ भी नहीं हुआ था कि योगानंदजी की अग्नि-परीक्षा आरंभ हो गई। देखते-ही-देखते गुरुवार आ गया। श्रोतागण बड़ी प्रत्याशा से उनकी ओर ताक रहे थे। उन्होंने अपने विचारों को अंग्रेजी भाषा की व्याकरण में बाँधकर सुव्यवस्थित बनाने

की बहुत चेष्टा की, किंतु इसका परिणाम विपरीत ही निकला। वे अपने मुख से एक भी शब्द का उच्चारण नहीं कर सके। जब भी कुछ बोलने को उद्यत होते तो उन्हें लगता कि वाक्य को थोड़ा और सँवार लेना चाहिए।

इसी मानसिक ऊहापोह में लगभग दस मिनट बीत गए। श्रोताओं ने कनखियों से परस्पर ताकना आरंभ कर दिया था। कहीं-कहीं से दबी हँसी के स्वर भी सुनाई देने लगे थे। योगानंदजी ने कातर स्वर में अपने गुरु को पुकारा। उनकी चेतना में तत्क्षण उनका स्वर गूँज उठा, ''बोल सकते हो पुत्र, बोलो...''

बस गुरु की ओर से यह आश्वासन पाते ही जाने योगानंद के भीतर से विचारों का स्रोत फूट निकला। उन्होंने भाषा एवं व्याकरण की सभी दीवारें ढहा दीं और करीब पैंतालीस मिनट तक अनवरत व्याख्यान देते चले गए। वे स्वयं आश्चर्यचकित थे कि उनके पास अंग्रेजी की इतनी शब्दावली कहाँ से आई। व्याख्यान इतना सारगर्भित व सार्थक रहा कि वहीं अनेक अन्य संस्थाओं ने भी उन्हें अपने यहाँ व्याख्यान देने के लिए निमंत्रित कर दिया।

बस गुरु की ओर से यह आश्वासन पाते ही जाने योगानंद के भीतर से विचारों का स्रोत फूट निकला। उन्होंने भाषा एवं व्याकरण की सभी दीवारें ढहा दीं और करीब पैंतालीस मिनट तक अनवरत व्याख्यान देते चले गए। वे स्वयं आश्चर्यचकित थे कि उनके पास अंग्रेजी की इतनी शब्दावली कहाँ से आई।

कहना न होगा कि यह भी गुरु की ही कृपा का सुफल था। उन्होंने विदेश जाने से पूर्व ही योगानंद के मन की बची-खुची आशंका को भी निर्मूल कर दिया था। अब वे जान गए थे कि उस अंतरराष्ट्रीय मंच पर जाकर भी उसी तरह धाराप्रवाह बोल सकेंगे। हालाँकि इस बार तो वे स्वयं नहीं जानते थे कि उन्होंने पैंतालीस मिनट तक क्या-क्या बोला था। उन्होंने बड़ी ही सावधानी से उन लोगों से वार्त्तालाप किया तो पता चला कि उन्होंने भाषा के कुशल प्रयोग के साथ योग का बहुत ही सुंदर निरूपण किया था। योगानंदजी ने अपने गुरु

को प्रणाम निवेदित किया, जिनकी कृपा से यह संभव हो सका था।

सितंबर माह में योगानंदजी बॉस्टन पहुँचे और 6 अक्तूबर को उन्होंने सम्मेलन में अपना व्याख्यान दिया। जैसा कि अपेक्षित था। उनकी वक्तृता शैली एवं विचारों की भी भूरि-भूरि प्रशंसा हुई। उन्होंने विदेशियों को कहा कि धर्म एक सार्वभौमिक तत्त्व है। हम उसमें निहित रूढ़ियों एवं प्रथाओं को सार्वजनीन नहीं बना सकते, किंतु उसके सामान्य तत्त्वों को तो सबके लिए समान रूप से उपलब्ध किया ही जा सकता है। इसके बाद सभी समान भाव से उसका अनुसरण एवं पालन कर सकते हैं।

इसके बाद तो जैसे एक के बाद एक व्याख्यानों का ताँता ही लग गया। पिताजी ने इतना धन दे दिया था कि वे सम्मेलन समाप्त होने के बाद भी कुछ समय तक अपने बल पर विदेश में रह सकते थे। इस दौरान उन्होंने अनेक स्थानों पर अपने व्याख्यान दिए और पहले ही दिन से लोग उनका शिष्यत्व स्वीकारने लगे।

इसके बाद तो जैसे एक के बाद एक व्याख्यानों का ताँता ही लग गया। पिताजी ने इतना धन दे दिया था कि वे सम्मेलन समाप्त होने के बाद भी कुछ समय तक अपने बल पर विदेश में रह सकते थे। इस दौरान उन्होंने अनेक स्थानों पर अपने व्याख्यान दिए और पहले ही दिन से लोग उनका शिष्यत्व स्वीकारने लगे। एक के बाद एक शृंखला जुड़ती चली गई और वे क्लबों, कॉलेजों, गिरजाघरों तथा लोगों के घरों के विशालकक्षों में अपने विचारों के अमृत से सबको धन्य करने लगे।

इस तरह उन्होंने उस क्षेत्र में तीन वर्ष व्यतीत किए और वहीं एक काव्य पुस्तक 'सॉन्ग ऑफ द सोल' भी लिखी।

फिर वे उस स्थान-विशेष को छोड़कर पूरे महाद्वीप की यात्रा पर निकले। इस यात्रा में उन्होंने सभी प्रमुख नगरों में हजारों श्रोताओं तक अपने विचार पहुँचाए। अनेक उदारमना अनुयायी उनके साथ थे, उन्होंने कैलीफोर्निया के लॉस एंजेल्स शहर में माउंट वॉशिंगटन एस्टेट्स पर अमेरिकी मुख्यालय की

स्थापना की। यह वही भवन था, जिसे वर्षों पूर्व योगानंदजी अपनी अंतर्दृष्टि के माध्यम से देख चुके थे।

वे समय-समय पर युक्तेश्वरजी को पत्रों के माध्यम से अपने अभियान की प्रगति का विवरण देते रहते थे। जब उन्होंने इस स्थान के चित्र गुरुदेव को भेजे तो वे भावुक हो उठे और प्रत्युत्तर में लिखा—

मेरे हृदय के दुलारे योगानंद,

तुम्हारे विद्यालय और छात्रों के ये चित्र देखकर मैं कितना आनंदित हुआ हूँ, इसका वर्णन नहीं कर सकता। विभिन्न नगरों में फैले तुम्हारे योग विद्यालयों को देखकर आनंद से द्रवित हो रहा हूँ। तुम्हारे द्वारा आरंभ की गई अनेक पद्धतियों के बारे में जानकर अच्छा लगा। तुम्हारे मुख्यालय का मुख्यद्वार पहाड़ी की ओर जाती सर्पिल पगडंडी ''जी में तो आता है कि एक बार आकर अपनी आँखों से सब देख जाऊँ।

यहाँ सब ठीक है। ईश्वर की कृपा से तुम सदा परमानंद में मग्न रहो।

गुरु
युक्तेश्वर गिरि

इसी तरह अनेक वर्ष बीतते चले गए और हजारों लोगों ने योग-कक्षाओं में भाग लिया। क्रियायोग को हृदय से अपनाया। पूर्व और पश्चिम के बीच मानसिक सेतु जुड़ने लगे तथा इस आपसी सद्भाव एवं स्नेह को देख स्वामी योगानंदजी का मन मुदित हो जाता।

ऐसा नहीं था कि विदेश में जाकर अपने भाई-बंधुओं तथा गुरु को भुला बैठे थे। वे समय-समय पर उन्हें पत्र लिखते। विदेश से भारत जानेवाले किसी व्यक्ति के हाथों उपहार आदि भेजते। उनका पूरा प्रयास यही रहता कि किसी प्रकार अपनी मातृभूमि से उनका संबंध बना रहे। जो भी हो, वे अपने देश के अध्यात्म को उन अनजान विदेशियों के बीच पहुँचाते हुए, देश और धर्म के

प्रति अपना कर्तव्य ही तो निभा रहे थे। राँची में विद्यालय चल रहा था और उनके नियुक्त शिक्षक उसका कार्यभार सँभाल रहे थे।

कई बार अपने गुरु के प्रत्यक्ष दर्शन तथा बाबा एवं भाइयों से भेंट करने का विचार मन में आता भी, परंतु वहाँ उन पर इतने भारी उत्तरदायित्वों का बोझ लदा था कि चाहकर भी कुछ नहीं कर सकते थे।

□

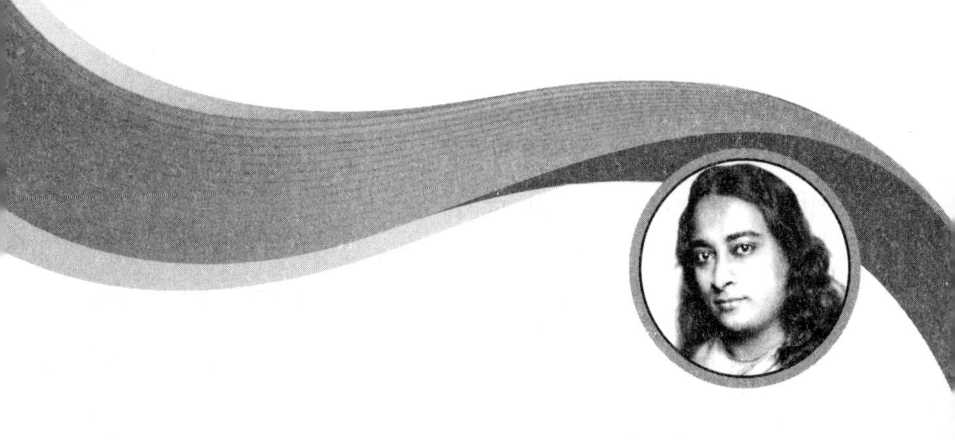

भारत-वापसी

एक दिन वे ध्यान कर रहे थे कि अचानक ही गुरु युक्तेश्वरजी का गहन गंभीर स्वर सुनाई दिया, "भारत लौट आओ। पंद्रह वर्ष तक तुम्हारी प्रतीक्षा की। योगानंद, अब मुझे अनंतधाम जाना होगा। तुम शीघ्र चले आओ।"

योगानंदजी ने अचानक ही नेत्र खोल दिए। वे माउंट वॉशिंगटन स्थित आश्रम में अपने कक्ष में थे और उनके गुरुदेव ने उन्हें मानसिक संदेश भेजा था कि वे उनसे आकर मिलें, क्योंकि उनके पास अब अधिक समय शेष नहीं है। पहले कुछ क्षण तो योगानंदजी स्तब्ध भाव से बैठे रहे। क्या उनके गुरुदेव संसार का त्याग करने जा रहे हैं? जब मुश्किल से अपने आपको सँभाला तो वे विचार करने लगे कि इतना बड़ा उत्तरदायित्व किन लोगों को सौंपकर भारत जाया जा सकता है। पिछले पंद्रह वर्ष इतनी गहरी व्यस्तता के बीच बीते कि उन्हें अपनी भावनाओं को प्रश्रय देने का अवकाश ही नहीं मिला। वे जाने कब से गुरुदेव तथा अन्य इष्ट-मित्रों से भेंट की इच्छा को दबाते आ रहे थे और आज तो स्वयं गुरु ने बुलावा भेजा था।

यदि जाने की इच्छा भी थी तो इतना खर्च कहाँ से आता। उनकी संस्था तो पहले ही दानराशि से चल रही थी और इतने वर्षों में उस संत ने अपने लिए कुछ भी बचत नहीं की थी। योगानंदजी ने अपनी यह समस्या अपने एक शिष्य लिन महोदय के सामने रखी। वे इतनी आध्यात्मिक प्रगति कर चुके थे कि उन्हें संत लिन कहकर बुलाने लगे थे। लिन महोदय ने बड़ी ही उदारता से यात्रा का व्यय भार अपने सिर ले लिया। उन्होंने कहा कि वे संस्था को

सँभाल लेंगे, अत: योगानंदजी निस्संकोच भारतयात्रा पर जाएँ।

स्वामीजी ने अपनी संस्था को उक्त स्थान के कानून के अंतर्गत पंजीकृत करवाया और अपनी पुस्तकों के सर्वाधिकारों सहित, जो कुछ भी था, वह सब संस्था को ही दे दिया। उन्होंने अपने शिष्यों को आश्वासन दिया कि वे वापस अवश्य लौटेंगे।

सभी शिष्यों तथा मित्रों ने अपने गुरु को भावभीनी विदाई दी। इस यात्रा में उनके साथ निजी सचिव मि. राइट तथा एक वृद्धा शिष्या मिस एटीब्लेच भी थीं। वे लोग अमेरिका से अपनी कार भी लाए थे। इस यात्रा के दौरान जब भी जहाज कहीं लंगर डालता तो हमारे उत्साही पर्यटक किसी स्थान विशेष की यात्रा पर निकल जाते। स्वामी योगानंदजी को संतों से विशेष लगाव रहा था। इस यात्रा में भी उन्हें जिन महान् संतों से भेंट करने का सुअवसर मिल सकता था, उन्होंने उन सभी संतों से भेंट की। वे महान् कैथोलिक संत टेरेसा नॉयमन से मिले। उनके माथे, छाती तथा हाथ-पाँवों पर ईसा मसीह के पवित्र घाव प्रकट हो गए थे। हर शुक्रवार को उनके उन घावों से रक्त बहने लगता। ईसा मसीह को जो-जो यातनाएँ दी गई थीं, उन्हें अपनी देह में अनुभव करते थे। स्वामीजी ने विशेष रूप से उनके दर्शन किए और उस दिन उनकी भावदशा के साक्षी भी रहे।

सभी शिष्यों तथा मित्रों ने अपने गुरु को भावभीनी विदाई दी। इस यात्रा में उनके साथ निजी सचिव मि. राइट तथा एक वृद्धा शिष्या मिस एटीब्लेच भी थीं। वे लोग अमेरिका से अपनी कार भी लाए थे। इस यात्रा के दौरान जब भी जहाज कहीं लंगर डालता तो हमारे उत्साही पर्यटक किसी स्थान विशेष की यात्रा पर निकल जाते।

इसके बाद वे जर्मनी, हॉलैंड, फ्रांस तथा स्विट्जरलैंड की यात्रा करते हुए इटली पहुँचे। इस बार वे लोग अमेरिका से फोर्ड कार साथ ले आए थे। जिसने इस यात्रा में बहुत सहायता की। उन्होंने इटली में संत फ्रांसिस के

दर्शन किए और फिर यूनान के एथेनियन मंदिरों का दर्शन-लाभ पाया। कुल मिलाकर यात्रा बहुत ही ज्ञानदायिनी तथा आनंददायक रही। उन्होंने फिलिस्तीन में उस पवित्र भूमि के भी दर्शन किए, जो ईसा मसीह की लीलास्थली रही थी। मिस्र के आधुनिक शहर कैरो तथा प्राचीन पिरामिडों के दर्शनों ने तो उन्हें मंत्रमुग्ध ही कर दिया।

22 अगस्त, 1935 को उनका जहाज मुंबई बंदरगाह पर आकर रुका। योगानंदजी पंद्रह वर्ष बाद अपनी धरा पर लौट रहे थे। वहाँ अनेक मित्र स्वागत के लिए खड़े थे। शीघ्र ही उन्हें ताजमहल होटल में ले गए। जहाँ प्रेस तथा मीडियाकर्मी उनकी प्रतीक्षा में थे। मुंबई की इन औपचारिकताओं से निबटकर उन्होंने कोलकाता जानेवाली गाड़ी का आश्रय लिया और अपनी कार को सामान के साथ लदवा लिया। वह स्थानीय यात्रा में बहुत काम आनेवाली थी।

हावड़ा स्टेशन पर गाड़ी पहुँची तो विशाल जनसमूह उनके स्वागत के लिए तत्पर खड़ा दिखा। स्वामी योगानंदजी तो विश्वास नहीं कर सके कि अब भी उनके इतने परिचित तथा शुभचिंतक कोलकाता में हैं, जो उनका स्वागत करने आए हैं। वे संभवतः भूल गए थे कि फूल बाग के किसी भी कोने में क्यों न हो, उसकी सुगंध चारों ओर प्रसारित हो ही जाती है। भारतीय नागरिकों को भी समाचार-पत्रों के माध्यम से इस महान् संत की गतिविधियों का परिचय मिलता रहता था और वे उनके दर्शनों के लिए व्याकुल थे।

हावड़ा स्टेशन पर गाड़ी पहुँची तो विशाल जनसमूह उनके स्वागत के लिए तत्पर खड़ा दिखा। स्वामी योगानंदजी तो विश्वास नहीं कर सके कि अब भी उनके इतने परिचित तथा शुभचिंतक कोलकाता में हैं, जो उनका स्वागत करने आए हैं। वे संभवतः भूल गए थे कि फूल बाग के किसी भी कोने में क्यों न हो, उसकी सुगंध चारों ओर प्रसारित हो ही जाती है।

स्वामी योगानंदजी के भाई विष्णु स्वागत समिति का नेतृत्व कर रहे थे।

स्टेशन से एक शोभायात्रा निकाली गई। सबसे आगे कारों व मोटरसाइकिलों का काफिला था। फिर ढाक और शंख-ध्वनि के बीच नृत्यरत लोग और कार में पुष्पमालाओं से लदे अभ्यागत। यह सारा जुलूस सबसे पहले उनके पैतृक निवास पहुँचा। वयोवृद्ध पिता ने उन्हें कंठ से लगा लिया। योगानंदजी का कहा सत्य निकला था। ईश्वर ने पुनः पिता-पुत्र का मिलन करवा ही दिया था। मिलन के इन संवेदनशील क्षणों ने सबकी आँखें नम कर दीं। लोगों के लिए वे स्वामी योगानंदजी थे, परंतु घर की उस चारदीवारी के बीच वे किसी के लिए मुकुंद थे तो किसी के लिए खोका, बड़ी व छोटी बहनें, काकी, मामी, चाची, भौजाई...संबंधियों के लिए तो वे वही मुकुंद थे, जिन पर सदैव पहरा रहता था कि कहीं छिपकर हिमालय न निकल जाएँ। योगानंदजी भी मानो अपने जीवन के एक ऐसे अध्याय के पन्ने दोहरा रहे थे, जिसे वे अपने विदेशी प्रवास की कार्यव्यस्तता के बीच भुला बैठे थे।

घर में सबसे मिलने के तुरंत बाद वे अपने पूज्य गुरुदेव से भेंट करने के लिए श्रीरामपुर रवाना हो गए। निस्संदेह वहाँ के वातावरण में थोड़ा बदलाव आया था। योगानंदजी के साथ आए लोगों के लिए श्री युक्तेश्वर का पवित्र आश्रम कौतूहल का विषय था। उन्होंने तो कल्पना तक नहीं की थी कि उनके गुरु के गुरुदेव इतनी सादगी के बीच रहते होंगे।

घर में सबसे मिलने के तुरंत बाद वे अपने पूज्य गुरुदेव से भेंट करने के लिए श्रीरामपुर रवाना हो गए। निस्संदेह वहाँ के वातावरण में थोड़ा बदलाव आया था। योगानंदजी के साथ आए लोगों के लिए श्री युक्तेश्वर का पवित्र आश्रम कौतूहल का विषय था। उन्होंने तो कल्पना तक नहीं की थी कि उनके गुरु के गुरुदेव इतनी सादगी के बीच रहते होंगे। यदि कोई साधारण मनुष्य उनकी वेशभूषा व पोशाक से अनुमान लगाना चाहता तो कभी नहीं जान सकता था कि युक्तेश्वरजी कितनी महान् आत्मा थे। सच ही है कि महान् आत्माएँ सदैव अपने आपको एक झीने परदे

में ढाँपे रखती हैं, ताकि उनकी गतिविधियों में किसी तरह की बाधा न आए।

योगानंदजी अपने गुरु के पास पहुँचे। बड़े ही भक्तिभाव से उन्हें साष्टांग प्रणाम किया और आँखों से अश्रुधारा प्रवाहित होने लगी। वे उस महामानव के सम्मुख खड़े थे, जिन्होंने उनके जीवन को एक राह दी। यदि जीवन के उस दोराहे पर गुरु का मार्गदर्शन न मिला होता, तो संभवत: योगानंदजी स्वामी योगानंदजी के रूप में विदेशों में जाने न जाते।

श्री युक्तेश्वरजी ने उन्हें एक ही पल में अपने सीने से लगा लिया। बहुत देर तक गुरु-शिष्य प्रगाढ़ आलिंगन में बँधे रहे, मानो वर्षों के वियोग की ज्वाला को शांत कर लेना चाहते हों। शब्द निरर्थक हो गए थे। केवल मौन स्पंदनों के माध्यम से ही संप्रेषण हो रहा था।

योगानंदजी ने बड़े स्नेह से अपने साथ गए व्यक्तियों का परिचय करवाया और गुरु-शिष्य बांग्ला में वार्त्तालाप करने लगे। योगानंदजी के सचिव को यह देखकर आश्चर्य हो रहा था कि कक्ष के कोने-कोने से युक्तेश्वरजी की भौतिक सुखों के प्रति अनासक्ति उजागर हो रही थी। योगानंदजी ने अपने गुरु को नाना स्थानों से लाए उपहारों से लाद दिया। यद्यपि वे भी जानते थे कि गुरुदेव के लिए भौतिक उपहार कोई महत्त्व नहीं रखते, परंतु कई बार स्नेह स्वयं को प्रकट करने के लिए बाहरी साधनों का भी आश्रय लेता है। युक्तेश्वरजी को छातायुक्त छड़ी विशेष रूप से पसंद आई। इसके बाद जब भी उन्हें अवसर मिलता, तो वे अभ्यागतों को वह उपहार दिखाकर बताते कि योगानंद उनके लिए विदेश से लाए थे। योगानंदजी के पास और भी कुछ सामग्री थी, परंतु

योगानंदजी ने बड़े स्नेह से अपने साथ गए व्यक्तियों का परिचय करवाया और गुरु-शिष्य बांग्ला में वार्त्तालाप करने लगे। योगानंदजी के सचिव को यह देखकर आश्चर्य हो रहा था कि कक्ष के कोने-कोने से युक्तेश्वरजी की भौतिक सुखों के प्रति अनासक्ति उजागर हो रही थी। योगानंदजी ने अपने गुरु को नाना स्थानों से लाए उपहारों से लाद दिया।

अपने गुरुदेव की आज्ञा के बिना कोई भी कार्य करने की आदत अभी छूटी न थी। उन्होंने उनकी अनुमति से बैठकखाने में अपने साथ लाया नया कालीन भी बिछवा दिया।

योगानंद के सचिव तथा शिष्या इस अभूतपूर्व स्नेह को देख विगलित थे। वे स्वयं को धन्य मान रहे थे कि उन्हें युक्तेश्वरजी के दर्शन करने का सौभाग्य प्राप्त हुआ। उस दिन युक्तेश्वरजी के आध्यात्मिक मुखमंडल की चमक बता रही थी कि अपने सुयोग्य शिष्य योगानंद की प्रगति व आध्यात्मिक उन्नति से वे कितने प्रसन्न थे।

□

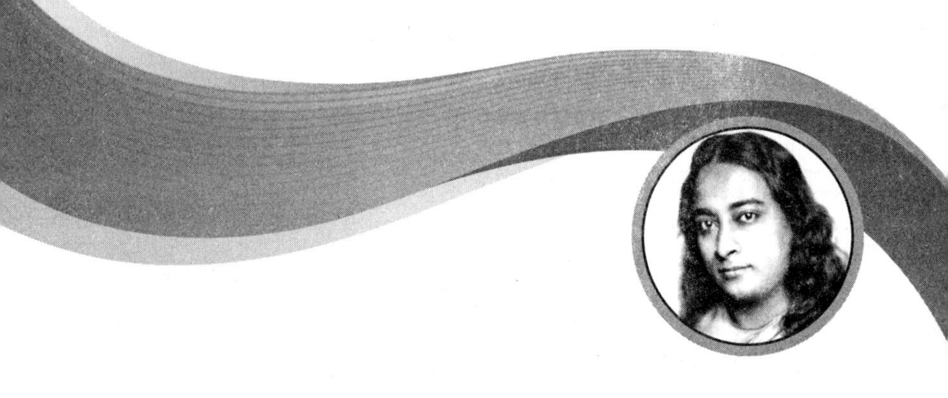

राँची विद्यालय में स्वागत

कोलकाता व श्रीरामपुर से अवकाश पाते ही योगानंदजी ने राँची के लिए प्रस्थान किया। वह भी उनके अतीत का एक सुखद पृष्ठ रहा था और वे अपनी आँखों से उसकी वर्तमान दशा देखने के लिए व्याकुल हुए जा रहे थे। वहाँ भी स्वामीजी के आने का समाचार पहुँच गया था और शिक्षकों सहित पूरा विद्यालय अपने संस्थापक के स्वागत में पलक-पाँवड़े बिछाए था।

योगानंदजी अपने उस शिक्षकदल को हार्दिक धन्यवाद देना चाहते थे, जिसने उनकी अनुपस्थिति में भी कतिपय आदर्शों की आधारशिला पर स्थापित उस विद्यालय की पताका को नीचे नहीं झुकने दिया था। वहाँ के परिवेश से यह स्पष्ट था कि अब भी आदर्शों का उसी तत्परता से पालन हो रहा था, किंतु योगानंदजी को यह जानकर बहुत दुःख हुआ कि विद्यालय आर्थिक संकटों से गुजर रहा है। वे लोग चाहकर भी उसके लिए आर्थिक सहायता का प्रबंध नहीं कर पा रहे थे। दरअसल मणींद्रचंद्र नंदीजी का निधन हो गया था। उन्हीं के राजमहल में विद्यालय का भवन बना था और वे ही समय-समय पर उदारतापूर्वक दानराशि दिया करते थे। उनके जाने के बाद विद्यालय के कल्याणकारी संगठन में बाधा आ गई थी।

स्वामी योगानंदजी का पहला कर्तव्य यही बनता था कि वे उस दिशा में कार्यरत हों। वे अगले ही दिन से अपनी इस मुहिम में जुट गए। कोलकाता के प्रमुख नेताओं व शिक्षाविदों से भेंट की व उन्हें विद्यालय की वस्तुस्थिति से अवगत करवाया। अनेक विदेशी परिचितों ने भी सहायता भेजने का

आश्वासन दिया और कुछ ही दिन में आर्थिक संकट को काफी सीमा तक हल कर दिया गया।

योगानंदजी ने अपने पिताजी से भी इस बारे में चर्चा की। उन्होंने भी आश्वासन दिया कि वे अपनी ओर से तथा अपने इष्ट-मित्रों के योगदान से, जितना बन पड़ेगा, अवश्य सहायता प्रदान करेंगे।

कुछ ही माह में योगानंदजी उस विद्यालय को रजिस्टर करवाने में भी सफल रहे और सात बच्चों के साथ खोला गया वह योग विद्यालय 'योगदा सत्संग ब्रह्मचर्य विद्यालय' के नाम से उनके नेत्रों के सम्मुख साकार था। वहाँ के छात्रों को योग के साथ-साथ व्यावसायिक प्रशिक्षण भी दिया जाता था।

कुछ ही माह में योगानंदजी उस विद्यालय को रजिस्टर करवाने में भी सफल रहे और सात बच्चों के साथ खोला गया वह योग विद्यालय 'योगदा सत्संग ब्रह्मचर्य विद्यालय' के नाम से उनके नेत्रों के सम्मुख साकार था। वहाँ के छात्रों को योग के साथ-साथ व्यावसायिक प्रशिक्षण भी दिया जाता था।

उस विद्यालय के नियम बनाते समय बालकों की मनोवृत्ति का विशेष ध्यान रखा गया था। योगानंदजी जानते थे कि बालकों को नियम तोड़ना अच्छा लगता है, परंतु यदि वे स्वयं नियम बनाते हैं तो पूरी मुस्तैदी से उनका पालन करते हैं, अतः अनेक स्वायत्त समितियों का गठन किया गया, जिनमें छात्र स्वयं ही सारे उत्तरदायित्व वहन करते थे।

उन्हें योगासन व खेल-कूद के अतिरिक्त योगदा प्रणाली भी सिखाई जाती थी। इस विधि के अनुसार, छात्र अपनी इच्छाशक्ति के बल पर अपनी मांसपेशियों में शक्ति संचार कर सकते थे। बाग में एक शिवमंदिर था, जिसमें लाहिड़ी महाशय का चित्र लगाया गया था।

इसके साथ ही विद्यालय के पास 'योगदा सत्संग सेवाश्रम' की स्थापना की गई, जहाँ निर्धनों को निःशुल्क चिकित्सा सेवा प्रदान की जाती थी।

आनेवाले वर्षों में पश्चिम बंगाल के अन्य क्षेत्रों में भी योग और आवासीय व्यवस्था वाले विद्यालय खोले गए। सन् 1939 में दक्षिणेश्वर में, गंगा के किनारे, योगदा मठ की स्थापना की गई। यही मठ 'योगदा सत्संग सोसाइटी' उनके केंद्रों व आश्रमों के लिए मुख्यालय का कार्य करता है।

योगदा सत्संग सोसाइटी कानूनी तौर पर कैलीफोर्निया के लॉस एंजेल्स शहर में स्थित सेल्फ रियलाइजेशन फैलोशिप के अंतरराष्ट्रीय मुख्यालय से संबद्ध है।

□

परमहंस योगानंद

भारत आकर भी योगानंदजी अपने संगठन से संबद्ध कार्यों में ही संलग्न रहे। उन दिनों योगदा मठ की स्थापना का कार्य जोरों पर था। वे चाहते थे कि जल्दी से भारत में अपना शेष कार्य पूरा कर विदेश लौटें, क्योंकि वहाँ बहुत से अधूरे कार्य उनकी प्रतीक्षा में थे। इसी दौरान वे अवसर पाते ही अपने गुरु के पास भेंट करने चले जाते, परंतु जब भी जाते, युक्तेश्वरजी के पास अन्य शिष्यों का जमघट लगा रहता और अन्य स्वामी योगानंदजी को आया देख आस-पास जुट जाते। इस प्रकार उन्हें अपने गुरु के साथ एकांत में समय बिताने का अवसर ही नहीं मिलता था।

एक दिन वे गुलाब के फूलों से महमह महकती टोकरी तथा मीठे फलों की भेंट के साथ गुरु के पास पहुँचे तो गुरुजी अपने कक्ष में अकेले ही थे। उन्हें देखते ही वे बोले, ''आ जाओ योगानंद, देखो आज कक्ष में केवल हम दोनों ही हैं। मैं जानता था कि आज तुम आनेवाले हो और मैंने तुम्हारे मानसिक उपालंभ को भी सुन लिया था। देखो, उसी का प्रतिकार कर रहा हूँ।''

''गुरुदेव, कई दिन से देख रहा हूँ कि आप बहुत क्लांत दिखते हैं। ऐसा लगता है कि आपके भीतर पहलेवाली चेतना नहीं रही। आप बहुत ही बुझे-बुझे से दिखते हैं।''

''हाँ पुत्र! जीवन ज्योति मंद हो रही है। पक्षी पिंजरे से उड़ने के लिए पंख फड़फड़ा रहा है।''

गुरु के मुख से इन शब्दों को सुन योगानंद के हृदय को गहरी ठेस लगी।

उनके जीवन में युक्तेश्वरजी का जो महत्त्व था, उसे शब्दों में प्रकट नहीं कर सकते थे।

"गुरुजी, आप ऐसी बातें क्यों कर रहे हैं? मुझे अभी आपके आशीर्वाद की बहुत आवश्यकता है।"

"पुत्र, जब से तुम मेरे जीवन में आए, मैंने तुम्हें केवल पुत्र संबोधन ही नहीं दिया, अपितु अपना पुत्र माना भी है। मैं अब चाहता हूँ कि अपनी जो भी धरोहर है, वह तुम्हें सौंप दूँ, क्योंकि तुम मेरे पुत्र हो। मुझे तुमसे अगाध स्नेह है और रहेगा।"

योगानंदजी द्रवित हो गए और बोले, "गुरुदेव, जब मेरी और आपकी पहली बार भेंट हुई थी तो आपके मुख से सुनने को मिला था कि आप मुझसे प्रेम करते हैं। उसके बाद वर्षों बीत गए। मैं आपके पास आता रहा। आपसे दीक्षा ग्रहण की और जीवन में सबकुछ पाया, परंतु आपके मुख से वे वाक्य पुनः सुनने का सौभाग्य नहीं पाया। कभी-कभी तो लगता था कि मैं अपने प्रमाद तथा भूलों के कारण आपको प्रभावित करने व अपना बनाने में भी असफल रहा। आज आपने मुझे वह वाक्य कहकर मेरे मन का संताप मिटा दिया। आपने जो भी दिया, उससे तो मैं कभी उऋण नहीं हो सकता, परंतु मैं चाहता हूँ कि आप मेरे द्वारा दिए जा रहे लौकिक सम्मान को तो कम-से-कम ग्रहण करें।"

गुरुदेव, जब मेरी और आपकी पहली बार भेंट हुई थी तो आपके मुख से सुनने को मिला था कि आप मुझसे प्रेम करते हैं। उसके बाद वर्षों बीत गए। मैं आपके पास आता रहा। आपसे दीक्षा ग्रहण की और जीवन में सबकुछ पाया, परंतु आपके मुख से वे वाक्य पुनः सुनने का सौभाग्य नहीं पाया।

"तुम कहना क्या चाहते हो, योगानंद?"

"गुरुदेव, कोलकाता के अल्बर्ट हॉल में मेरा व्याख्यान है। मेरी हार्दिक इच्छा है कि आप उस प्रवचन मंच पर आसन ग्रहण करें।"

"तुम जानते हो बेटा कि मुझे यह सब नहीं भाता, परंतु मैं तुम्हारे आग्रह

का मान अवश्य रखूँगा और वहाँ आऊँगा।''

योगानंदजी ने उस दिन मंच से अपने गुरु की प्रशंसा के पुल बाँध दिए। उन्होंने सार्वजनिक रूप से स्वीकारा कि उनके जीवन की अब तक की सारी उपलब्धियों का श्रेय उनके गुरुदेव को ही है। वे तो निमित्त मात्र ही हैं।

योगानंदजी चाहते थे कि गुरुजी आस-पास के क्षेत्रों में होनेवाले प्रवचनों में अपनी उपस्थिति अवश्य दर्ज करें। युक्तेश्वरजी ने उनका मान रखा। श्रीरामपुर कॉलेज में स्नातक समारोह था। यह वही कॉलेज था, जहाँ से स्वामी योगानंदजी ने अपनी डिग्री ली थी। वहाँ तो जाना ही था। पुराने अध्यापकों से मिलने का अवसर मिला। वे सब भूले नहीं थे कि योगानंदजी को पगला संन्यासी कहा जाता था। युक्तेश्वरजी भी मंच पर पधारे और श्रोताओं के आगे अपने योगानंद की प्रशंसा करते हुए कहा कि वह उनका ही योगानंद था, उनका ही पगला संन्यासी था, जिसने विदेशों में जाकर अध्यात्म विद्या के प्रचार के महान् कार्य का बीड़ा उठाया। कॉलेज ने अपने पुराने छात्र और उनके गुरुदेव का सम्मान किया। उन दिनों प्रोफेसर घोषाल विशेष रूप से मुकुंद के प्रति दुराग्रह रखते थे, परंतु उस दिन अपने पगले संन्यासी को मंच पर देख, भावविभोर हो गए और आनंदाश्रुओं के बीच उन दोनों के सारे पुराने उपालंभ बह गए। स्वामी योगानंदजी को अपनी अतीत की स्मृतियों के सागर में गोता लगाकर बहुत आनंद आया।

योगानंदजी चाहते थे कि गुरुजी आस-पास के क्षेत्रों में होनेवाले प्रवचनों में अपनी उपस्थिति अवश्य दर्ज करें। युक्तेश्वरजी ने उनका मान रखा। श्रीरामपुर कॉलेज में स्नातक समारोह था। यह वही कॉलेज था, जहाँ से स्वामी योगानंदजी ने अपनी डिग्री ली थी। वहाँ तो जाना ही था।

जब से वे भारत आए थे, संगठनात्मक कार्यों के अतिरिक्त हर दूसरे-तीसरे दिन कहीं-न-कहीं उत्सव या समारोह का प्रबंध हो रहा था। दिसंबर के अंत में उनके गुरु के आश्रम में दक्षिणायन प्रारंभ का महोत्सव मनाया गया।

हर वर्ष की तरह देश के कोने-कोने से शिष्यगण एकत्र हुए। इस बार तो आकर्षण और भी अधिक था, क्योंकि स्वामी योगानंदजी भी उपस्थित थे। महोत्सव में बालकों ने रंगारंग कार्यक्रम प्रस्तुत किया। सांस्कृतिक कार्यक्रम के बाद भक्तिपूर्ण संकीर्तन आरंभ हुआ। कीर्तन की दिव्य लहरियों में सभी घंटों डूबते-उतराते रहे। गुरुदेव ने अपने सभी शिष्यों को प्रेरणादायक प्रवचनों से धन्य किया।

इसके बाद युक्तेश्वरजी बोले, ''योगानंद, आज इस सभा में तुम अंग्रेजी भाषा में अपना प्रवचन दोगे।''

यह सुनते ही योगानंदजी के नेत्रों के सम्मुख पहली बार विदेश जाते समय, जलपोत पर घटी घटना का स्मरण हो आया। उन्होंने निस्संकोच सभी श्रोताओं को बताया कि किस प्रकार वे अपने पहले ही व्याख्यान के अवसर पर किंकर्तव्यविमूढ हो गए थे और उस संकट के समय उनके गुरु युक्तेश्वरजी ही सहाय हुए थे। योगानंदजी ने स्वीकारा कि आज तक उनके मुख से गुरुदेव ही बोलते आए थे। वे केवल साधन बनते थे। उनके हृदय के भीतर से जो भी विचारधारा सामने आती थी, वह स्वयं युक्तेश्वरजी की ही हुआ करती थी। इस प्रकार शिष्य ने अपना सारा श्रेय तथा प्रशंसा मुक्तकंठ से गुरु को समर्पित कर दी।

यह सुनते ही योगानंदजी के नेत्रों के सम्मुख पहली बार विदेश जाते समय, जलपोत पर घटी घटना का स्मरण हो आया। उन्होंने निस्संकोच सभी श्रोताओं को बताया कि किस प्रकार वे अपने पहले ही व्याख्यान के अवसर पर किंकर्तव्यविमूढ हो गए थे और उस संकट के समय उनके गुरु युक्तेश्वरजी ही सहाय हुए थे। योगानंदजी ने स्वीकारा कि आज तक उनके मुख से गुरुदेव ही बोलते आए थे।

युक्तेश्वरजी अपने छात्र की ऐसी विनम्रता देख गद्गद हो गए। उन्होंने उत्सव समाप्त होने पर योगानंद को अपने कक्ष में बुलाकर कहा, ''योगानंद, आज तो तुम कोलकाता लौट रहे हो, परंतु कल एक बार मेरे पास पुनः आना

होगा। मुझे तुमसे बहुत ही आवश्यक कार्य है।''

''आपकी आज्ञा मेरे लिए शिरोधार्य है, गुरुदेव।'' यह कहकर योगानंदजी ने उनसे विदा ली।

योगानंदजी अगले दिन आश्रम पहुँचे तो गुरु युक्तेश्वरजी ने उन्हें बड़े ही स्नेह से अपने पास बिठाकर कहा, ''पुत्र योगानंद, दो दिन पूर्व मुझे हमारे परमगुरु बाबाजी से अतींद्रिय संकेत प्राप्त हुए। जिनके अनुसार वे तुम्हें परमहंस की उपाधि प्रदान करना चाहते हैं। उनका कहना है कि तुमने क्रियायोग के प्रचार को विदेशों में भी पहुँचाकर योगविद्या का मान बढ़ाया है। वे चाहते हैं कि तुम्हें आज से संन्यास की उच्चतर पदवी सौंपी जाए। अब से तुम स्वामी योगानंद की अपेक्षा 'परमहंस योगानंद' कहलाओगे।''

इसके बाद गुरुदेव ने कुछ आशीर्वचनों के साथ उन्हें वह उपाधि प्रदान की। अनुष्ठानों तथा कर्मकांडों में उनकी पहले भी रुचि नहीं रही थी, इसलिए यह सब बहुत सादगी से संपन्न हुआ। फिर वे बोले, ''परमहंस योगानंद, इस संसार में मैं अपना दायित्व निभा चुका हूँ। तुम्हें इसे आगे बढ़ाना होगा।''

''नहीं गुरुदेव, आप मुझसे ऐसी बातें न करें। मैं इन्हें सुन भी नहीं सकता। आपसे वियोग की कल्पना भी मेरे हृदय को चीर देती है।''

योगानंदजी रोते हुए अपने गुरुदेव के चरणों से लिपट गए।

□

गुरुदेव का महाप्रयाण

परमहंस योगानंदजी इस बात से बहुत व्यथित थे कि गुरु महासमाधि लेने के लिए तत्पर हैं। वे अपना अधिकतर समय उनकी सेवा में ही बिताने लगे। वे चाहते थे कि अपने गुरु की संगति का अधिकतम लाभ उठा लें। परिवार में अपने माता-पिता के बाद युक्तेश्वरजी उन्हें परमप्रिय थे।

एक दिन गुरुदेव ने कहा, ''योगानंद, पुरी स्थित आश्रम का कार्यभार सँभालने के लिए किसी को भेज दो। मैं चाहता हूँ कि तुम विदेश जाने से पहले यहाँ की सारी कार्यव्यवस्था भी सुयोग्य हाथों में देकर जाओ।''

योगानंद के लिए यह आदेश किसी कठोर वज्र से कम न था, परंतु उन्होंने वही किया, जो गुरु से आदेश मिला था। इसके बाद गुरुदेव ने अपनी स्थायी संपत्ति आदि के विषय में उनसे परामर्श लिया। उन्हें लगता था कि उनके देहत्याग के बाद संबंधी लोग उस संपत्ति पर अपना दावा जता सकते हैं, इसलिए उन्होंने अपने जीते-जी सारी संपत्ति आश्रम के लोकोपकारी कार्यों के निमित्त दान कर दी। उस निस्स्वार्थी संत को अपने लिए कुछ नहीं चाहिए था।

फिर कुछ दिन के लिए जैसे सबकुछ पहले जैसा हो गया। जिस प्रकार किसी दीपक की लौ बुझने से पहले तेजी से फड़फड़ाती है, उसी तरह युक्तेश्वरजी भी पहले की तरह ही जीवंत हो उठे और उस परिवेश के बीच योगानंदजी उनके द्वारा उनकी आसन्न मृत्यु के संकेतों को भी भुला बैठे। ऐसा लगने लगा कि युक्तेश्वरजी द्वारा वे संकेत कभी दिए ही नहीं गए थे।

एक दिन योगानंदजी के साथ आए शिष्यों ने कुंभ मेला देखने का आग्रह

किया। मेले की तिथियाँ आ चुकी थीं। वे लोग इस अनूठे उत्सव के दर्शन करना चाहते थे। योगानंदजी के मन में भी लोभ था कि शायद वहाँ उनकी भेंट परमगुरु बाबाजी से हो जाए। वे अपने गुरुदेव से जाने की अनुमति लेने गए तो उन्होंने मना नहीं किया। योगानंद प्रयाग के लिए रवाना हो गए।

कुंभ के मेले में बह रही आध्यात्मिक बयार ने सभी को तरंगित कर दिया। वहाँ उन्हें नाना प्रकार के साधु-संतों से भेंट करने का सुअवसर मिला। कुछ वास्तव में वैरागी थे, तो कुछ केवल भगवा पहनकर अपना जीवनयापन कर रहे थे। परमहंस योगानंदजी की ख्याति उस क्षेत्र में भी थी, इसलिए कई संस्थाओं की ओर से व्याख्यान देने का निमंत्रण मिला और वे इनकार नहीं कर पाए। इस प्रकार जब वे कोलकाता लौटे तो अगले ही दिन अपने गुरुदेव से भेंट के लिए तैयार होने लगे। तभी उन्हें किसी ने समाचार दिया कि प्रभु तो कोलकाता में हैं ही नहीं। वे तो पुरी चले गए हैं। योगानंदजी के प्राण अपने गुरु से मिलने के लिए तरस रहे थे।

कुंभ के मेले में बह रही आध्यात्मिक बयार ने सभी को तरंगित कर दिया। वहाँ उन्हें नाना प्रकार के साधु-संतों से भेंट करने का सुअवसर मिला। कुछ वास्तव में वैरागी थे, तो कुछ केवल भगवा पहनकर अपना जीवनयापन कर रहे थे। परमहंस योगानंदजी की ख्याति उस क्षेत्र में भी थी, इसलिए कई संस्थाओं की ओर से व्याख्यान देने का निमंत्रण मिला और वे इनकार नहीं कर पाए।

अगले ही दिन वे विचार करने लगे कि कोलकाता के कार्यों को कुछ समय के लिए स्थगित करें और पुरी चले जाएँ। तभी उन्हें पता चला कि पुरी से किसी शिष्य के पास तार आया था कि वे शीघ्र ही पुरी पहुँचे। इन शब्दों को सुनने के बाद तो योगानंदजी को कुछ भी विचार करने की आवश्यकता नहीं रही। यह स्पष्ट था कि गुरुदेव कुशल नहीं थे।

उन्होंने पुरी जाने के लिए प्रबंध करने को कहा, परंतु उनके भीतर से

प्रकट हुई दिव्यवाणी ने आदेश दिया। 'तुम आज पुरी नहीं जाओगे। तुम कल जाना। तुम्हारी प्रार्थना स्वीकार नहीं की जा सकती।'

योगानंदजी सारी रात गुरु के लिए शोकरत रहे। अगले दिन पुरी के लिए रवाना हुए। गाड़ी में ही नेत्र मूँदे तो अचानक ऐसा लगा कि गुरुदेव का साथ उनसे छूट गया। वे उस संवेदना को प्रकट नहीं कर सकते थे, किंतु ऐसा लगा कि अब वे उन्हें जीवित नहीं पाएँगे। उनका अनुमान असत्य नहीं था। ज्यों ही वे पुरी उतरे तो जाने कहाँ से एक व्यक्ति उनके सामने आया और बोला, ''गुरुदेव नहीं रहे।'' जब तक वे उसकी बात समझ पाते। वह अलोप हो गया। वे कभी जान नहीं पाए कि वह कौन था। उनकी झूठी आशा भी चकनाचूर हो गई थी।

योगानंदजी सारी रात गुरु के लिए शोकरत रहे। अगले दिन पुरी के लिए रवाना हुए। गाड़ी में ही नेत्र मूँदे तो अचानक ऐसा लगा कि गुरुदेव का साथ उनसे छूट गया। वे उस संवेदना को प्रकट नहीं कर सकते थे, किंतु ऐसा लगा कि अब वे उन्हें जीवित नहीं पाएँगे। उनका अनुमान असत्य नहीं था।

आश्रम में पहुँचे तो गुरुदेव को पद्मासन की मुद्रा में निश्चल देखा। ऐसा लगा मानो अभी नेत्र खोलकर बातें करने लगेंगे। वे तो पूरी तरह से स्वस्थ व सुंदर दिख रहे थे। देहत्याग से कुछ दिन पूर्व बुखार हुआ था, परंतु दो दिन पहले ठीक हो गया था। वे अपने उस अंतिम बुलावे के लिए पूरी तरह सचेत थे।

योगानंदजी के अश्रु रोके नहीं रुक रहे थे। मन के भीतर गुरुदेव का स्वर निरंतर आश्वासन दे रहा था कि शांत हो जाओ, धैर्य रखो और इस नियति को स्वीकारो।

यदि उन्हें पता होता कि गुरुदेव उन्हें उनकी अनुपस्थिति में छोड़ जाएँगे, तो वे कभी कुंभ के मेले में न जाते। संभवत: वे नहीं चाहते थे कि योगानंद के सम्मुख इस संसार से विदा लें।

योगानंद ने ही उनका अंतिम संस्कार किया। पुरी आश्रम के उद्यान में

ही उनके पार्थिव शरीर को समाधि दी गई।

इसके बाद उनके सभी शिष्यों के लिए एक शोकसभा का आयोजन किया गया, जिसमें दूर-दूर से आए शिष्यों ने भाग लिया तथा अपनी ओर से गुरुदेव को श्रद्धासुमन अर्पित की। पुरी में 21 मार्च को एक महाभंडारे का आयोजन किया गया। कोलकाता के प्रमुख समाचार-पत्रों तथा पत्रिकाओं में भी यह शोक संदेश प्रकाशित हुआ।

□

श्री युक्तेश्वर गिरिजी का पुनरुत्थान

योगानंदजी अपनी व्यस्त जीवनचर्या के बीच लौट आए और नाना प्रकार के शेष कार्यों को निपटाने लगे। भारत स्थित 'योगदा सत्संग सोसाइटी' का कार्य सुयोग्य नेतृत्व को सौंप दिया गया था। दरअसल, गुरुदेव के जाने के बाद भारत से मोहभंग सा हो गया था। लोगों की भीड़ के बीच भी जैसे उनके मन में टीस सी उठती रहती। ऐसा लगता था मानो सबकुछ निरर्थक हो गया हो। गुरुदेव के जाने से उनके जीवन का एक महत्त्वपूर्ण अध्याय ही समाप्त हो गया था। उनके लिए जून के प्रारंभ में यात्रा करने की व्यवस्था की जा रही थी। विदाई भोजों तथा व्याख्यानों और शेष स्थानों की यात्रा के बाद पश्चिम वापसी का समय हो गया था, अचानक पता चला कि उन्हें यात्रा रद्द करनी होगी। दरअसल जहाज पर कार के लिए स्थान नहीं था और उन्हें विदेशों में यात्रा के लिए भी उस कार की आवश्यकता पड़ती थी, अत: यही तय किया गया कि इसके बाद जो भी जहाज जाएगा, उसमें यात्रा का प्रबंध किया जाए। योगानंदजी उन दिनों बंबई में थे। उन्हें लगा कि चलो अच्छा ही हुआ। अब वे एक बार फिर से पुरी जाकर गुरुदेव की समाधि के दर्शन कर सकते थे।

श्री युक्तेश्वर गिरिजी का अपनी भौतिक देह को त्यागने के तीन माह बाद पुनरुत्थान हुआ। गुरु के पुनरुत्थान पर दिया गया यह अध्याय मृत्यु के बाद जीवन के विषय में रोचक अंतर्दृष्टि प्रदान करता है। उन्होंने 21 मार्च, 1936 को अपनी भौतिक देह का त्याग किया। योगानंदजी के मन

में संताप था कि अब वे अपने गुरुदेव को श्रीरामपुर के आश्रम में नहीं देख सकेंगे। कभी अपने मित्रों को उनसे भेंट कराते हुए यह नहीं कह सकेंगे कि वे उन्हें एक ज्ञान के अवतार से मिलाने लाए हैं। योगनंदजी ने अपनी आत्मकथा में विशेष रूप से इस घटना का वर्णन किया, क्योंकि यह उनके गुरु का आदेश था कि संसार को इस विषय में जानकारी दें और अपने गुरु के पुनरुत्थान को समर्थन प्रदान करें। यही कारण है कि हमने भी योगानंदजी की जीवनी में इस अध्याय के प्रमुख अंशों को सम्मिलित करना आवश्यक समझा।

एक सप्ताह बाद, मुंबई के एक होटल के कमरे में दोपहर तीन बजे एक आध्यात्मिक घटना घटी। श्री परमहंस योगानंद अपने कमरे में दिव्यप्रकाश को देख ध्यान से जाग गए और उन्होंने रक्त-मांस के शरीर में अपने गुरु श्री युक्तेश्वरजी को प्रत्यक्ष रूप से देखा।

वे मुंबई के रीजेंट होटल में ठहरे थे, तभी उन्हें भगवान् कृष्ण के दिव्य रूप के दर्शन हुए। वे कहते हैं, ''दिव्य प्रभु मेरी ओर देखकर मुसकराते हुए हाथ हिला रहे थे। जब मैं भगवान् कृष्ण के संदेश को नहीं समझा तो वे आशीर्वाद देने की मुद्रा में आने के बाद लौट गए। मैंने अनुभव किया कि कोई आध्यात्मिक घटना घटनेवाली है।''

एक सप्ताह बाद, मुंबई के एक होटल के कमरे में दोपहर तीन बजे एक आध्यात्मिक घटना घटी। श्री परमहंस योगानंद अपने कमरे में दिव्यप्रकाश को देख ध्यान से जाग गए और उन्होंने रक्त-मांस के शरीर में अपने गुरु श्री युक्तेश्वरजी को प्रत्यक्ष रूप से देखा। इस भेंट का भावात्मक होना स्वाभाविक ही था और पहली बार योगानंद अपने गुरु का आशीर्वाद लेने के लिए उनके चरणों में नहीं गिरे, अपितु उन्हें अपने आलिंगन में कसकर जकड़ लिया। गुरु ने उन्हें सहलाते हुए दबी हँसी के साथ कहा, ''वत्स! क्या तुम अपनी पकड़ थोड़ी ढीली नहीं कर सकते? इस स्नेहालिंगन में तो मेरा दम घुटा जा रहा है।''

जब परमहंस योगानंदजी ने भावुक होते हुए पूछा कि उनके गुरु का शरीर वैसा ही क्यों लग रहा था जैसा कि धरती पर लगा करता था तो उत्तर मिला, ''यह रक्त व मांस का शरीर है। यद्यपि यह उन्हें आकाशीय दिखता है, परंतु दूसरों के लिए यह जड़ है। उन्होंने सृष्टि के परमाणुओं से एक नए शरीर की रचना की है…।'' इसी भेंट में योगानंदजी के गुरु ने उन्हें अपने विचार चित्रों के द्वारा ही सूक्ष्म जगत् की सारी जानकारी दी और यह बताया कि ''मनुष्य की आत्मा कितने प्रकार के शरीरों में निवास करती है। सूक्ष्म जगत् कैसा दिखता है। वहाँ के निवासी क्या खाते-पीते हैं अथवा कैसे रहते हैं। वे परस्पर संप्रेषण कैसे करते हैं। स्वामी श्री युक्तेश्वर गिरि के अनुसार, मनुष्य की आत्मा तीन शरीरों में आबद्ध है तथा सृष्टि का संसार भी ऐसा ही है। महान् गुरु कहते हैं, तुमने ग्रंथों में पढ़ा होगा कि उन्होंने मनुष्य की आत्मा को भाव या कारण शरीर, मानसिक या भावनात्मक प्रकृति के स्थान पर सूक्ष्म शरीर तथा स्थूल पंचभौतिक शरीर में आबद्ध किया है। पृथ्वी पर मनुष्य अपनी देह इंद्रियों से युक्त होता है। सूक्ष्म जगत् के लोग चेतना, भावना एवं प्राणशक्ति से बने शरीर से अपना काम चलाते हैं।'' (हिंदू शास्त्रों में केवल अणु और उससे सूक्ष्म परमाणु का ही नहीं, बल्कि सूक्ष्म विद्युतीय शक्तियों या सृजनात्मक प्राणाणुओं का भी उल्लेख मिलता है।)

जब परमहंस योगानंदजी ने भावुक होते हुए पूछा कि उनके गुरु का शरीर वैसा ही क्यों लग रहा था जैसा कि धरती पर लगा करता था तो उत्तर मिला, ''यह रक्त व मांस का शरीर है। यद्यपि यह उन्हें आकाशीय दिखता है, परंतु दूसरों के लिए यह जड़ है। उन्होंने सृष्टि के परमाणुओं से एक नए शरीर की रचना की है…।''

उन्होंने बताया, ''प्राण एक बुद्धिमान जीवनीशक्ति है। वह कार्मिक रचना के अनुसार भ्रूणीय विकास का मार्गदर्शन करती है। कारण शरीरधारी जीव भावों से बने आनंदमय जगत् में रहते हैं। उनका कार्य उन सूक्ष्म देहधारियों का मार्गदर्शन करना है, जो कारण जगत् में प्रवेश करने के लिए तैयार हो

रहे हैं। तीनों प्रकार की देह तथा जगतों में, कारण ही सबसे अधिक गूढ़ है। यह विचार से संबंध रखता है। इस प्रकार कारण इच्छाएँ केवल बोध से ही पूरी हो जाती हैं।

"कारण जगत् में, आत्मा एक और शरीर में आबद्ध होती है। इसके बाद वह ईश्वर के साथ एकाकार हो सकती है। यहाँ यह तथ्य महत्त्वपूर्ण है कि यद्यपि कारण जगत् तथा कारण शरीर चेतना के बहुत ही गूढ़ स्तर हैं, आत्मा फिर भी एक और शरीर में है। इस प्रकार यह अब भी ईश्वरीय चेतना की मूल अवस्था में नहीं है। जब आत्मा कारण शरीर का त्याग करती है तो उसे पूर्ण स्वतंत्रता का अनुभव होता है और वह प्रभु के साथ एकात्म हो जाती है। इस अवस्था के बाद आत्मा शरीर, भाव तथा मन की किसी भी इच्छा से परे होती है और यह मान लेती है कि यह सृजन एक विचार है।

कारण जगत् में, आत्मा एक और शरीर में आबद्ध होती है। इसके बाद वह ईश्वर के साथ एकाकार हो सकती है। यहाँ यह तथ्य महत्त्वपूर्ण है कि यद्यपि कारण जगत् तथा कारण शरीर चेतना के बहुत ही गूढ़ स्तर हैं, आत्मा फिर भी एक और शरीर में है। इस प्रकार यह अब भी ईश्वरीय चेतना की मूल अवस्था में नहीं है।

"मृत्यु के बाद हमारी आत्मा सूक्ष्म जगत् में प्रवेश करती है। इस दूसरी अवस्था में वह स्पंदनों के साथ जीवित रहती है। यहाँ भावों तथा भावनाओं का ही वर्चस्व होता है। तीसरा जगत् भौतिक जगत् है। इस प्रकार, आत्मा न केवल तीन शरीरों में रहती है, अपितु यह तीन आयामों में भी जीवित रहती है। प्रत्येक आत्मा का अंतिम लक्ष्य यही होता है कि वह सभी बाधाओं को पार करे तथा उस ईश्वर के साथ एकात्म रूप ले ले। प्रत्येक जगत् तरह-तरह के प्रलोभनों से भरा है। सूक्ष्म जगत् इतना दैवीय आनंद देता है कि आत्मा को यह भूल ही जाता है कि उसे इस आनंद से परे जाकर, परमात्मा से लौ लगानी है। प्रभु की चेतना तो परम आनंद है और उसे पाने के लिए हमें अपनी इंद्रियों के आनंद से परे जाना

होगा। स्वामी श्री युक्तेश्वर गिरि ने अपने शिष्य को जानकारी दी। वस्तुतः मेरा पुनरुत्थान हो चुका है—पृथ्वी पर नहीं, बल्कि एक सूक्ष्म लोक में। इसे हिरण्यमयी लोक कहते हैं। वहाँ मैं उन्नत आत्माओं को सूक्ष्म जगत् के कर्मों से मुक्ति पाने में और इस प्रकार सूक्ष्म जगत् में बार-बार पुनर्जन्म से मुक्त होने में सहायता करता हूँ। जिस प्रकार कर्मों से मुक्ति पाने में मनुष्यों की सहायता के लिए संतों व सद्गुरुओं को इस धरती पर भेजा जाता है, उसी प्रकार ईश्वर ने मुझे आदेश दिया है कि मैं वहाँ सूक्ष्म जगत् में मुक्ति पाने में लोगों को सहायता प्रदान करूँ।''

हिरण्यलोक आध्यात्मिक दृष्टि से उन्नत आत्माओं का लोक है। हिरण्यलोक के वासी उन साधारण सूक्ष्मलोकों से पहले ही पार हो चुके होते हैं, जहाँ पृथ्वी के वासियों को मृत्यु के उपरांत जाना होता है। वहाँ जाने के बाद ही आत्मा कारण जगत् में प्रवेश पाने की आशा कर सकती है। हिरणयलोक के वासी आध्यात्मिक रूप से बहुत उन्नत होते हैं।

अपने गुरु के मुख से ऐसे वचनों को सुन योगानंद निहाल हो उठे। वे चाहते थे कि गुरु द्वारा मिल रहे ज्ञानरूपी अमृत के कण-कण को अपने भीतर सँजो लें।

दो महत्त्वपूर्ण बातें—''हिरण्यलोक आध्यात्मिक दृष्टि से उन्नत आत्माओं का लोक है। हिरण्यलोक के वासी उन साधारण सूक्ष्मलोकों से पहले ही पार हो चुके होते हैं, जहाँ पृथ्वी के वासियों को मृत्यु के उपरांत जाना होता है। वहाँ जाने के बाद ही आत्मा कारण जगत् में प्रवेश पाने की आशा कर सकती है। हिरण्यलोक के वासी आध्यात्मिक रूप से बहुत उन्नत होते हैं। उन सबने इस पृथ्वी पर अपने आखिरी जन्म में, मृत्यु के समय सचेत रहते हुए, जड़ देह का त्याग करने की ध्यान प्रदत्त सामर्थ्य प्राप्त कर ली थी। पृथ्वी पर रहते, जब तक कोई सविकल्प समाधि से आगे जाकर निर्विकल्प समाधि में स्थित नहीं होता, तब तक वह हिरण्यलोक में प्रवेश नहीं कर सकता।

"यदि कोई पृथ्वी पर रहते, सविकल्प समाधि से आगे जाकर निर्विकल्प समाधि में स्थित नहीं होता, तब तक वह हिरण्यलोक में प्रवेश नहीं कर सकता। सविकल्प समाधि में साधक ईश्वर के साथ अपनी एकात्मकता को अनुभव कर लेता है, परंतु केवल ध्यान की निश्चल समाधि अवस्था को छोड़कर, अन्य समय वह ब्रह्मचैतन्य की अवस्था में नहीं रह सकता। जबकि निर्विकल्प समाधि में, वह संसार में मुक्त संचार करते हुए भी, ईश्वरानुभूति की अवस्था से नीचे नहीं आता, संत प्राय: इसी अवस्था में रहते हैं। समाधि की अवस्था में आने के बाद भी आत्मा को कारण जगत् मे प्रवेश नहीं मिलता। अभी इन आत्माओं को अपने सूक्ष्म कर्मों पर काम करना शेष होता है।

हिरण्यलोक के वासी पहले ही साधारण सूक्ष्म लोकों को पार कर आए हैं, जहाँ पृथ्वी के वासियों को मृत्यु के बाद जाना होता है। उन्होंने अपने सूक्ष्म लोकों के गत कर्मों के बीज नष्ट कर डाले हैं। सूक्ष्मलोक में आत्मोद्धार का यह कार्य केवल उन्नत साधक ही कर पाते हैं। अधिकांश लोग सूक्ष्मलोक के सौंदर्य का उपभोग करने में इतना मग्न हो जाते हैं कि कठिन आध्यात्मिक साधना की आवश्यकता को भुला देते हैं।

"हिरण्यलोक के वासी पहले ही साधारण सूक्ष्म लोकों को पार कर आए हैं, जहाँ पृथ्वी के वासियों को मृत्यु के बाद जाना होता है। उन्होंने अपने सूक्ष्म लोकों के गत कर्मों के बीज नष्ट कर डाले हैं। सूक्ष्मलोक में आत्मोद्धार का यह कार्य केवल उन्नत साधक ही कर पाते हैं। अधिकांश लोग सूक्ष्मलोक के सौंदर्य का उपभोग करने में इतना मग्न हो जाते हैं कि कठिन आध्यात्मिक साधना की आवश्यकता को भुला देते हैं। परंतु इन आत्माओं को अपने बचे हुए कर्मों के बीज नष्ट करने के लिए हिरण्यलोक में सूक्ष्म शरीर धारण कर जन्म लेना होता है। वहाँ वे उनकी सहायता करते हैं। वहाँ कोई भी नारी गर्भ से जन्म नहीं लेता। सूक्ष्म जगतवासी अपनी विराट् इच्छाशक्ति के माध्यम से विशिष्ट रचना के अनुसार लघु रूप दिए गए सूक्ष्म

शरीर को अस्तित्व में लाकर संतान उत्पन्न करते हैं। हाल ही में स्थूल शरीर से मुक्त हुआ जीव अपने समान ही मानसिक व आध्यात्मिक प्रवृत्तियाँ रखनेवाले सूक्ष्म जगतीय परिवार में उनके निमंत्रण पर जन्म लेता है।''

परमहंसजी ने पूछा, ''जब कोई आत्मा धरती पर ही अपना चोला त्याग देती है तो उसकी दोबारा मृत्यु कैसे होती है।''

स्वामी श्री युक्तेश्वर गिरि ने बताया, ''जड़ देह की मृत्यु के साथ श्वास रुक जाता है और बाद में शरीरकोशों का विघटन आरंभ हो जाता है। सूक्ष्म शरीर की मृत्यु होने पर जिन प्राणाणुओं से वह बना था, वे सब प्राणाणु बिखर जाते हैं।

''यथासमय सूक्ष्म जगत् में उसकी मृत्यु हो जाती है और इस प्रकार सूक्ष्म जगत् के जन्म-मृत्यु को अनुभव कर वह पुनः स्थूल जगत् के जन्म-मृत्यु का अनुभव करता है। इस प्रकार सूक्ष्म व स्थूल जन्म-मृत्यु के चक्रों से बार-बार गुजरना ही माया में आबद्ध जीवों की नियति है। कभी-कभी शास्त्रों में दिए गए स्वर्ग व नर्क के वर्णनों को सुनकर, मनुष्य के अंतर्मन के गहन तल में सुप्त पड़ी सुखमय सूक्ष्म जगत् की और दु:खमय पार्थिव जगत् के अनुभवों की स्मृतियाँ जाग उठती हैं।

यथासमय सूक्ष्म जगत् में उसकी मृत्यु हो जाती है और इस प्रकार सूक्ष्म जगत् के जन्म-मृत्यु को अनुभव कर वह पुनः स्थूल जगत् के जन्म-मृत्यु का अनुभव करता है। इस प्रकार सूक्ष्म व स्थूल जन्म-मृत्यु के चक्रों से बार-बार गुजरना ही माया में आबद्ध जीवों की नियति है। कभी-कभी शास्त्रों में दिए गए स्वर्ग व नर्क के वर्णनों को सुनकर, मनुष्य के अंतर्मन के गहन तल में सुप्त पड़ी सुखमय सूक्ष्म जगत् की और दु:खमय पार्थिव जगत् के अनुभवों की स्मृतियाँ जाग उठती हैं।

''सूक्ष्म जगत् में आनेवाले लोग अपने भौतिक कर्मों के बोझ के अनुसार वहाँ कम या अधिक समय तक रहते हैं, उनके भौतिक कर्मों का भार उन्हें एक सुनिश्चित अवधि में पुनः पृथ्वी पर वापस खींच लाता है। कई बार मृत्यु

के बाद भौतिक इच्छाओं का वेग इतना प्रबल होता है कि आत्मा उसी समय धरती पर लौट आती है। परंतु प्रायः आत्मा सूक्ष्म जगत् में 500 से 1000 वर्ष का समय व्यतीत करती है। जैसे कुछ रेडवुड वृक्ष अन्य वृक्षों की तुलना में सहस्रों वर्षों तक जीवित रहते हैं या कुछ योगी सैकड़ों वर्षों तक जीवित रहते हैं, जबकि अधिकांश मनुष्य साठ वर्ष की आयु से ही पहले मर जाते हैं। वैसे ही सूक्ष्म जगत् के लोग कभी-कभी दो हजार वर्ष तक भी जीवित रहते हैं।

"सूक्ष्म जगतवासियों को अपने शरीर का त्याग करते समय पीड़ा का सामना नहीं करना होता। सूक्ष्मलोक असमय मृत्यु, रोग तथा वृद्धावस्था से कहीं परे है। जब आध्यात्मिक उन्नति द्वारा कोई जीव सूक्ष्म जगत् से मुक्त होकर उसके कारण जगत् में प्रवेश करने योग्य हो जाता है। हिरण्यलोक जैसे सूक्ष्म जगत् के उच्च लोकों में आनंदोत्सव मनाए जाते हैं। अपने प्रिय भक्त को प्रसन्न करने के लिए परमपिता भी उसकी इच्छा के अनुसार ही रूप धारण करते हैं।

सूक्ष्म जगतवासियों को अपने शरीर का त्याग करते समय पीड़ा का सामना नहीं करना होता। सूक्ष्मलोक असमय मृत्यु, रोग तथा वृद्धावस्था से कहीं परे है। जब आध्यात्मिक उन्नति द्वारा कोई जीव सूक्ष्म जगत् से मुक्त होकर उसके कारण जगत् में प्रवेश करने योग्य हो जाता है। हिरण्यलोक जैसे सूक्ष्म जगत् के उच्च लोकों में आनंदोत्सव मनाए जाते हैं।

"केवल सूक्ष्म से भौतिक संसार में ही पुनर्जन्म नहीं होता। कारण जगत् से भी सूक्ष्मलोक में दुबारा जन्म लेना होता है। भले ही आत्मा हिरण्यलोक से कारण जगत् में चली जाए, किंतु यदि उसके भीतर वासना शेष होगी तो वह प्रभु से एकाकार होने के स्थान पर पुनः हिरण्यलोक में जन्म लेगी।

"बहुत से सूक्ष्म जगत् होते हैं। जब आत्मा आध्यात्मिक रूप से प्रगति करती है तो यह जिस सूक्ष्म जगत् में जन्म पाती है, वह पिछले जगत् से कहीं अधिक उच्च, गूढ़ तथा सुंदर होता है। हिरण्यलोक सबसे उच्चतर लोक

है। साधारण सूक्ष्म तलों में धरती से आई असंख्य जीवात्माएँ भरी रहती हैं। अधिकांश जीवों का सूक्ष्म शरीर उनके पिछले स्थूल शरीर की प्रतिमूर्ति होता है। सूक्ष्मलोकवासी युवा, स्वस्थ तथा किसी भी तरह की पीड़ा व विकृति से रहित होते हैं। जीव का चेहरा पृथ्वी पर उसकी युवावस्था जैसा ही दिखता है, परंतु कुल मिलाकर यह व्यक्ति-विशेष पर निर्भर होता है। यह सूक्ष्म जगत् केवल मनुष्य जाति का ही आधार नहीं है। वहाँ असंख्य मछलियाँ, पशु, बौने, भूत-प्रेत व उपदेवता तथा मत्स्य कन्याएँ भी रहती हैं। वे सब अपने-अपने कर्मों की गुणवत्ता के स्तर के अनुसार सूक्ष्म जगत् के विभिन्न ग्रहों पर रहते हैं। अच्छी आत्माएँ मुक्त रूप से संचार कर सकती हैं, जबकि बुरी आत्माएँ सीमित क्षेत्र में ही संचार कर सकती हैं। पतित देवदूत व आत्माएँ सूक्ष्म जगत् के अंतरिक्ष के सबसे गहरे व निचले तल में वास करते हैं। यदि वे चाहें तो अपने कर्मों का भार हल्का करते हुए ऊँचा उठ सकते हैं।

"सूक्ष्म लोकवासी एक से दूसरे ग्रह में जाने के लिए सूक्ष्म विमानों या प्रकाश-पिंडों का प्रयोग करते हैं, जो विद्युतशक्ति या रेडियोधर्मी शक्तियों से भी अधिक गति से जाते हैं। सूक्ष्म जगतवासी अपनी इच्छा के अनुसार रूप धारण कर सकते हैं। फूल, मछली या पशु कुछ समय के लिए सूक्ष्म जगत् के पुरुषों का रूप ले सकते हैं। वहाँ सभी जीवों को कोई-न-कोई रूप धारण करने की स्वतंत्रता है। वे बड़ी सरलता से आपस में संपर्क स्थापित कर सकते हैं। उनके बीच सूक्ष्म विचार संक्रमण तथा सूक्ष्म दूरदर्शन द्वारा ही संप्रेषण चलता है। मानव जीवित रहने के लिए ठोस पदार्थों, द्रव पदार्थों, वायु तथा प्राणशक्ति पर निर्भर रहता है, परंतु सूक्ष्म

सूक्ष्म लोकवासी एक से दूसरे ग्रह में जाने के लिए सूक्ष्म विमानों या प्रकाश-पिंडों का प्रयोग करते हैं, जो विद्युतशक्ति या रेडियोधर्मी शक्तियों से भी अधिक गति से जाते हैं। सूक्ष्म जगतवासी अपनी इच्छा के अनुसार रूप धारण कर सकते हैं। फूल, मछली या पशु कुछ समय के लिए सूक्ष्म जगत् के पुरुषों का रूप ले सकते हैं।

जगत् के लोग प्रमुख रूप से दिव्य प्रकाश के बल पर ही जीवित रहते हैं।''

स्वामी श्री युक्तेश्वर गिरि के अनुसार, ''सूक्ष्म जगत् प्रकाश व रंगों के सूक्ष्म स्पंदनों से बना है तथा भौतिक सृष्टि से सैकड़ों गुना बड़ा है। यहाँ असंख्य सूक्ष्म सौरमंडल तथा नक्षत्रमंडल हैं। इनके सूक्ष्म सूर्य व चंद्र भौतिक सृष्टि के सूर्य व चंद्रों से कहीं अधिक सुंदर हैं। दिन व रातें कहीं अधिक लंबे हैं। सूक्ष्म जगत् असीम सुंदर, स्वच्छ, शुद्ध व सुव्यवस्थित है। वहाँ कोई निर्जीव ग्रह अथवा बंजर भूमि नहीं है। वहाँ पृथ्वी के अभिशापस्वरूप खर-पतवार, बैक्टीरिया, कीड़े-मकोड़े, साँप आदि भी नहीं पाए जाते। वहाँ ऋतुओं में भी कोई परिवर्तन नहीं आता। वहाँ सदा चिरवसंत ऋतु की तरह समशीतोष्ण जलवायु रहती है तथा कभी-कभी ज्योतिर्मय हिमपात भी होता है। वहाँ बहुरंगे प्रकाश की वर्षा होती है। सूक्ष्म जगत् में स्फटिक जल की झीलें, उज्ज्वल समुद्र तथा इंद्रधनुषी नदियाँ बहुतायत में हैं।

स्वामी श्री युक्तेश्वर गिरि के अनुसार, ''सूक्ष्म जगत् प्रकाश व रंगों के सूक्ष्म स्पंदनों से बना है तथा भौतिक सृष्टि से सैकड़ों गुना बड़ा है। यहाँ असंख्य सूक्ष्म सौरमंडल तथा नक्षत्रमंडल हैं। इनके सूक्ष्म सूर्य व चंद्र भौतिक सृष्टि के सूर्य व चंद्रों से कहीं अधिक सुंदर हैं। दिन व रातें कहीं अधिक लंबे हैं। सूक्ष्म जगत् असीम सुंदर, स्वच्छ, शुद्ध व सुव्यवस्थित है।

''त्रिआयामी भौतिक जगत् का ज्ञान केवल पाँच इंद्रियों के माध्यम से ही हो सकता है, परंतु सूक्ष्मलोकों का ज्ञान छठी इंद्रिय व अंतर्ज्ञान से होता है।'' योगानंदजी ने अपने गुरु से यह जानना चाहा कि क्या सूक्ष्म जगतवासी कुछ खाते-पीते भी हैं।

''सूक्ष्म जगत् की भूमि में तेजस्वी किरणों के समान दिखनेवाली सब्जियाँ बहुतायत में होती हैं। वे उन सब्जियों को खाते हैं तथा प्रकाश के तेजस्वी झरनों व नदियों-नालों में बहनेवाला एक प्रकार का अमृत पीते हैं। जिस प्रकार पृथ्वी के लोगों के अदृश्य चित्रों को टी.वी. की मदद से वातावरण से

खींचकर प्रकट किया जा सकता है और वे बाद में वातावरण में विसर्जित हो जाते हैं, उसी प्रकार सूक्ष्म जगतवासियों की कल्पना मात्र से बाग-बगीचे प्रकट हो जाते हैं तथा बाद में वातावरण में विलुप्त हो जाते हैं। हिरण्यलोक के वासी दिव्य परमानंद के अतिरिक्त और किसी वस्तु का सेवन नहीं करते। उनकी विलक्षण कल्पना ही सारी इच्छाओं की पूर्ति का माध्यम बन जाती है।

''पूर्वजन्मों के मित्र सूक्ष्म जगत् में आसानी से एक-दूसरे को पहचान लेते हैं। वे मित्रता के अमरत्व को देखकर आनंदित होते हैं और उसी के साथ वे प्रेम की अनश्वरता को भी जान लेते हैं।

''कारण जगत् वह अंतिम अवस्था है, जहाँ आत्मा अपने अंतिम चोले से बाहर आ जाती है। पृथक् आत्मा के रूप में मनुष्य मूलतः कारण शरीरधारी आत्मा है। यह कारण शरीर पैंतीस बीजरूप भावों का गर्भस्थान है। इन पैंतीस बीजों से ही वे पैंतीस मूल भाव शक्तियाँ या कारक विचार शक्तियाँ विकसित हुईं, जिनसे विधाता ने बाद में उन्नीस तत्त्वोंवाले सूक्ष्म शरीर तथा सोलह तत्त्वोंवाले स्थूल शरीर का सृजन किया।

कारण जगत् वह अंतिम अवस्था है, जहाँ आत्मा अपने अंतिम चोले से बाहर आ जाती है। पृथक् आत्मा के रूप में मनुष्य मूलतः कारण शरीरधारी आत्मा है। यह कारण शरीर पैंतीस बीजरूप भावों का गर्भस्थान है।

''कारण जगत् आत्मा को बंदी रखने का अंतिम स्थान है। वही उसे ईश्वर से एकाकार होने से रोकता है। उससे छूटकर ही आत्मा सर्वशक्तिमान पिता से भेंट करती है। यह वह जगत् है, जहाँ विचार ही प्रधान है। वहाँ जाकर यह ज्ञान होता है कि जो भी दिखाई देता है, वे ग्रह तथा विभिन्न आयाम, प्रभु के विचार-तत्त्व की सूक्ष्म कणिकाओं से बने हैं, जिन्हें माया ने सृष्टि को स्रष्टा से विभक्त करने के लिए खंडित किया है। कारण जगतवासी अपने विचार मात्र से शब्द, स्पर्श, रस, रूप एवं गंध को अनुभव कर सकते हैं। विराट् मन के बल से वे किसी भी वस्तु का सृजन कर सकते हैं या उसका विलयन भी कर सकते हैं।

"कारण जगत् में भी जन्म व मृत्यु होते हैं, किंतु वे केवल विचारों में होते हैं, क्योंकि कारण आत्मा के पास कोई शरीर नहीं केवल अस्तित्व का विचार होता है। कारण जगत् में उनका आहार भी सबसे अलग होता है। उनका आहार केवल चिरनूतन ज्ञानामृत है। वे शांति के झरने से पान करते हैं, अनुभूतियों की पथरहित भूमि में टहलते हैं और परमानंद के अनंत सागर में गोता लगाते हैं। वह देखो, कैसे उनके उज्ज्वल विचार देह परमतत्त्व के बने कोटि-कोटि ग्रहों, नवजात ब्रह्मांड के बुलबुलों, ज्ञानरूपी तारों व अनंत के हृदयरूपी आकाश में फैली कई रंगों की छटाओं को छोड़कर आगे निकल जाते हैं।

"कारण जगत् में कई बार जन्म व मृत्यु के चक्र में हजारों वर्ष का समय लग सकता है। आत्मा विचार मात्र से स्वयं को कारण शरीर से बाहर निकालकर प्रसन्नता का अनुभव करती है और कारण जगत् की विशालता में व्याप्त होते हुए, सनातन हास्य, रोमांच एवं धड़कनों की लहरों से युक्त संपूर्ण ब्रह्मसागर में विलीन हो जाती है।"

"कारण जगत् में कई बार जन्म व मृत्यु के चक्र में हजारों वर्ष का समय लग सकता है। आत्मा विचार मात्र से स्वयं को कारण शरीर से बाहर निकालकर प्रसन्नता का अनुभव करती है और कारण जगत् की विशालता में व्याप्त होते हुए, सनातन हास्य, रोमांच एवं धड़कनों की लहरों से युक्त संपूर्ण ब्रह्मसागर में विलीन हो जाती है।"

यह सुनकर अचानक ही शिष्य के मुख से निकल पड़ा, "आखिर मुक्त हुई आत्मा!"

"एक गुरु, जो अंतिम स्वतंत्रता पा लेता है, वह इस धरती पर एक संत के रूप में लौट सकता है, ताकि अन्य मनुष्यों को प्रभु के पास ले जा सके या मेरी तरह, वह सूक्ष्म ब्रह्मांड में रहने का चुनाव कर सकता है। वहाँ वास करनेवाला उद्धारक उन लोगों के कर्मों का कुछ बोझ अपने पर लेकर, सूक्ष्म जगत् में उनके पुनर्जन्म के चक्र को समाप्त करने में और सदा के लिए कारण

जगत् में निकल जाने में उनकी सहायता करता है।''

श्री परमहंस योगानंदजी ने अपने गुरु से पूछा, ''ऐसे कौन से कर्म हैं, जो जीवों को तीनों जगतों में लौट आने के लिए विवश करते हैं?'' वे अपने गुरु के मुख से जीवन तथा मृत्यु के गूढ़ सत्यों को जानने का सौभाग्य पा रहे थे।

''मनुष्य के सारे भौतिक कर्मों अर्थात् इच्छाओं एवं वासनाओं का जब पूरी तरह से नाश हो जाता है, तभी वह सूक्ष्म जगत् में अखंड वास कर सकता है। सूक्ष्म जगत् में दो प्रकार के जीव रहते हैं। जिन जीवों के पृथ्वीलोक से संबंधित कर्म शेष हों और जिन्हें कर्मों का भार उतारने के लिए अभी फिर से जन्म लेना हो, वे इस सूक्ष्म जगत् के अस्थायी निवासी कहलाते हैं। वे वहाँ के अधिष्ठित वासी नहीं हैं।

''जिन जीवों के पृथ्वी से जुड़े कर्म समाप्त नहीं होते, वे सूक्ष्म जगत् में प्रवेश के बाद भी सृष्टि परिकल्पनाओं के उच्च कारण जगत् में प्रवेश नहीं पा सकते। उन्हें केवल स्थूल और सूक्ष्म जगत् में ही आवागमन करना होता है। उन्हें बारी-बारी से अपने सोलह स्थूल तत्त्वों से बने स्थूल शरीर का तथा उन्नीस सूक्ष्म तत्त्वों से बने सूक्ष्म शरीर का बोध रहता है। तथापि अपने प्रत्येक स्थूल शरीर के निधन के बाद, पृथ्वीलोक से आनेवाला अविकसित जीव अधिकांश समय मृत्यु-निद्रा की गहन मूर्च्छा में ही रहता है। उसे सुंदर सूक्ष्म जगत् का कोई बोध नहीं होता। सूक्ष्म जगत् में ऐसी विश्रांति पाने के बाद वह जीव आगे की शिक्षा ग्रहण करने के लिए स्थूल जगत् में लौट आता है। इस तरह बार-बार आवागमन के कारण धीरे-धीरे उसे सूक्ष्म लोकों का परिचय प्राप्त होता है।

जिन जीवों के पृथ्वी से जुड़े कर्म समाप्त नहीं होते, वे सूक्ष्म जगत् में प्रवेश के बाद भी सृष्टि परिकल्पनाओं के उच्च कारण जगत् में प्रवेश नहीं पा सकते। उन्हें केवल स्थूल और सूक्ष्म जगत् में ही आवागमन करना होता है। उन्हें बारी-बारी से अपने सोलह स्थूल तत्त्वों से बने स्थूल शरीर का तथा उन्नीस सूक्ष्म तत्त्वों से बने सूक्ष्म शरीर का बोध रहता है।

''वहीं दूसरी ओर सूक्ष्म जगत् के सामान्य वासी या लंबे समय से वहाँ प्रस्थापित हो चुके वासी वे जीव हैं, जो पृथ्वी से संबंधित इच्छा-वासनाओं से हमेशा के लिए मुक्त हो चुके हैं और उन्हें पृथ्वी के निकृष्ट स्पंदनों में लौट आने की कोई आवश्यकता नहीं है। ऐसे जीवों के लिए केवल सूक्ष्म और कारण जगत् के ही कर्मों का क्षय करना शेष होता है। सूक्ष्म जगत् में मृत्यु होने पर ये जीव सूक्ष्म जगत् से भी अनंत गुना सूक्ष्म और सुंदर कारण जगत् में जाते हैं। एक निश्चित अवधि पूरी होने पर सूक्ष्म-जगत् के अपने बचे हुए कर्म काटने के लिए इन उन्नत जीवों का हिरण्यलोक या सूक्ष्म जगत् के किसी उच्चलोक में नए सूक्ष्म शरीर में पुनः जन्म होता है। बेटा, अब यह बात तुम्हें अच्छी तरह से समझ आ गई होगी कि ईश्वर की आज्ञा से ही मेरा पुनरुत्थान हुआ है और यह विशेष रूप से उन आत्माओं के उद्धार के लिए हुआ है, जो कारण जगत् से लौटकर सूक्ष्म जगत् में पुनर्जन्म धारण करती हैं। उन आत्माओं के लिए नहीं, जो पृथ्वीलोक से सूक्ष्म जगत् में आती हैं। यदि पृथ्वीलोक से आनेवाले जीवों के पृथ्वी से संबंधित कर्म अभी शेष हों तो वे हिरण्यलोक के समान किसी अति उच्चलोक में नहीं जा सकते।''

वहीं दूसरी ओर सूक्ष्म जगत् के सामान्य वासी या लंबे समय से वहाँ प्रस्थापित हो चुके वासी वे जीव हैं, जो पृथ्वी से संबंधित इच्छा-वासनाओं से हमेशा के लिए मुक्त हो चुके हैं और उन्हें पृथ्वी के निकृष्ट स्पंदनों में लौट आने की कोई आवश्यकता नहीं है। ऐसे जीवों के लिए केवल सूक्ष्म और कारण जगत् के ही कर्मों का क्षय करना शेष होता है।

योगानंदजी अपने गुरु से प्राप्त कृपा से भावविभोर थे। वे नम नेत्रों से बोले, ''गुरुदेव, आपका शरीर ठीक वैसा ही दिखाई देता है, जैसा पुरी आश्रम में आखिरी बार देखा था।''

''हाँ पुत्र, यह उसी देह का तत्सम प्रतिरूप है। मैं इसे अपनी इच्छानुसार

साकार या विसर्जित कर देता हूँ। मैं प्रकाश के माध्यम से कहीं भी जा सकता हूँ और तभी मुझे मुंबई में खोजने में भी कोई कठिनाई नहीं हुई।

''पृथ्वी पर तुमने मेरे स्वप्न-शरीर को समाधि दी थी। अब यह मेरा सूक्ष्म शरीर है और मैं इसके बाद इससे भी सूक्ष्म शरीर धारण करूँगा। बेटा, स्वप्न और सत्य के भेद को जानो। योगानंद, मेरे इस पुनरुत्थान की कथा सबको बताओ, ताकि संसार के दुःखग्रस्त, मृत्यु के भय से पीड़ित स्वप्नद्रष्टाओं के हृदय में नई आशा का संचार हो सके।''

पृथ्वी पर तुमने मेरे स्वप्न-शरीर को समाधि दी थी। अब यह मेरा सूक्ष्म शरीर है और मैं इसके बाद इससे भी सूक्ष्म शरीर धारण करूँगा। बेटा, स्वप्न और सत्य के भेद को जानो। योगानंद, मेरे इस पुनरुत्थान की कथा सबको बताओ, ताकि संसार के दुःखग्रस्त, मृत्यु के भय से पीड़ित स्वप्नद्रष्टाओं के हृदय में नई आशा का संचार हो सके।

युक्तेश्वरजी ने योगानंदजी के साथ दो घंटे का समय बिताया। गुरुदेव ने कहा, ''पुत्र, अब तुमसे विदा लेता हूँ। तुम जब भी निर्विकल्प समाधि के द्वार से प्रवेश करके मुझे पुकारोगे, तब आज ही की तरह रक्त-मांस के शरीर में प्रवेश कर तुम्हारे पास आ जाऊँगा।'' योगानंदजी ने अपने गुरुजी के शरीर को अपनी भुजाओं में ही विलय होते अनुभव किया। 'योगी कथामृत' से साभार अब उनके हृदय से प्रिय गुरु की मृत्यु तथा उनके वियोग का भार उतर गया था। अब वे जानते थे कि गुरु की मृत्यु नहीं हुई। वे तो शाश्वत हैं और उनके पुकारते ही प्रकट हो जाएँगे।

□

स्वामी योगानंद की गण्यमान्य हस्तियों से भेंट

स्वामी योगानंदजी मिस ब्लेच व श्री राइट के साथ महात्मा गांधीजी के आश्रम में उनसे भेंट करने गए। आश्रम मगनवाड़ी में जाते ही मन प्रसन्न हो गया। जब वे वहाँ पहुँचे तो गांधीजी का मौन-दिवस था। वे सोमवार को मौन-दिवस मनाते थे और आवश्यक वार्त्तालाप लेखन के माध्यम से ही होता था। उन्होंने स्वामीजी के लिए लिखा, ''स्वागत है, आश्रम के सभी निवासी आपकी सेवा में उपस्थित हैं। यदि कोई मदद चाहिए, तो इन्हें बुला लीजिए।''

सामूहिक प्रार्थना के बाद सभी लोगों के लिए भोजन परोसा गया। आश्रम में सभी पीतल के पात्रों में भोजन करते थे। भोजन सादगी व पौष्टिकता का अनूठा संगम था और स्वाद के तो कहने ही क्या!

गांधीजी ने स्वामीजी की थाली में भी एक चम्मच नीम की चटनी डाल दी। उन्होंने उसे बमुश्किल पानी के साथ गले के नीचे उतारा, पर यह देखकर आश्चर्य हुआ कि गांधीजी बड़े ही प्यार से उस चटनी को स्वाद लेकर खा रहे थे।

तब स्वामीजी को याद आया कि गांधी ने अपने मन को इंद्रियों से अलग करने की क्षमता उत्पन्न कर ली है। उन्होंने पेट के ऑपरेशन के दौरान किसी भी तरह की बेहोशी की दवा लेने से इनकार कर दिया था और बड़े ही आराम से अपना इलाज करवा लिया, जबकि साधारण परिस्थितियों में व्यक्ति को

बेहोश किए बिना ऐसा ऑपरेशन नहीं किया जा सकता था।

आगामी दिनों में गांधीजी ने स्वामीजी के साथ अनेक विषयों पर चर्चा की और भारत तथा अमेरिका के नागरिकों के परस्पर संबंधों पर बात करते हुए कहा, ''भारत आनेवाले अनेक अमेरिकी लोगों की आध्यात्मिक विषयों में गहरी रुचि देखकर मुझे सदा ही आनंद और आश्चर्य होता है।''

उन्होंने भारत तथा विश्व की अनेक परिस्थितियों पर अपने विचार प्रकट किए। गांधीजी ने टाउन हॉल में परमहंसजी के व्याख्यान का प्रबंध करवाया। वे चाहते थे कि उस क्षेत्र के लोग भी परमहंसजी के विचारों से अवगत हों। उस दिन हॉल में भारी भीड़ थी। लोग खिड़कियों पर बैठकर भी प्रवचन सुन रहे थे। पहले परमहंसजी ने हिंदी में प्रवचन दिया और फिर अंग्रेजी में योग पर अपने विचार प्रकट किए।

उन्होंने भारत तथा विश्व की अनेक परिस्थितियों पर अपने विचार प्रकट किए। गांधीजी ने टाउन हॉल में परमहंसजी के व्याख्यान का प्रबंध करवाया। वे चाहते थे कि उस क्षेत्र के लोग भी परमहंसजी के विचारों से अवगत हों। उस दिन हॉल में भारी भीड़ थी। लोग खिड़कियों पर बैठकर भी प्रवचन सुन रहे थे।

योगानंदजी को गांधीजी के व्यवहार की सादगी व आडंबर रहित जीवनशैली ने विशेष रूप से प्रभावित किया। वे जब विदेशों में किसी प्रवचन में भारत का वर्णन करते तो गांधीजी के गुणों तथा विशेषताओं पर भी प्रकाश डालना न भूलते।

जब उन्होंने आश्रम के उस स्नेही परिवेश से विदा ली तो वे गांधी के चरण-स्पर्श कर केवल इतना ही कह सके, ''महात्माजी, अब हम चलते हैं। आपके हाथों में भारत पूर्णतया सुरक्षित है।''

इस भेंट के बाद योगानंदजी ने आनंदमयी माँ से भेंट की। योगानंदजी की भतीजी ने उनसे आग्रह किया कि वे आनंदमयी माँ नामक महिला संत से अवश्य भेंट करें। योगानंदजी तो संतों से भेंट करने के लिए सदैव उत्सुक रहते

थे, अत: उन्होंने हामी भर दी। वे उन दिनों कोलकाता में ही आई हुई थीं।

वहाँ जाते ही उन्होंने देखा कि वे एक खुली कार में खड़ी थीं। उनके आस-पास करीब सौ शिष्य खड़े थे और वे उन्हें आशीर्वाद दे रही थीं। अचानक उन्होंने योगानंदजी को देखा तो कार से उतरकर उनके पास आ गईं। बाबा आ गए। उन्होंने योगानंदजी के गले में हाथ डालकर उनके कंधे पर सिर रख दिया। वे समाधि की उच्च अवस्था में थीं। जहाँ वे योगानंदजी को एक पुरुष के रूप में नहीं, आध्यात्मिक रूप से जाग्रत् आत्मा के रूप में देख रही थीं। योगानंदजी उनकी समाधि देख प्रसन्न हो गए। उन्हें पहली बार एक उन्नत महिला संत से भेंट का अवसर मिला था। कुछ ही देर में माँ की भाव-समाधि टूटी। उन्होंने पूछा, ''बाबा, आप कहाँ रहते हैं?''

''मैं इस समय तो कोलकाता में हूँ, परंतु शीघ्र ही अमेरिका लौट जाऊँगा। आप मेरे साथ वहाँ जाना चाहेंगी?''

''बाबा ले जाना चाहेंगे तो अवश्य जाऊँगी।'' आनंदमयी माँ ने भाव-विभोर होकर कहा।

वहाँ जाते ही उन्होंने देखा कि वे एक खुली कार में खड़ी थीं। उनके आस-पास करीब सौ शिष्य खड़े थे और वे उन्हें आशीर्वाद दे रही थीं। अचानक उन्होंने योगानंदजी को देखा तो कार से उतरकर उनके पास आ गईं। बाबा आ गए। उन्होंने योगानंदजी के गले में हाथ डालकर उनके कंधे पर सिर रख दिया। वे समाधि की उच्च अवस्था में थीं।

तभी उनके आस-पास खड़े शिष्य तथा शिष्याएँ प्रतिवाद करने लगे। वे संख्या में करीब बीस रहे होंगे। वे बोले, ''नहीं-नहीं! हम माँ को कहीं नहीं जाने देंगे। ये जहाँ भी जाती हैं, हम लोग इनके साथ होते हैं। ये विदेश नहीं जा सकतीं।''

''तो आप मेरे राँची विद्यालय में पधारें। हमें बहुत प्रसन्नता होगी।'' योगानंदजी स्नेह में भरकर बोले।

इस बात के लिए माँ के शिष्यों ने हामी भर दी और राँची का विद्यालय

माँ के आगमन से धन्य हो उठा। उन्हें वहाँ के बालकों के बीच बहुत ही अच्छा लगा। फिर उन्होंने योगानंदजी के आग्रह पर अपने जीवन के पिछले वर्षों का इतिहास बताया। वे उनसे भेंट करके जान गए थे कि भले ही आनंदमयी माँ कितने भी सांसारिक कोलाहल के बीच क्यों न हों, सदैव ईश्वर से अपनी लौ लगाए रहती हैं।

विदेश से आते समय उन लोगों ने संत टेरेसा से भेंट की थी, परंतु भारत में भी एक ऐसी नारी संत हैं, जो केवल वायुभक्षण तथा प्रकाश के सहारे ही जीवित हैं। ये गिरिबाला नामक निराहारी योगिनी थीं। वे एक विशेष योगपद्धति के माध्यम से भोजन के बिना रह सकती थीं। उन्हें अपने जीवन में कई बार उग्र परीक्षाओं के दौर से गुजरना पड़ा और प्रत्येक परीक्षा के बाद यह बात साफ तौर पर सामने आती थी कि वे कुछ भी खाती-पीती नहीं थीं। उन्होंने योगबल से अपनी भूख व प्यास को नियंत्रित कर लिया था।

विदेश से आते समय उन लोगों ने संत टेरेसा से भेंट की थी, परंतु भारत में भी एक ऐसी नारी संत हैं, जो केवल वायुभक्षण तथा प्रकाश के सहारे ही जीवित हैं। ये गिरिबाला नामक निराहारी योगिनी थीं। वे एक विशेष योगपद्धति के माध्यम से भोजन के बिना रह सकती थीं।

योगानंदजी बहुत पहले से उनके बारे में जानते थे, परंतु कभी मिलने का अवसर नहीं मिला था, इसलिए इस बार उनकी हार्दिक इच्छा थी कि वे उस अद्‌भुत संत महिला से मिलकर जाएँ। बंगाल के ग्राम-प्रांतरों के बारे में तो सब जानते ही हैं, उस पर फोर्ड की सवारी! वे पगडंडियाँ तो बैलगाड़ी को भी मुश्किल से ही आने देती हैं, परंतु इस उत्साही दल ने हार नहीं मानी और वे जगह-जगह से पूछताछ करते हुए, निरंतर हिचकोले खाते हुए आगे बढ़ते ही गए।

बहुत ही कठिनाइयाँ सहने के बाद किसी तरह गिरिबालाजी का गाँव दिखाई दिया और दर्जनों अधनंगे बालक उन्हें रास्ता दिखाने के एवज में कार

में बैठ गए। जब वे उस जीर्ण-शीर्ण घर के सम्मुख पहुँचे तो एक फीके से रंग की साड़ी में लिपटी महिला ने उनका स्वागत किया। उन्होंने बिना किसी संकोच के फोटो खिंचवाई और भारतीय परंपरा के अनुसार परमहंसजी के चरणस्पर्श किए।

औपचारिक वार्त्तालाप तथा जलपान के बाद परमहंसजी उनके पास जा बैठे और उनसे कुछ प्रश्नों के उत्तर पाने चाहे। गिरिबाला बोलीं, "बाबा, आप मुझसे प्रश्न पूछने की अनुमति चाहते हैं। आप तो अपने योगबल से सब जान सकते हैं। यद्यपि मैं आपका कहा नहीं टाल सकती। आप जो भी पूछना चाहें, पूछ सकते हैं।"

औपचारिक वार्त्तालाप तथा जलपान के बाद परमहंसजी उनके पास जा बैठे और उनसे कुछ प्रश्नों के उत्तर पाने चाहे। गिरिबाला बोलीं, "बाबा, आप मुझसे प्रश्न पूछने की अनुमति चाहते हैं। आप तो अपने योगबल से सब जान सकते हैं। यद्यपि मैं आपका कहा नहीं टाल सकती। आप जो भी पूछना चाहें, पूछ सकते हैं।"

"आपने खाना-पीना कब से छोड़ा?"

"मैं बारह वर्ष और कुछ माह की थी, तब से; करीब छप्पन साल से भी अधिक समय हो गया है, मैंने कुछ नहीं खाया।"

"क्या कुछ खाने की इच्छा नहीं होती?"

"यदि इच्छा होती तो क्या खाए बिना रह पाती?"

यह तो सत्य ही था। मनुष्य दो दिन भी भूखे पेट नहीं रह सक़ता। यह तो एक ऐसी स्वाभाविक मानवीय क्रिया है, जिस को वश में करना सरल नहीं होता।

परमहंसजी उनके इस संकल्प का कारण जानना चाहते थे। वे यह भी जानना चाहते थे कि भोजन और जल के अभाव में जीवित कैसे थीं।

ऐसा लगता था कि दो योगी आपसी वार्त्तालाप द्वारा संसार को कोई ज्ञान देना चाह रहे हों, क्योंकि वे दोनों तो सबकुछ जानते ही थे। केवल उन

गोपन विषयों को सबके सामने लाने के लिए ही यह लीला रची जा रही थी।

"आप हवा तथा सूर्य के प्रकाश से ही अपने शरीर को पोषण देती हैं?"

"बाबा तो सब जानते हैं।"

"माँ, अपने आरंभिक जीवन के बारे में बताएँ।"

"मुझे बाल्यकाल से ही बहुत भूख लगा करती थी। जब देखो, तब घर में खाने को कुछ खोजा करती। माँ से भी डाँट पड़ती थी कि ससुराल में सब क्या कहेंगे। वे लोग तेरे इस तरह बार-बार खाने पर नाराज होंगे।

"जब मैं पति के घर गई तो वही हुआ, जिसका भय था। मैं करीब बारह साल की थी और सारा दिन कुछ-न-कुछ खाया करती। सास सारा दिन इसी बात के लिए लज्जित करतीं और उलाहने देतीं। एक दिन उन्होंने बहुत ही कठोर बात कह दी और जाने कैसे मेरी आध्यात्मिक वृत्तियाँ जाग गईं।

जब मैं पति के घर गई तो वही हुआ, जिसका भय था। मैं करीब बारह साल की थी और सारा दिन कुछ-न-कुछ खाया करती। सास सारा दिन इसी बात के लिए लज्जित करतीं और उलाहने देतीं। एक दिन उन्होंने बहुत ही कठोर बात कह दी और जाने कैसे मेरी आध्यात्मिक वृत्तियाँ जाग गईं।

"मैंने कह दिया, 'मैं भी आपको दिखा दूँगी कि जब तक जीवित रहूँगी, अन्न का स्पर्श नहीं करूँगी।' तब मेरा यह कथन सबके लिए आनंद का विषय था, क्योंकि सब जानते थे कि मैं तो दो घंटे भी बिना कुछ खाए-पीए नहीं रह सकती थी।

"सास ने फिर से उपहास किया तो मैं एकांत स्थल पर बैठकर दुःखी मन से प्रार्थना करने लगी।

"प्रभु! मुझे ऐसा गुरु दें जो मुझे भोजन और जल की बजाय प्रकाश के माध्यम से जीना सिखा सके।

"तभी मेरे पास ससुराल पक्ष के पंडितजी आ गए। उन्होंने मेरी व्यथा सुनी और कहा कि वे मेरे लिए एक वैदिक अनुष्ठान करेंगे।

"उनके कहे अनुसार मैं स्नान के लिए गंगाघाट गई, किंतु अचानक ही वहाँ एक सौम्य आकृति के सज्जन आ गए। वे मेरे वास्तविक गुरु थे। वे मुझे विशेष यौगिक विधि सिखाने आए थे, जिसके अभ्यास के बाद मेरे लिए भोजन और जल का कोई मोल न रहा तथा मेरे शरीर के अणुओं एवं परमाणुओं ने ब्रह्मांड में फैले अनंत प्रवाह से ही शक्ति पाना सीख लिया।"

गिरिबालाजी ने अपनी बात समाप्त की तो योगानंदजी ने उनकी बातों का अंग्रेजी अनुवाद अपने साथ आए सज्जनों को सुना दिया। वे सभी उस महान् महिला संत के प्रति श्रद्धा से अभिभूत हो उठे और बहुत ही स्नेहमयी वाक्यों के आदान-प्रदान के साथ उनसे विदा ली।

परमहंस योगानंदजी के साथ आए विदेशियों के लिए ये भेंट-वार्त्ताएँ परम कौतूहल का विषय थीं। उन्होंने इनमें से कुछ बातें तो अभी तक केवल पुस्तकों में ही पढ़ी थीं और उनमें से कुछ पठनीय सामग्री की सीमा से भी परे थीं। योगानंदजी ने उन्हें विदेश से आते समय आश्वासन दिया था कि वे उन्हें अपने साथ एक अनूठे भारत के दर्शनों की यात्रा पर ले जा रहे हैं। योगानंदजी ने अपने दिए वचन का मान रखा और अब अपने साथ अद्‍भुत स्मृतियों तथा चित्रों का भंडार लिये जा रहे थे। विदेशों से निरंतर आ रहे पत्र इस बात के सूचक थे कि वहाँ परमहंस योगानंदजी की अनुपस्थिति अनुभव की जा रही थी। भारत की पुण्य स्मृतियों तथा अपने इष्ट-मित्रों एवं शुभचिंतकों की शुभकामनाओं के साथ परमहंस योगानंदजी ने विदेश-यात्रा आरंभ की। वे वापस लौटकर अपनी उसी कर्मभूमि में जा रहे थे, जिसे वे अपने गुरु के एक बुलावे पर त्याग कर आए थे। यद्यपि अब यहाँ वे जाते समय उन्हें इस बात की तसल्ली थी कि उन्होंने अपनी ओर से निभाए जानेवाले सभी कर्तव्य पूरे कर दिए थे।

□

पश्चिम की ओर

भारत से जाने के बाद योगानंदजी ने लंदन में अपने व्याख्यान दिए। वहाँ के निवासी भी उनके प्रवचनों को सुनने व ग्रहण करने के लिए बहुत उत्सुक दिखाई दिए। वहाँ बड़े-बड़े हॉलों में उमड़ता जनसमूह इस बात का प्रमाण था कि वे लोग योगानंदजी से कितना लगाव रखते थे। अक्तूबर माह के अंत में योगानंदजी अमेरिका के लिए रवाना हुए।

प्रतिवर्ष वहाँ दिसंबर माह में आध्यात्मिक क्रिसमस मनाया जाता था। उस समय योगानंदजी के पहुँचने से कार्यक्रम और भी भव्य हो उठा। उत्सव में भाग लेने के लिए अलग-अलग स्थानों से शिष्यगण एकत्र होते थे। उस समारोह में योगानंदजी के पास भारत से लाए विविध प्रकार के खाद्य पदार्थों और उपहारों का खजाना भी था, जिसे उन्होंने अपने शिष्यों के बीच बड़ी ही उदारता से वितरित किया। वे विश्व के अनेक देशों के भ्रमण के दौरान अपने साथ इतनी बहुमूल्य तथा सुंदर वस्तुएँ लाए थे कि उन्हें उपहार के रूप में पाकर शिष्य धन्य हो गए।

ऐसा नहीं था कि केवल वही अपने शिष्यों के लिए उपहार ले गए थे। शिष्यों ने भी उनके लिए एक सुखद उपहार तैयार कर रखा था। जब वे कैलीफोर्निया पहुँचे तो वहाँ उनके स्वागत के लिए एक भव्य आश्रम तैयार था। उनके शिष्य श्री लिन, सिस्टर ज्ञानमाता, दुर्गा माता तथा अन्य भक्तों ने बड़े ही स्नेह से उन्हें वहाँ ले जाकर कहा, "स्वामीजी, हम सबकी ओर से आपके लिए यह एक भेंट है।" योगानंदजी चकित भाव से उस आश्रम को देखते ही रह गए।

उस आश्रम में बहुत विशाल सोलह कक्ष थे। आकर्षक रूप से सुसज्जित कक्षों में खिड़कियों से समुद्र का बहुत ही मनोहारी दृश्य दिखाई देता था। बीचवाले हॉल में ईसा मसीह, बाबाजी, लाहिड़ी महाशय और श्री युक्तेश्वर गिरिजी के चित्र टँगे थे, जिन्हें देखते ही योगानंदजी ने भाव-विभोर होकर प्रणाम किया। उन्हें लगा कि वे सभी महानुभाव उस शांत प्रदेश में बसे पाश्चात्य आश्रम पर अपने आशीर्वाद की वर्षा कर रहे हैं। भारत से मीलों दूर, अपने गुरुओं तथा उनके भी गुरुओं का ऐसा सम्मान देख वे द्रवित हो गए। उनके पाश्चात्य शिष्यों ने उन्हें यह अनूठा उपहार दिया था।

हॉल के निकट ही ध्यान के लिए दो गुफाएँ बनी थीं, जहाँ से कोई और सांसारिक दृश्य नहीं दिखाई देता था। केवल अनंत आकाश तथा सागर पर ही दृष्टि जाती थी। आश्रम के आस-पास बने वृक्षों के कुंज, सर्पिल पगडंडियाँ, गुलाबों के बगीचे तथा फलों के उद्यान देखकर ऐसा लगता था मानो स्वर्ग की ही सृष्टि कर दी गई हो।

हॉल के निकट ही ध्यान के लिए दो गुफाएँ बनी थीं, जहाँ से कोई और सांसारिक दृश्य नहीं दिखाई देता था। केवल अनंत आकाश तथा सागर पर ही दृष्टि जाती थी। आश्रम के आस-पास बने वृक्षों के कुंज, सर्पिल पगडंडियाँ, गुलाबों के बगीचे तथा फलों के उद्यान देखकर ऐसा लगता था मानो स्वर्ग की ही सृष्टि कर दी गई हो।

कैलीफोर्निया के एन्सिनीटस ग्राम में स्थित यह आश्रम श्री जेम्स जे लिन द्वारा सेल्फ रियलाइजेशन फैलोशिप (एस.आर.एफ.) के लिए एक भेंट था। श्री लिन ने जब से क्रियायोग की दीक्षा ली थी, तब से वे एक कर्मठ योगी के रूप में अपने कर्तव्य निभाते आ रहे थे।

योगानंदजी ने नम नेत्रों से देखा। आश्रम के प्रवेशद्वार पर प्रार्थना लिखकर टाँगी गई थी। 'जेंद अवेस्ता' के ये शब्द उन्हें वास्तव में बहुत ही प्रिय थे।

''ईश्वर करे कि संतों की महान् एवं वीर आत्माएँ यहाँ आएँ और हमारे साथ सदा रहकर पृथ्वी के समान सरल तथा आकाश के समान दूर तक

पहुँचनेवाले अपने आशीर्वादों से हमें कृतार्थ करें!''

श्री लिन संसार की सबसे बड़ी अग्नि बीमा कंपनी के मालिक थे और विशाल तेल उद्योग भी सँभालते थे, परंतु इसके बावजूद वे क्रियायोग ध्यान के लिए समय निकालना नहीं भूलते थे। जब योगानंदजी भारत व यूरोप में थे तो उन्होंने स्वामीजी के साथ पत्र-व्यवहार करनेवालों के साथ मिलकर यह योजना बनाई कि उन्हें इस नवनिर्मित आश्रम के बारे में कोई सूचना न दी जाए। इस प्रकार जब योगानंदजी अमेरिका लौटे तो उन्हें यह सुखद आश्चर्य देने में सफल रहे।

योगानंदजी बहुत समय से सागर किनारे कोई छोटा सा आश्रम बनाने के लिए स्थान देखते आ रहे थे, परंतु जब भी कोई स्थान मिलता, कोई-न-कोई बाधा आ जाती और बात वहीं समाप्त हो जाती। उस आश्रम को देखते ही योगानंदजी को अपने गुरुदेव की भविष्यवाणी स्मरण हो आई। 'सागर तट पर आश्रम'!

योगानंदजी बहुत समय से सागर किनारे कोई छोटा सा आश्रम बनाने के लिए स्थान देखते आ रहे थे, परंतु जब भी कोई स्थान मिलता, कोई-न-कोई बाधा आ जाती और बात वहीं समाप्त हो जाती। उस आश्रम को देखते ही योगानंदजी को अपने गुरुदेव की भविष्यवाणी स्मरण हो आई। 'सागर तट पर आश्रम'!

विदेशीजन योगानंदजी के पास किसी चुंबक की तरह खिंचे चले आते थे। उन्हें बार-बार अलग-अलग स्थानों पर चल रहे मंदिरों के कार्यों के निरीक्षण के लिए जाना पड़ता और प्रत्येक स्थान को सुयोग्य हाथों में सौंप देते।

उन्हीं दिनों उस प्राकृतिक परिवेश के बीच कॉस्मिक चाण्ट्स की रचना की, जिसके अंतर्गत भारतीय गीतों को अंग्रेजी शब्दों व पाश्चात्य संगीतों में ढाला गया था। जिनमें से प्रमुख का विवरण निम्नलिखित है—

कौन है मेरे मंदिर में? (टैगोर)

मैंने तुझे दी आत्मा की पुकार

कम, लिसन टू माई सोल सांग

शांति मंदिर में

चिदानंद रूप: शिवोऽहं, शिवोऽहं (शंकराचार्य)

ब्रह्मानंदं परमसुखदं (संस्कृत)

इसी प्रकार वर्ष-दर-वर्ष बीतते गए और कार्यकर्ता अपने प्रयासों से नए आश्रमों की स्थापना करते रहे। सन् 1937 में कैलीफोर्निया में सेल्फ रियलाइजेशन कॉलोनी की स्थापना की गई। वहाँ शिष्यों को आश्रम के आदर्शों के अनुसार विविध गतिविधियों का प्रशिक्षण दिया जाता था। सन् 1942 में हॉलीवुड शहर में सर्वधर्म मंदिर की स्थापना हुई। सन् 1943 में सेनडियेगो में तथा सन् 1947 में कैलीफोर्निया के लंग बीच में एक मंदिर की स्थापना की गई।

स्वामीजी द्वारा लिखित पुस्तकें तथा भजन संग्रह आदि भी लोगों को योग की ओर आकर्षित करने में सफल रहे। उनकी संस्था ने ही सन् 1946 में उनकी आत्मकथा 'योगी कथामृत' का प्रकाशन किया और उस पुस्तक ने पाठकों के मन और आत्मा के द्वार खोल दिए। उसे शताब्दी की सौ सर्वश्रेष्ठ आध्यात्मिक पुस्तकों में गिने जाने का सौभाग्य प्राप्त हुआ। परमहंसजी ने अपने जीवन के सभी ज्ञात-अज्ञात पक्षों को समाहित करते हुए अद्भुत ग्रंथ की रचना की। उन्होंने यह ग्रंथ अपने पूजनीय तथा परमाराध्य गुरुदेव श्री श्री स्वामी युक्तेश्वर गिरि के दिव्य कर-कमलों में समर्पित किया। इस पुस्तक के माध्यम से सुदूर विदेशों में रहनेवाले लोगों को भी भारत की महान् सस्कृति तथा योगविद्या का परिचय मिला। इस गहन

स्वामीजी द्वारा लिखित पुस्तकें तथा भजन संग्रह आदि भी लोगों को योग की ओर आकर्षित करने में सफल रहे। उनकी संस्था ने ही सन् 1946 में उनकी आत्मकथा 'योगी कथामृत' का प्रकाशन किया और उस पुस्तक ने पाठकों के मन और आत्मा के द्वार खोल दिए। उसे शताब्दी की सौ सर्वश्रेष्ठ आध्यात्मिक पुस्तकों में गिने जाने का सौभाग्य प्राप्त हुआ।

आध्यात्मिक रूप से समृद्ध पुस्तक का सर्वत्र स्वागत हुआ और आज इतने वर्षों बाद भी इसे बेहद चाव से पढ़ा जाता है। यह संसार की बीस प्रमुख भाषाओं में अनूदित हो चुकी है।

इसके अतिरिक्त सेल्फ रियलाइजेशन फैलोशिप द्वारा साप्ताहिक रूप से पाठ भी प्रकाशित किए जाते थे, जिनमें तरह-तरह की ध्यान विधियों का विवरण दिया जाता था। संस्थान की पत्रिका भी अनेक पाठकों के लिए प्रेरणा का स्रोत थी।

योगानंदजी किसी एक धर्म के अनुयायी नहीं थे। वे विश्वबंधुत्व में विश्वास रखते थे और प्राय: उनके प्रवचनों में 'भगवद्‌गीता' व 'न्यू टेस्टामेंट' के श्लोक तथा कुरान की आयतें भी शामिल होतीं। वे अपने साधकों को प्रारंभ में ऐसे व्यायाम सिखाते, जिनसे उनके शरीर को शक्ति तथा ओज मिल सके।

1920 के दशक में, अपने सार्वजनिक भाषणों के दौरान उन्होंने स्वस्थ करनेवाले तरीकों का भी प्रदर्शन किया, जिनमें प्रार्थना, सकारात्मकता, सजीव कल्पना, इच्छाशक्ति का केंद्रण और जीवनीशक्ति को सचेत रूप से निर्देशित करना शामिल थे। वे शिष्यों को आवश्यकता और उनकी ग्रहण करने की क्षमता के अनुसार अपना परामर्श एवं मौन आशीर्वाद देते थे। प्राय: उनके निकटतम शिष्य यह देखते कि उन्हें अपनी नींद पूरी करने का भी समय नहीं मिल पाता था, परंतु इसके बावजूद उनके मुख पर कभी क्लांति के लक्षण नहीं दिखते थे। वे आजीवन अपने गुरु के आदेश के अनुसार संगठनात्मक

1920 के दशक में, अपने सार्वजनिक भाषणों के दौरान उन्होंने स्वस्थ करनेवाले तरीकों का भी प्रदर्शन किया, जिनमें प्रार्थना, सकारात्मकता, सजीव कल्पना, इच्छाशक्ति का केंद्रण और जीवनीशक्ति को सचेत रूप से निर्देशित करना शामिल थे। वे शिष्यों को आवश्यकता और उनकी ग्रहण करने की क्षमता के अनुसार अपना परामर्श एवं मौन आशीर्वाद देते थे।

कार्यों को पूरा करने में लगे रहे। यह उनके ही सुप्रयासों का फल है कि आज भी उनकी संस्था देश तथा विदेश में उसी तत्परता के साथ अपने आदर्शों पर डटी हुई है।

उन्हें अपने निष्ठावान साधकों के साथ महत्त्वपूर्ण योजनाओं पर कार्य करना बहुत अच्छा लगता था। वे प्राय: कहते, ''मुझे एक भीड़ की अपेक्षा प्रभु से प्रेम करनेवाली आत्मा अधिक प्रिय है, परंतु ईश्वर को प्रेम करनेवाली आत्माओं की भीड़ के साथ रहना मुझे बहुत भाता है।''

वे बागवानी तथा पाककला में विशेष रुचि रखते थे। जब उन्हें कोई नई पाकविधि मिलती तो तब तक उस पर कार्य करते, जब तक कि उसका स्वाद खानेवालों को पसंद नहीं आ जाता था। जब कभी सांसारिक कोलाहल से थक जाते तो कुछ समय के लिए एकांतवास में चले जाते। जब वे वहाँ से लौटते तो दुगने वेग से अपने काम में पुन: जुट जाते।

वे बागवानी तथा पाककला में विशेष रुचि रखते थे। जब उन्हें कोई नई पाकविधि मिलती तो तब तक उस पर कार्य करते, जब तक कि उसका स्वाद खानेवालों को पसंद नहीं आ जाता था। जब कभी सांसारिक कोलाहल से थक जाते तो कुछ समय के लिए एकांतवास में चले जाते। जब वे वहाँ से लौटते तो दुगने वेग से अपने काम में पुन: जुट जाते।

जब अमेरिका गए तो लोगों को लगा कि वे उन्हें उनके धर्म से दूर ले जाने की चेष्टा करेंगे, परंतु स्वामी योगानंदजी का कहना था कि बाइबिल की बहुत सी पंक्तियाँ उनके योगाभ्यासों के अनुरूप थीं और अपने श्रोताओं को आश्वस्त करने के लिए वे उनका प्रयोग भी किया करते थे।

योगानंदजी शाकाहारी थे और सदा दूसरों को भी शाकाहार अपनाने के लिए कहते थे, क्योंकि उनका मानना था कि शाकाहार स्वास्थ्य तथा अहिंसा के नियमों के अनुरूप होता है। यदि वे कभी किसी ऐसे व्यक्ति के यहाँ

भोजन पर जाते, जो उन्हें अनजाने में ही मांस परोस देता, तो वे उसे थोड़ा चखकर, औपचारिक टिप्पणी कर देते। इस विषय में वे ज्यादा उलझाव पसंद नहीं करते थे।

सन् 1949 में एस.आर.एफ. को एक फूलों की वादी दान में प्राप्त हुई। यह लॉस ऐंजिल्स के पैसीफिक पैलिसेड्स अंचल में स्थित थी। दस एकड़ का यह स्थान चारों ओर से हरी-भरी पहाड़ियों से घिरा था। उसमें एक प्राकृतिक सरोवर भी था। उसी के कारण उस जगह को 'लेक श्राइन' नाम दिया गया। बाग के पास ही एक विशाल पवनचक्की थी, जिससे पानी का छप-छप संगीत सुनाई देता था। वहाँ चीन से लाई गई दो मूर्तियाँ भी स्थापित की गईं, जिनमें से एक भगवान् बुद्ध की तथा दूसरी चीन की जगन्माता क्वान यिन की थी। एक जलप्रपात के ऊपर ईसा मसीह की आदमकद प्रतिमा खड़ी की गई। रात को उस प्रतिमा पर रोशनी की सजावट की जाती थी, जिससे उसकी सुंदरता और भी निखर जाती।

सन् 1949 में एस.आर.एफ. को एक फूलों की वादी दान में प्राप्त हुई। यह लॉस ऐंजिल्स के पैसीफिक पैलिसेड्स अंचल में स्थित थी। दस एकड़ का यह स्थान चारों ओर से हरी-भरी पहाड़ियों से घिरा था। उसमें एक प्राकृतिक सरोवर भी था। उसी के कारण उस जगह को 'लेक श्राइन' नाम दिया गया।

लेक श्राइन में ही सन् 1950 में महात्मा गांधी विश्व शांति स्मारक की स्थापना की गई। वहाँ महात्मा गांधीजी की अस्थियों को प्रस्तर मंजूषा में रखकर स्थापित किया गया।

सन् 1951 में हॉलीवुड में एस.आर.एफ. इंडिया सेंटर की स्थापना की गई। ऐसा नहीं था कि योगानंदजी के लिए यह सब इतना सहज ही रहा होगा। यदा-कदा उन्हें कुत्सित लोगों, बातों और प्रचारों का निशाना भी बनना पड़ा। जब भी कोई सार्वजनिक सेवा में अपने जीवन का होम करता है तो उसे ऐसी परिस्थितियों का भी सामना करना ही पड़ता है। अनेक केंद्र तो केंद्र प्रमुखों

के प्रमाद के कारण चल नहीं पाए। अनेक व्यक्तियों ने शिष्य बनने के बाद भी कुछ नहीं सीखा और कई योजनाएँ बाहरी बाधाओं के कारण पूरी न हो सकीं, जब योगानंदजी से इस विषय में पूछा जाता तो उनका उत्तर होता, "धन्य है वह मनुष्य, जिसकी ईश्वर परीक्षा लेता है। मुझ पर यदा-कदा भार डालना तो उसे याद रहा।"

योगानंदजी एक संन्यासी के रूप में एक बड़ा सा परिवार पाकर प्रसन्न थे और जब उनसे यह पूछा जाता कि क्या उनका विदेश में आना सार्थक रहा तो उनका उत्तर होता, "हाँ, हजार बार हाँ, मेरा यहाँ रहना सार्थक हुआ है; मेरा स्वप्न था कि मैं पूर्व और पश्चिम को एकमात्र स्थायी बंधन में, आध्यात्मिक बंधन में बँधकर एक-दूसरे के करीब आया देखूँ और मेरा यह प्रयास सार्थक रहा है।"

□

अंतिम समय

योगानंदजी को देखकर यह अनुमान लगाना कठिन था कि उनकी जीवनी-शक्ति चुक रही थी अथवा दूसरे लोक में जाने के लिए प्रस्तुत थे। वे अपनी दैनिकचर्या के अनुसार सभी कार्य कर रहे थे और उन सभी स्थानों पर आ-जा रहे थे, जिनके कार्यक्रम पहले से नियत थे। उनके निकटतम शिष्यों ने माना कि उनके पारगमन से केवल दो दिन पूर्व ही उन्होंने अपने गुरुदेव में शारीरिक क्लांति के लक्षण देखे थे।

उन्हें देखकर ऐसा लगा था मानो वे अपने शरीर को विश्राम देना चाहते हों। उनकी दिनचर्या इतनी व्यस्त रहती थी कि कोई भी यह अनुमान लगा सकता था कि उन्हें पर्याप्त विश्राम अथवा नींद लेने के लिए समय नहीं मिल पाया होगा। जैसा कि प्राय: माना जाता है कि गुरु अपने शिष्यों के कर्मों का भार भी अपने ऊपर लेते हैं, जिसके कारण उन्हें मानसिक एवं शारीरिक क्लेश को सहन करना पड़ता है। कारण चाहे जो भी रहा हो, इतना स्पष्ट दिख रहा था कि वे क्लांत थे। उन्हें चलने में भी कष्ट का अनुभव हो रहा था।

योगानंदजी की दिनचर्या ही ऐसी थी। उन्होंने मानवता की सेवा और कल्याण हेतु अनेक योजनाएँ आरंभ करवाई थीं तथा क्रियायोग के व्यापक प्रचार एवं प्रसार के लिए कटिबद्ध थे। जब मनुष्य किसी महती परियोजना अथवा लक्ष्य के लिए जीने लगता है तो उसके लिए अपना विश्राम और सुख-सुविधा आदि बहुत गौण हो जाते हैं।

7 मार्च, 1952 को परमहंस स्वामी योगानंदजी ने निर्वाण प्राप्त किया।

दो माह पूर्व ही तो उनके शिष्यों ने बहुत ही आनंद से उनके उनसठवें जन्मदिन का उत्सव मनाया था। कौन जानता था कि दो माह बाद ही उनके सिर से प्रभु का वरदहस्त उठ जाएगा। वे अपने स्नेही गुरु की छत्रच्छाया से वंचित हो जाएँगे।

उनके जाने से पूर्व के कुछ दिन भी सदा की तरह अनेक गतिविधियों से भरे हुए थे। 4 मार्च को उन्होंने एस.आर.एफ. मुख्यालय में रात्रिभोज आयोजित किया। अनेक गण्यमान्य अतिथि पधारे और उस दिन उन्होंने अपने कुछ शिष्यों के साथ व्यक्तिगत रूप से वार्त्तालाप भी किया।

उनके जाने से पूर्व के कुछ दिन भी सदा की तरह अनेक गतिविधियों से भरे हुए थे। 4 मार्च को उन्होंने एस.आर.एफ. मुख्यालय में रात्रिभोज आयोजित किया। अनेक गण्यमान्य अतिथि पधारे और उस दिन उन्होंने अपने कुछ शिष्यों के साथ व्यक्तिगत रूप से वार्त्तालाप भी किया।

6 मार्च को वे पैसीफिक पैलीसेद लेक श्राइन गए। वह स्थान उन्हें बहुत प्रिय था। वहाँ उन्होंने झील के आस-पास सैर की। अपने शिष्यों के साथ आमोद-प्रमोद के बीच दोपहर का भोजन किया। उस दिन उन्होंने स्वयं प्रार्थना-कक्ष में ऑर्गन बजाया। उनके शिष्यों को उनके मुख से गुरुदेव रवींद्रनाथ टैगोर के गीत की पंक्तियाँ सुनने का सौभाग्य भी प्राप्त हुआ। योगानंदजी बहुत देर तक भावविभोर होकर गाते रहे—

'मेरे घर में स्वयं अपने हाथों से नेह का दीपक जला दो प्रभु…'

उस दिन योगानंदजी के मन में और बहुत सी योजनाएँ थीं और उन्होंने संबंधित व्यक्तियों के साथ उनके बारे में चर्चा भी की। वे ऐसे लघु विश्व उपनगर की स्थापना करना चाहते थे, जो पूरे विश्व के लिए एक उदाहरण का काम करे। वहाँ के सम्मेलनों में सारे देशों के प्रतिनिधि शामिल हों। वे उत्तरी मिशीगन में भी एक रिट्रीट सेंटर की स्थापना करना चाह रहे थे।

7 मार्च को दोपहर तक वे अपने कक्ष में ही रहे। संभवतः वह उनका

मौन काल था। उस दौरान वे किसी से नहीं बोले और न ही किसी ने उन्हें बाधा पहुँचाई।

श्री परमहंस योगानंदजी ने लॉस एंजेल्स कैलीफोर्निया में 7 मार्च, 1952 को भारतीय राजदूत विनय रंजन सेन के सम्मान में निमित्त आयोजित भोज के अवसर पर अपना भाषण समाप्त करने के उपरांत महासमाधि (एक योगी का शरीर से अंतिम प्रस्थान) में प्रवेश किया। जब उन्होंने महासमाधि में प्रवेश किया तो उस समय अपनी कविता 'मेरा भारत' की अंतिम पंक्तियाँ पढ़ रहे थे। वे पंक्तियाँ थीं, ''मैं पवित्र हो चुका हूँ। मेरी देह ने उस तपोभूमि को स्पर्श किया है···।''

इसके बाद वे वहीं गिर पड़े। महान् योगी ने न केवल जीवन अपितु मृत्यु के समय भी योग के मूल्य को प्रदर्शित किया। उनके देहावसान के कई सप्ताह बाद भी उनका अपरिवर्तित मुख अक्षयता की दिव्य कांति से देदीप्यमान था।

श्री परमहंस योगानंदजी ने लॉस एंजेल्स कैलीफोर्निया में 7 मार्च, 1952 को भारतीय राजदूत विनय रंजन सेन के सम्मान में निमित्त आयोजित भोज के अवसर पर अपना भाषण समाप्त करने के उपरांत महासमाधि (एक योगी का शरीर से अंतिम प्रस्थान) में प्रवेश किया।

महान् गुरु के पार्थिव शरीर को लॉस एंजेल्स के फॉरेस्ट लॉन मेमोरियल पार्क में अस्थायी रूप से रखा गया था। वहाँ के निर्देशक श्री हैरी टी. रोंवे द्वारा सेल्फ रियलाइजेशन के नाम एक प्रमाणित पत्र भेजा गया था; उनके पत्र के अंश निम्नलिखित हैं—

''परमहंस योगानंदजी के पार्थिव शरीर में किसी भी प्रकार के विकार के लक्षण न दिखाई पड़ना हमारे लिए एक अत्यंत असाधारण व अपूर्व अनुभव है। मृत्यु के बीस दिन बाद भी उनके शरीर में किसी प्रकार की विक्रिया नहीं दिखाई दी।···न तो त्वचा के रंग में कोई परिवर्तन आया था और न ही शरीर के तंतुओं में कोई शुष्कता आई थी। जहाँ तक हमें शवागार के वृत्ति-इतिहास की जानकारी है, पार्थिव शरीर के ऐसे परिपूर्ण संरक्षण की अवस्था अद्वितीय

है···योगानंदजी का शव स्वीकार करते समय शवागार के कर्मचारियों को यह आशा थी कि उन्हें शवपेटिका के काँच के आवरण से साधारण शारीरिक क्षय के चिह्न दिखाई देंगे, परंतु दिन-ब-दिन बीतते गए और उनकी देह पर परिवर्तन के कोई चिह्न दिखाई नहीं दिए। किसी समय उनके शरीर में तनिक भी विक्रियात्मक दुर्गंध नहीं आई···।

"27 मार्च को शवपेटिका पर काँसे के ढक्कन को बंद करने के पूर्व योगानंदजी का शारीरिक रूप ठीक वैसा ही था जैसा कि 7 मार्च को। 27 मार्च को भी उनका शरीर उतना ही ताजा और विकार रहित दिखाई पड़ रहा था, जितना मृत्यु की रात्रि को था। 27 मार्च को ऐसा कोई लक्षण दिखाई नहीं पड़ा, जिससे यह कहा जा सके कि उनके शरीर में किसी भी प्रकार का तनिक भी विकार आया हो। इन कारणों से हम पुनः अभिव्यक्त करते हैं कि परमहंस योगानंदजी का उदाहरण हमारे अनुभव में अभूतपूर्व है।"

रॉय यूजीन डेविस उनके प्रिय शिष्यों में से थे। उन्होंने अपनी पुस्तक में प्रभु के पारगमन से संबंधित बातों का खुलासा करते हुए यह भी बताया कि किस प्रकार कुछ समय पूर्व एक बार योगानंदजी गहरे ध्यान में थे और उन्होंने अपने आपको शरीर से मुक्त कर लिया था। एक शिष्य ने उन्हें इस रूप में देखा तो वह घबराकर झट से लिन महाशय को बुला लाया।

रॉय यूजीन डेविस उनके प्रिय शिष्यों में से थे। उन्होंने अपनी पुस्तक में प्रभु के पारगमन से संबंधित बातों का खुलासा करते हुए यह भी बताया कि किस प्रकार कुछ समय पूर्व एक बार योगानंदजी गहरे ध्यान में थे और उन्होंने अपने आपको शरीर से मुक्त कर लिया था। एक शिष्य ने उन्हें इस रूप में देखा तो वह घबराकर झट से लिन महाशय को बुला लाया। लिन महाशय उनके समीप बैठ गए। उन्होंने मानसिक रूप से ध्यान लगाकर प्रभु को अपनी चेतना में वापस लौटने को कहा। प्रभु लौट आए, परंतु जब वे एक बार अपने शिष्यों के बीच इस

अनुभव की चर्चा कर रहे थे तो वे बोले, ''मैं वापस कभी न आता। वह एक आनंदमयी अवस्था है और उससे कोई वापस नहीं आना चाहता। अगली बार जब जाऊँगा तो निश्चित रूप से देख लूँगा कि लिन कहीं आस-पास तो नहीं हैं।''

उस दिन उन्हें वापस लाने के लिए लिन भी नहीं थे। संभवत: वे अपनी इहलीला सँवरण कर ही लेना चाह रहे थे। उनकी संस्था के मुख्यालय में उनकी देह भगवा वस्त्रों में लिपटी पड़ी थी और शिष्यगण शोकाकुल हुए खड़े थे।

11 मार्च को सुदूर स्थानों से आए शिष्यों ने भी अपने प्रभु के अंतिम दर्शन किए। प्रमुख शिष्यों ने 'न्यूटेस्टामेंट' तथा 'भगवद्गीता' के कुछ अंशों का पाठ किया और सबने ओम गुरु के उच्चारण के साथ अपने पितृतुल्य गुरु पर गुलाब की पँखुड़ियों की वर्षा की। जो शिष्य उनके साथ सदा के लिए अनुकूलन चाहते थे। उन्हें उन्होंने उत्तर दिया था, ''जो मुझे अपने समीप समझेंगे, मैं उनके समीप ही रहूँगा।''

11 मार्च को सुदूर स्थानों से आए शिष्यों ने भी अपने प्रभु के अंतिम दर्शन किए। प्रमुख शिष्यों ने 'न्यूटेस्टामेंट' तथा 'भगवद्गीता' के कुछ अंशों का पाठ किया और सबने ओम गुरु के उच्चारण के साथ अपने पितृतुल्य गुरु पर गुलाब की पँखुड़ियों की वर्षा की।

□

सभी के बीच सर्वसम्मति से यह तय किया गया कि परमहंस श्री श्री योगानंदजी ही उनके गुरु रहेंगे और सेल्फ रियलाइजेशन के लिए कोई दूसरा गुरु नहीं चुना जाएगा। संस्था में जो भी धर्मोपदेशक होंगे, वे स्वयं को उनका प्रतिनिधि मानकर ही अपने कर्तव्यों की पूर्ति करेंगे।

कैलीफोर्निया में हॉल ऑफ गोल्डन स्लंबर में स्थित परमहंस योगानंदजी का समाधिस्थल एक तीर्थस्थल के रूप में विख्यात है। वहाँ जानेवाले श्रद्धालु उनकी समाधि के दिव्यदर्शन किए बिना नहीं लौटते। यह उनके ही सद्प्रयासों

का फल है कि आज भी विदेशों में क्रियायोग की पताका उतनी ही शान तथा मान से लहरा रही है।

सन् 1977 में श्री श्री परमहंस योगानंदजी की महासमाधि की पच्चीसवीं वर्षगाँठ पर भारत सरकार ने उनके सम्मान में एक अभिनंदनात्मक डाक-टिकट जारी किया और उनकी प्रशस्ति में कहा गया, ''ईश्वर के लिए प्रेम और मानवता की सेवा का आदर्श परमहंस योगानंद के जीवन में पूर्ण रूप से व्यक्त हुआ, यद्यपि उनका अधिकांश जीवन भारत के बाहर व्यतीत हुआ, फिर भी उनका स्थान हमारे महान् संतों में है। उनका कार्य पहले से अधिक बढ़ तथा चमक रहा है और ईश्वर की तीर्थयात्रा के पथ पर, हर दिशा से लोगों को आकर्षित कर रहा है।''

□

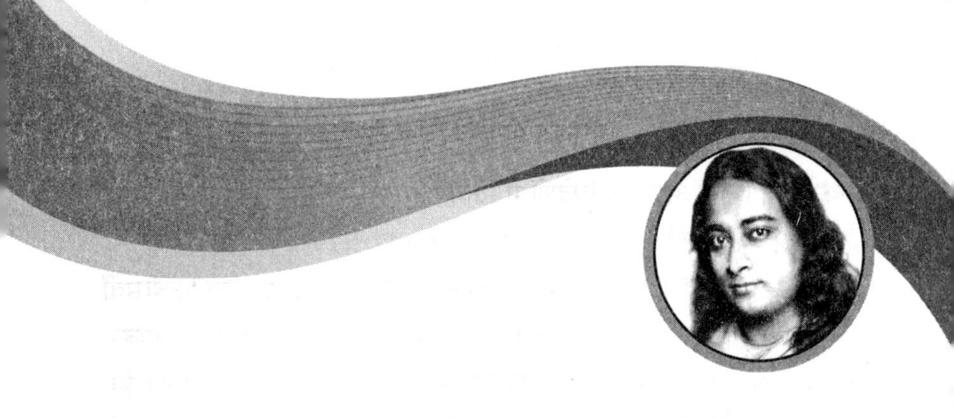

वचनामृत

दिशासूचक सुई को जिस भी ओर घुमाओ, वह उत्तर की ओर ही संकेत करती है। सच्चे योगी की भी यही गति होती है। चाहे वह बहुत से बाहरी कार्यकलापों में उलझा हो, लेकिन उसका मन सदा ईश्वर में ही लगा रहता है। उसका हृदय निरंतर गाता रहता है, ''मेरे प्रभु! मेरे ईश्वर! हे परमप्रिय!''

''मैं तुम्हारा नेता नहीं, बल्कि तुम्हारा सेवक हूँ। मैं तुम्हारे पैरों की धूल हूँ। मैं तुममें ईश्वर का स्वरूप देखता हूँ और मैं तुम सबको नमस्कार करता हूँ। मैं तुमसे केवल उस परमांनद के बारे में कहना चाहता हूँ, जो मुझे परमात्मा में मिलता है। मेरी कोई निजी आकांक्षा नहीं है। परंतु मेरी सबसे बड़ी आकांक्षा यह है कि मैं उस परमानंद को धरती के सभी लोगों में बाँट सकूँ।

''मैं ईश्वर को उसके विश्व में देखता हूँ। एक सुंदर पेड़ को देखकर मेरा मन पिघल जाता है। वह कहता है—'देखो वह यहाँ है।' मैं सिर झुकाकर उसकी पूजा करता हूँ। क्या धरती के कण-कण में वही व्याप्त नहीं है? क्या ये नक्षत्र ईश्वर की संयोजक शक्ति के अभाव में टिके रह सकते थे? सच्चा भक्त वही है, जो प्रभु को लोगों में, सारी दुनिया में देखता है। तब उसके लिए हर चट्टान पूजा की वेदी बन जाती है।''

''ईश्वर को केवल ईश्वर के लिए ही खोजो। सर्वश्रेष्ठ अनुभूति तो उन्हें अपनी अनंत आंतरिक गहराइयों से उठते हुए परमानंद के रूप में, अनुभव

करने में है। अंतर्दर्शन, आध्यात्मिक चमत्कार तथा रोमांचक अनुभवों के लिए लोभ मत रखो। ईश्वर का पथ कोई सर्कस नहीं है।

''अपनी संतान की इच्छाशक्ति को स्वार्थपरता और उससे पैदा होनेवाले दुःखों से दूर ले जाते हुए उचित दिशा में प्रशिक्षित करो, उनकी स्वतंत्रता मत घटाओ तथा उनका अनावश्यक विरोध मत करो। उन्हें स्नेह से अपनी राय दो। उन्हें समझाने की बजाय दंड दिया तो उनका विश्वास खो दोगे। यदि बालक हठी है तो एक बार अपना दृष्टिकोण समझा दो और फिर कुछ मत कहो। उसे स्वयं छोटी-मोटी चोटें सहने दो; वे उसे दिए गए किसी भी परामर्श की अपेक्षा शीघ्र विवेक की शिक्षा देंगी।

शरीर, मन तथा आत्मा का आपस में क्या संबंध है? देह के प्रति तुम्हारा कर्तव्य है—इसे स्वस्थ रखना। मन के प्रति कर्तव्य है—इसकी शक्तियों का विकास करना तथा आत्मा के प्रति कर्तव्य है—प्रतिदिन अपने प्रभु का ध्यान करना। यदि तुम अपनी आत्मा के प्रति कर्तव्य पूरा करोगे तो देह व मन को भी लाभ होगा, किंतु यदि आत्मा की भी उपेक्षा करोगे तो अंत में देह व मन को भी कष्ट होगा।

''शरीर, मन तथा आत्मा का आपस में क्या संबंध है? देह के प्रति तुम्हारा कर्तव्य है—इसे स्वस्थ रखना। मन के प्रति कर्तव्य है—इसकी शक्तियों का विकास करना तथा आत्मा के प्रति कर्तव्य है—प्रतिदिन अपने प्रभु का ध्यान करना। यदि तुम अपनी आत्मा के प्रति कर्तव्य पूरा करोगे तो देह व मन को भी लाभ होगा, किंतु यदि आत्मा की भी उपेक्षा करोगे तो अंत में देह व मन को भी कष्ट होगा।

''ईश्वर की वेदी को तारों में, धरती के तले और अपनी अनुभूतियों की धड़कनों में पहचानो। वह उपेक्षित सत्य तो हर स्थान पर छिपा है। यदि तुम नए पथ पर दृढ रहो और ध्यान करते रहो तो तुम उन्हें प्रकाश के स्वर्णिम वस्त्र में पाओगे, जो अनंतता में फैला है। तुम प्रत्येक विचार के पीछे उनकी आनंददायक उपस्थिति का अनुभव कर सकोगे। प्रभु केवल

चर्चा का विषय नहीं···

"उन्हें बहुत कम लोग जान पाए हैं। जब तुम उन्हें जान जाते हो तो बाहर रहकर उनकी पूजा नहीं करते। उनसे एकाकार हो जाते हो। तब जीसस तथा दूसरे महापुरुषों की तरह तुम भी कह सकते हो—'मैं और मेरे परमपिता एक ही हैं।'···

"दिव्य अंतर्दृष्टि की बाधाओं को निश्चय, भक्ति व निष्ठा से हटाते हुए, ईश्वर का प्रेममयी साम्राज्य पा लो।

"मन सदैव आत्मा के आदेश का पालन करता है। आप ईश्वर के प्रतिरूप हैं। आपको अपने भय तथा क्रोध से परे जाना होगा। अपनी अतिसंवेदनशीलता को समाप्त करना होगा। अपनी बाहरी परिस्थितियों पर अधिक ध्यान न दें। यदि आज पलंग पर सो रहे हैं और कल जमीन पर सोना पड़े तो आपके मन में इस बात के लिए दुःख नहीं होना चाहिए। आपको मानसिक अलिप्तता का अभ्यास करना होगा। मन चालाक होता है। इसे जैसा अभ्यास करवाएँ, यह वैसा ही करना सीख लेगा। आपको इसे एक आत्मा के रूप में आदेश देना होगा। इंद्रियों की दासता से मुक्ति ही शांति व आनंद प्राप्त करने का एकमेव मार्ग है। परिस्थिति भले ही कैसी भी क्यों न हो, आपको हर प्रकार की मानसिक संवेदनशीलता से ऊपर उठकर, सदा के लिए वास्तव में सुखी होना होगा।

मन सदैव आत्मा के आदेश का पालन करता है। आप ईश्वर के प्रतिरूप हैं। आपको अपने भय तथा क्रोध से परे जाना होगा। अपनी अतिसंवेदनशीलता को समाप्त करना होगा। अपनी बाहरी परिस्थितियों पर अधिक ध्यान न दें। यदि आज पलंग पर सो रहे हैं और कल जमीन पर सोना पड़े तो आपके मन में इस बात के लिए दुःख नहीं होना चाहिए।

"आध्यात्मिक अतिव्यस्तता की आड़ में मानसिक और शारीरिक रूप से अकर्मण्य बने रहनेवाले लोग आध्यात्मिक विषण्णता से ग्रस्त हो जाते हैं। ये पीड़ित लोग ईश्वर की सेवा के नाम पर भौतिक जीवन के कर्तव्यों की

उपेक्षा करते हैं। इनके भीतर सुंदर व अच्छी वस्तुओं के लिए निराशा का भाव आ जाता है। सभी आध्यात्मिक आकांक्षियों को ऐसे कार्य भी करने चाहिए, जिससे शरीर में ऊर्जा का स्तर बना रहे और और स्वयं को इस रोग से सुरक्षित रख सकें।

''सदैव शांत रहना एक सुंदर गुण है। हमें अपने जीवन को एक त्रिभुजरूपी दिशा-निर्देशक के अनुसार ढालना चाहिए। जिसकी दो भुजाएँ शांति व मधुरता हैं तथा प्रसन्नता जिसका आधार है। प्रत्येक व्यक्ति को प्रतिदिन अपने आपको यह स्मरण करवाना चाहिए, 'मैं शांति का राजकुमार हूँ। मैं आत्मसंतुलन के सिंहासन पर विराजमान होकर अपने कर्म साम्राज्य का निर्देशन कर रहा हूँ'''

''ईश्वर ने अपने प्रतिबिंब रूप में मेरा सृजन किया है। सर्वप्रथम मैं उनकी ही खोज करूँगा और उनसे अपने वास्तविक संपर्क को सुनिश्चित करूँगा। तदुपरांत यदि उनकी इच्छा हुई तो मुझे सबकुछ अर्थात् विवेक, समृद्धि, स्वास्थ्य अपने जन्मसिद्ध अधिकार के रूप में मिलेगा।

''मैं असीम सफलता चाहता हूँ, किंतु सांसारिक साधनों से नहीं, प्रत्युत ईश्वर के सर्वसंपन्न, सर्वशक्तिमय एवं सर्वदेयी हाथों से।

''हमें अपनी दिव्य स्मरणशक्ति का विकास करना होगा। दिव्य स्मरणशक्ति आत्मा के पिछले सभी जन्मों के अनुभवों को पुनः प्रस्तुत करती है। हमें इसे इतना शक्तिशाली बनाना होगा कि अपने पिछले जन्मों

ईश्वर ने अपने प्रतिबिंब रूप में मेरा सृजन किया है। सर्वप्रथम मैं उनकी ही खोज करूँगा और उनसे अपने वास्तविक संपर्क को सुनिश्चित करूँगा। तदुपरांत यदि उनकी इच्छा हुई तो मुझे सबकुछ अर्थात् विवेक, समृद्धि, स्वास्थ्य अपने जन्मसिद्ध अधिकार के रूप में मिलेगा।

''मैं असीम सफलता चाहता हूँ, किंतु सांसारिक साधनों से नहीं, प्रत्युत ईश्वर के सर्वसंपन्न, सर्वशक्तिमय एवं सर्वदेयी हाथों से।

के अनुभवों को भी स्मरण कर सकें और अंततः अपनी आत्मा के स्वरूप को प्राप्त कर मुक्त हो सकें।

''छोटी वस्तुओं को पाने में समय नष्ट न करें। ईश्वर से उनको स्वयं प्राप्त करने के सर्वोत्तम उपहार की अपेक्षा दूसरे उपहार प्राप्त करना अधिक आसान है, परंतु सबसे उत्तम उपहार, ईश्वर के अतिरिक्त किसी और वस्तु से संतुष्ट न हों। मैं अपने उपहारों को देनेवाले दाता को देखता हूँ। मैं सीधे गहराई तक जाता हूँ, इसलिए मेरी सभी कामनाएँ पूरी हो जाती हैं। मैं ईश्वर के पास जाते हुए, सृष्टि के प्रत्येक रूप में उन्हें देखता हूँ। वे हमारे पिता हैं, वे समीपतम से भी समीप तथा प्रियतम से भी प्रिय हैं। वे अज्ञेय तथा ज्ञेय दोनों हैं।

छोटी वस्तुओं को पाने में समय नष्ट न करें। ईश्वर से उनको स्वयं प्राप्त करने के सर्वोत्तम उपहार की अपेक्षा दूसरे उपहार प्राप्त करना अधिक आसान है, परंतु सबसे उत्तम उपहार, ईश्वर के अतिरिक्त किसी और वस्तु से संतुष्ट न हों। मैं अपने उपहारों को देनेवाले दाता को देखता हूँ। मैं सीधे गहराई तक जाता हूँ, इसलिए मेरी सभी कामनाएँ पूरी हो जाती हैं।

''ईश्वर को पाने के लिए अटल, अनवरत उत्सुकता की आवश्यकता होती है। यह उत्सुकता आपको कोई दूसरा नहीं सिखा सकता। आपको स्वयं ही इसे विकसित करना होगा। आपके हृदय में जब भी ईश्वर को पाने के लिए प्रबल पिपासा होगी, जब भी आप किसी अन्य वस्तु को अनुचित महत्त्व नहीं देंगे, चाहे वे सांसारिक परीक्षण हों अथवा शारीरिक, तभी वे आपके सम्मुख प्रकट होंगे।

''ईश्वरप्राप्त मनुष्य के लिए शरीर का अंत पूर्णतः महत्त्वहीन हो जाता है। यह स्थूल देह एक पात्र की तरह है, जिसे साधक जीवन में ज्ञानरूपी भोजन करने के काम में लाता है। जब उसकी भूख सदा के लिए मिट जाती है तो वह पात्र किस काम का? वह टूट सकता है, किंतु साधक इस पर ध्यान नहीं देता। वह प्रभु में लीन रहता है।

"संसार तुममें बुरी आदतें पैदा कर देता है, किंतु उनसे जो गलतियाँ उत्पन्न होती हैं, उनके लिए संसार जिम्मेदारी नहीं लेता। फिर उस झूठे मित्र-संसार को अपना सारा समय क्यों देते हो ? प्रतिदिन एक घंटा वैज्ञानिक तरीके से आत्म-अन्वेषण के लिए रखो। तुम्हें जीवन, परिवार, धन तथा अन्य सर्वस्व देनेवाले ईश्वर क्या तम्हारे समय के चौबीसवें भाग के भी अधिकारी नहीं हैं ?

राष्ट्रों के बीच अपने श्रेष्ठतम लक्षणों के आदान-प्रदान से धरती पर शीघ्र ही शांति लाई जा सकती है। किसी भी जाति के दोषों की उपेक्षा करके, हमें उसके सद्‌गुणों को पहचानना और अपनाना चाहिए। यह याद रखना जरूरी है कि इतिहास के महान् संतों ने भी देशों के आदर्शों को साक्षात् मूर्तिमान किया है और सभी धर्मों की उच्चतम नीतियों को अपनाया है।

"आदमी के मन में दूसरों के लिए भ्रातृत्व तथा समादर को प्रोत्साहन देकर, ईश्वर इस धरती पर उचित जीवननिर्वाह करने की सार्वभौमिक कला को विकसित करने की चेष्टा कर रहे हैं। उन्होंने किसी भी राष्ट्र को अपने आप में संपूर्ण नहीं होने दिया।

"राष्ट्रों के बीच अपने श्रेष्ठतम लक्षणों के आदान-प्रदान से धरती पर शीघ्र ही शांति लाई जा सकती है। किसी भी जाति के दोषों की उपेक्षा करके, हमें उसके सद्‌गुणों को पहचानना और अपनाना चाहिए। यह याद रखना जरूरी है कि इतिहास के महान् संतों ने भी देशों के आदर्शों को साक्षात् मूर्तिमान किया है और सभी धर्मों की उच्चतम नीतियों को अपनाया है।

"आत्म-साक्षात्कार का अर्थ है—शरीर, मन तथा आत्मा में यह जानना कि हम ईश्वर की सर्वव्यापकता के साथ हैं और हमें यह प्रार्थना करने की आवश्यकता नहीं है कि वे हमारे पास आएँ। हम सदा उनके साथ हैं। उनकी सर्वव्यापकता ही हमारी सर्वव्यापकता है। हम अभी भी उनके उतने ही अंश हैं और हमेशा रहेंगे। हमें तो केवल अपनी जानकारी को उन्नत करना है।

''यदि मैं आग और पानी पर चलता तथा देश के प्रत्येक सभाभवन को कौतूहल ढूँढ़नेवालों से भर देता तो इससे क्या लाभ होता? सितारों, बादलों और समुद्र को देखो; घास पर पड़ी ओस को देखो। क्या मनुष्य का कोई भी चमत्कार इन तत्त्वत: अबोधगम्य पदार्थों की तुलना कर सकता है? इतने पर भी बहुत ही थोड़े लोग प्रकृति के माध्यम से ईश्वर को प्रेम करने की ओर प्रवृत्त होते हैं, जो कि सारे चमत्कारों से भी बड़ा चमत्कार है।

ईश्वर हमें याद रखते हैं, यद्यपि हम उन्हें याद नहीं रखते। यदि वे सृष्टि को पल भर के लिए भूल जाएँ तो हर चीज बिना कोई चिह्न छोड़े लुप्त हो जाएगी। उनके अतिरिक्त कौन इस मिट्टी के गोले अर्थात् धरती को आकाश में थामे हुए है? उनके सिवा कौन पेड़ों और फूलों को बढ़ने की प्रेरणा देता है। ये ईश्वर ही हैं, जो हमारे दिल की धड़कन को बनाए रखते हैं, हमारे खाने को पचाते हैं और प्रतिदिन हमारे शरीर के कोषाणुओं को नया बनाते हैं।

''ईश्वर हमें याद रखते हैं, यद्यपि हम उन्हें याद नहीं रखते। यदि वे सृष्टि को पल भर के लिए भूल जाएँ तो हर चीज बिना कोई चिह्न छोड़े लुप्त हो जाएगी। उनके अतिरिक्त कौन इस मिट्टी के गोले अर्थात् धरती को आकाश में थामे हुए है? उनके सिवा कौन पेड़ों और फूलों को बढ़ने की प्रेरणा देता है। ये ईश्वर ही हैं, जो हमारे दिल की धड़कन को बनाए रखते हैं, हमारे खाने को पचाते हैं और प्रतिदिन हमारे शरीर के कोषाणुओं को नया बनाते हैं। फिर भी, उनके बच्चों में कितने कम उनका स्मरण करते हैं।

''ईश्वर के महासागर में जीवन एक लंबी शृंखला सा है। जब उस शृंखला का एक अंश जलराशि से बाहर निकाला जाता है तो तुम उसी छोटे अंश को देखते हो। उसका आरंभ और अंत छिपा रहता है। इस जन्म में तुम जीवन शृंखला की केवल एक ही कड़ी देख पा रहे हो। यद्यपि भूत और भविष्य ओझल है, तथापि वे ईश्वररूपी महासागर में रहते हैं। उनका रहस्य

ईश्वर अपने उन भक्तों को बताते हैं, जो उनके साथ अंतर्संपक रखते हैं।

''प्रभु दूर तब लगते हैं जब तुम्हारा ध्यान भीतर उनकी ओर जाने की बजाय बाहर उनकी सृष्टि की ओर जाता है। जब भी तुम्हारा मन असंख्य सांसारिक विचारों की भूल भुलैया में भटके तो धैर्य से इसे उस प्रभु की याद में लगाओ। समय आने पर तुम पाओगे कि वे सदा तुम्हारे साथ हैं। वे ईश्वर जो तुमसे तुम्हारी ही भाषा में बात करते हैं। जिनका चेहरा हर फूल, पौधे और घास की पत्ती में से तुम्हारी ओर झाँकता है।

''सक्रियता में शांत और शांति में सक्रिय रहें। हम समय धन कमाने के बारे में न सोचें। व्यायाम करें, पढ़ें, ध्यान करें, ईश्वर से प्रेम करें। ध्यान के आध्यात्मिक कार्य से प्राप्त शांति को अपने दैनिक क्रियाकलापों में बनाए रखते हुए सक्रियता में शांत और शांति में सक्रिय रहना सीखें।

''ईश्वर! ईश्वर! ईश्वर
निद्रा की गहराइयों से जब,
जागृति की सर्पिल सीढ़ियाँ चढ़ता हूँ,
मैं मंद स्वर में जपता हूँ—
ईश्वर! ईश्वर! ईश्वर!
आप आहार हैं,
और मैं जब आपसे रात्रि-वियोग का उपवास समाप्त करता हूँ,
आपके रस को चख, मन-ही-मन जपता हूँ—
ईश्वर! ईश्वर! ईश्वर!
चाहे कहीं भी मैं जाता हूँ, मेरे मन की ज्योति
आप पर ही रहती है, और कर्म के कोलाहल भरे संग्राम में,
मेरा मौन युद्ध का घोष भी सदा यही है—
ईश्वर! ईश्वर! ईश्वर!
जब परीक्षणों के प्रचंड तूफान करें शोर,
चिंताओं का उत्क्रोश देता झकझोर,
उनके कोलाहल करूँ शांत, ऊँचे स्वर में जब करूँ गान—

ईश्वर! ईश्वर! ईश्वर!
जब मेरा मन बुनता है स्वप्न लेकर धागे स्मृतियों के,
उस जादुई वस्त्र पर करता हूँ, कशीदगी उच्चित्रण से—
ईश्वर! ईश्वर! ईश्वर!
जागते, खाते, करते काम, स्वप्न, निद्रा, सेवा या ध्यान,
दिव्य प्रेम या कीर्तन गान, आत्मा नित्य करे गुणगान,
जिसके प्रति सब रहें अनजान—
ईश्वर! ईश्वर! ईश्वर!"

□□□